MODÈLES D'ENSEIGNEMENT ET THÉORIES D'APPRENTISSAGE

De la pratique à la théorie

Sous la direction de
CAROLE RABY et SYLVIE VIOLA

Avec la collaboration de
Nicole Beaudry
Annie Charron
Micheline-Joanne Durand
Isabelle Marion
Louise Ménard
Johanne Patry
Martine Peters
Manon Théorêt
Gina Thésée

LES ÉDITIONS
CEC

9001, boul. Louis-H.-La Fontaine, Anjou (Québec) Canada H1J 2C5
Téléphone : 514-351-6010 • Télécopieur : 514-351-3534

Direction éditoriale et charge de projet
Suzanne Bélanger

Direction de la production
Danielle Latendresse

Direction de la coordination
Sylvie Richard

Révision linguistique et correction d'épreuves
Catherine Léger

Conception de la page couverture
Dessine-moi un mouton

Conception et réalisation graphique
Philippe Langlois

Les Éditions CEC inc. remercient le gouvernement du Québec de l'aide financière accordée à l'édition de cet ouvrage par l'entremise du programme de crédit d'impôt pour l'édition de livres, administré par la SODEC.

©2007, Les Éditions CEC inc.
9001, boul. Louis-H.-La Fontaine
Anjou (Québec) H1J 2C5

Dépôt légal : 2007
Bibliothèque et Archives nationales du Québec
Bibliothèque et Archives nationales Canada

ISBN : 978-2-7617-2551-4
Code produit : 209846

Imprimé au Canada
2   3   4   5   6   16   15   14   13   12

Les termes « enseignante » et « enseignant » ont été utilisés dans cet ouvrage pour désigner toutes les personnes qui enseignent, peu importe leur sexe. Dans les chapitres, ces termes ont été utilisés en alternance, au féminin et au masculin, afin de tenir compte de la représentativité des femmes dans le milieu de l'éducation et de ne pas alourdir le texte.

Table des matières

Présentation des auteures

Nicole Beaudry est l'auteure de plusieurs ouvrages portant principalement sur les modèles pédagogiques issus du courant humaniste. Elle a œuvré dans le milieu des écoles alternatives en tant que parent et aussi en tant que membre du conseil d'administration de l'association des écoles alternatives du Québec, l'association Goéland. Elle est chargée de cours à l'Université du Québec à Montréal (UQÀM) où elle enseigne au sein du programme de baccalauréat en éducation préscolaire et en enseignement primaire. Elle est aussi responsable du Centre d'aide à la réussite de la Faculté des sciences de l'éducation de l'UQÀM.

Annie Charron, Ph. D., professeure au Département d'éducation et pédagogie de l'UQÀM, est spécialiste en didactique des premiers apprentissages au préscolaire. Elle s'intéresse particulièrement aux pratiques enseignantes d'éveil à l'écrit et à l'appropriation de la langue écrite chez les jeunes élèves. Elle enseigne des cours liés à l'éducation préscolaire au baccalauréat en éducation pré-scolaire et en enseignement primaire. Elle offre aussi des formations en émergence de l'écrit.

Micheline-Joanne Durand, Ph. D., est professeure adjointe au Département d'administration et fondements de l'éducation de l'Université de Montréal. Elle a œuvré pendant plusieurs années dans le milieu scolaire et a mené des études portant entre autres sur le portfolio et le bulletin. Ses recherches actuelles portent sur les outils d'évaluation et l'évaluation en contexte de différenciation. Elle a codirigé (avec Roch Chouinard) l'ouvrage *L'évaluation des apprentissages : de la planification de la démarche à la communication des résultats*.

Isabelle Marion est enseignante au primaire et étudiante à la maîtrise en éducation à l'UQÀM. Ses recherches portent plus particulièrement sur la didactique du français au primaire et sur l'apprentissage. Un stage en formation, effectué dans une école ayant adopté la pédagogie Freinet, en Belgique, lui a permis d'approfondir sa conception de l'apprentissage.

Louise Ménard est titulaire d'un doctorat en psychopédagogie de l'Université de Montréal. Après avoir œuvré une vingtaine d'années au collégial, elle est aujourd'hui professeure au Département d'éducation et pédagogie de l'UQÀM. Elle s'intéresse particulièrement aux différentes facettes de la supervision des stages, à la pédagogie de l'enseignement supérieur ainsi qu'aux défis que pose l'harmonisation des programmes au postsecondaire.

Johanne Patry, Ph. D., est conseillère pédagogique, spécialiste en science et technologie, au Collège Bourget de Rigaud. Passionnée d'aérospatiale, elle est à l'origine de nombreuses missions simulées et d'activités de promotion de la science, entre autres à titre de vice-présidente de l'Association des professeurs de sciences du Québec. Elle est également maître-praticienne en PNL. En 2006, elle a été lauréate du Prix Reconnaissance UQÀM et, en 1996, du Prix du Premier Ministre du Canada pour l'excellence dans l'enseignement des sciences, de la technologie et des mathématiques.

Martine Peters, Ph. D., est professeure au Département des sciences de l'éducation à l'Université du Québec en Outaouais. Ses intérêts de recherche portent sur la formation des maîtres en technopédagogie ainsi que sur la didactique du français. Elle étudie présentement diverses façons de développer des compétences technopédagogiques chez les enseignantes et les enseignants. Elle est coauteure (avec Sylvie Viola) de l'ouvrage *Stratégies et Compétences. Intervenir pour mieux agir*.

Carole Raby, Ph. D. en éducation, est professeure au Département d'éducation et pédagogie de l'UQÀM. Elle a œuvré pendant de nombreuses années en tant qu'enseignante au préscolaire et au primaire. Ses domaines d'expertise comprennent la didactique générale au préscolaire et au primaire, l'apprentissage par projets, ainsi que le développement professionnel et les pratiques exemplaires des enseignantes et des enseignants en regard de l'intégration pédagogique des TIC.

Manon Théorêt, Ph. D. en psychologie de l'éducation, est professeure au Département de psychopédagogie et d'andragogie à la Faculté des sciences de l'éducation de l'Université de Montréal depuis 1990. Elle agit présentement à titre de directrice de ce département. Elle est responsable des cours sur les concepts et les théories en pédagogie aux programmes de maîtrise et de doctorat. Ses recherches actuelles portent sur l'enseignement en milieu défavorisé, la résilience des enseignantes et des enseignants, de même que les filles et les sciences.

Gina Thésée, Ph. D., est professeure et chercheure au Département d'éducation et pédagogie de l'UQÀM. Elle est membre de la Chaire de recherche du Canada en éducation relative à l'environnement. Elle dirige le programme de baccalauréat en enseignement au secondaire. Son enseignement a trait principalement à la didactique générale et à la didactique des sciences. Elle intervient dans la formation initiale et continue des enseignantes et des enseignants, du secondaire et du primaire. Ses projets de recherche portent sur les rapports au savoir dans différents contextes culturels.

Sylvie Viola, Ph. D. en éducation, est professeure au Département d'éducation et pédagogie de l'UQÀM. Elle dirige le programme de baccalauréat en éducation préscolaire et en enseignement primaire. Elle est responsable du cours de didactique générale et modèles d'enseignement au primaire. Elle a œuvré pendant de nombreuses années en tant qu'enseignante au primaire. Ses domaines de spécialisation touchent entre autres à l'enseignement stratégique, à la métacognition et à l'analyse réflexive. Elle est l'auteure de *Découvrir et exploiter les livres jeunesse en classe* et coauteure (avec Martine Peters) de *Stratégies et Compétences. Intervenir pour mieux agir*.

Introduction générale

Sylvie Viola et Carole Raby

J'entends et j'oublie
je vois et je me souviens
je fais et je comprends.

Confucius

D
ans le système éducatif québécois, les réformes se sont succédé au rythme de l'évolution de la société et des courants pédagogiques. Le système éducatif au Québec a en effet connu bien des changements ! Du courant béhavioriste des années qui ont précédé la Révolution tranquille, il a ensuite adopté l'humanisme et le cognitivisme. Aujourd'hui, les pratiques pédagogiques arborent les couleurs du socioconstructivisme.

LA DIDACTIQUE ET LA PROFESSIONNALISATION DE LA PRATIQUE ENSEIGNANTE

Pour s'adapter à tous les changements à venir, les enseignantes et les enseignants, en formation ou en exercice, doivent comprendre les enjeux théoriques des réformes qu'a connues le Québec. Cette compréhension s'inscrit dans leur démarche de professionnalisation. Comme le mentionne Anadon (1999), la formation théorique et pratique des enseignantes et des enseignants est essentielle au développement de l'autonomie et de la responsabilité professionnelle. Une telle formation favorise l'analyse réflexive et la pensée critique. Comme le soutient Lang (1999, p. 29, cité dans *La formation à l'enseignement : les orientations, les compétences professionnelles*, MÉQ, 2001a, p. 17), « la professionnalisation en tant que construction d'une professionnalité vise à une maîtrise pratique et à un certain degré de rationalisation du procès de travail ». Une compétence professionnelle à considérer en ce sens est « agir en tant que professionnelle ou professionnel héritier, critique et interprète d'objets de savoirs ou de culture dans l'exercice de ses fonctions » (MÉQ, 2001a, p. 59). Ainsi, les enseignantes et les enseignants doivent pouvoir mobiliser leurs savoirs disciplinaires. De plus, ils doivent apprendre à transposer leurs savoirs disciplinaires en savoirs à enseigner. En d'autres mots, en plus de devoir maîtriser les contenus des disciplines, ils doivent être capables de les enseigner en recourant aux approches, aux stratégies, aux exemples, aux outils et au matériel appropriés. Pour ce faire, les enseignantes et les enseignants doivent comprendre les dimensions importantes du système didactique, telles que présentées aux chapitres 1 et 2.

L'objectif principal de cet ouvrage est justement de fournir l'information nécessaire à la compréhension de ce système didactique. L'ouvrage s'adresse donc aux enseignantes et aux enseignants, en formation ou en exercice, désireux de construire ou d'ajuster leur pratique professionnelle pour faire face aux changements et aux nouvelles valeurs du système éducatif.

APPRENDRE : DE LA PRATIQUE À LA THÉORIE

C'est par le biais de la pratique que la théorie est maîtrisée par les apprenants, peu importe leur âge. Comme le soutient Dewey (1916), c'est en faisant que l'on apprend. Cet énoncé est valable pour tous les ordres d'enseignement, du préscolaire à l'université, de même que pour le personnel enseignant. La pratique, comme le préconise le courant socioconstructiviste, facilite l'assimilation des contenus ou des connaissances. Il est plus facile pour les apprenants placés dans des situations qui exigent la réflexion et la contextualisation de faire des liens avec la théorie et de conceptualiser le phénomène ou les principes sous-jacents. Dans cet ouvrage, nous plaçons d'abord les apprenants dans des pratiques d'apprentissage. La théorie d'apprentissage est ensuite présentée afin de situer les pratiques, de mieux les comprendre, de les valider ou de les confronter dans le but ultime de les améliorer. À la fin des chapitres, la rubrique « Intégration des apprentissages » permet de vérifier et d'évaluer ses connaissances et de faire le bilan sur les savoirs et les compétences développées et à développer. Ces documents pourraient d'ailleurs être intégrés au dossier professionnel (un pictogramme est placé à cet effet).

Il est important de concevoir la théorie et la pratique comme une démarche circulaire qui ne fait qu'élargir les objets de « savoirs ou de culture » des enseignantes et des enseignants. Ainsi, une pratique ciblée peut générer, dans certains cas, une théorie explicative qui, elle-même, peut à son tour modifier la pratique. Ainsi se poursuit le cycle.

LIENS ENTRE LA DIDACTIQUE ET LES MODÈLES D'ENSEIGNEMENT

La didactique, telle que définie par de nombreux auteurs, prend en compte quatre composantes : le sujet qui apprend, l'objet d'apprentissage, le milieu et l'agent. Les modèles d'enseignement constituent un élément indispensable de la composante agent. Ils sont considérés comme des manières d'aider les élèves à apprendre. Bien que la popularité des modèles tende à varier d'une époque à une autre, selon les courants pédagogiques qui sont adoptés ; il est préférable de ne pas se limiter à un seul modèle. En effet, la plupart des chercheurs (dont Joyce, Weil et Calhoun, 2004, cités dans Legendre, 2005) soutiennent que l'utilisation de plusieurs modèles est à privilégier. Nous partageons cet avis et c'est d'ailleurs pour cette raison que différents modèles d'enseignement et courants pédagogiques sont présentés dans l'ouvrage.

APPRENDRE ET UTILISER DES STRATÉGIES

Les apprenants, quel que soit leur âge, ont besoin de points de repère lorsqu'ils s'approprient les éléments d'information d'un texte. Cet ouvrage comprend différentes rubriques, qui servent justement de points de repère.

 ASTUCE : stratégies de lecture et d'apprentissage. Cette rubrique permet de développer des habiletés pour traiter l'information et organiser son travail.

 CLIC ET DÉCLIC : stratégies pour développer des compétences informationnelles. Cette rubrique permet, entre autres, d'apprendre des façons de faire pour citer les auteurs, faire une bibliographie et éviter le plagiat lors de la rédaction d'un texte.

 TÊTE CHERCHEUSE : information sur des chercheurs et la recherche en éducation. Cette rubrique permet de mieux connaître l'apport de la recherche à l'avancement des connaissances dans le domaine des sciences de l'éducation.

 HISTORIQUE : information sur des événements marquants et des faits saillants dans le monde de l'éducation.

Des pictogrammes accompagnent les sections « pratique d'apprentissage » et « intégration des apprentissages » pour préciser la nature des activités et les ressources nécessaires pour les réaliser.

 CRAYON : Il s'agit d'une activité à réaliser avant la théorie d'apprentissage ou lors de l'intégration des apprentissages.

 AROBAS : Un document doit être téléchargé sur le site des Éditions CEC pour réaliser cette activité avant la théorie d'apprentissage ou lors de l'intégration des apprentissages à l'adresse suivante : **www.cecplus.com**

 DOSSIER PROFESSIONNEL : Il s'agit d'une activité dont le résultat devrait être conservé au dossier professionnel.

L'ouvrage comprend trois grandes parties, telles qu'illustrées à la page 5. La partie I, Didactiques et courants pédagogiques, comporte deux chapitres. Le chapitre 1 traite de la didactique générale et des didactiques spécifiques. Il fournit quelques définitions de la didactique et présente, entre autres, des modèles de planification pédagogique. Le chapitre 2 dresse un portrait de l'évolution des courants et des approches qui ont mené à l'adoption des différents programmes de formation implantés au Québec. Il est question également d'ensembles didactiques et de styles d'enseignement et d'apprentissage.

La partie II est divisée en quatre sections, chacune d'elles présentant un courant pédagogique et des modèles d'enseignement adoptant la philosophie de ce courant. Les modèles sont décrits (quoi), justifiés (quand, pourquoi) et expliqués concrètement (comment). Un chapitre synthèse complète chacune des sections.

La partie III, qui comprend trois chapitres, est consacrée à des éléments intégrateurs des modèles d'enseignement. Il est question entre autres des technologies de l'information et de la communication (TIC) et de l'évaluation des apprentissages.

Tous les chapitres de l'ouvrage sont structurés de la même manière : « préparation aux apprentissages », « réalisation des apprentissages » et « intégration des apprentissages ». Dans la section qui concerne la préparation aux apprentissages, on est amené à activer ses connaissances en répondant à des questions, en schématisant ses connaissances initiales ou en confrontant ses idées avec celles de ses collègues. Dans la section « réalisation des apprentissages », la pratique d'apprentissage (activités d'acquisition de connaissances) est toujours présentée avant la théorie d'apprentissage. Enfin, la section qui porte sur l'intégration des apprentissages permet de faire un retour sur ses nouveaux acquis et sur les savoirs à développer. Des activités diverses sont proposées à cette fin.

Structure de l'ouvrage

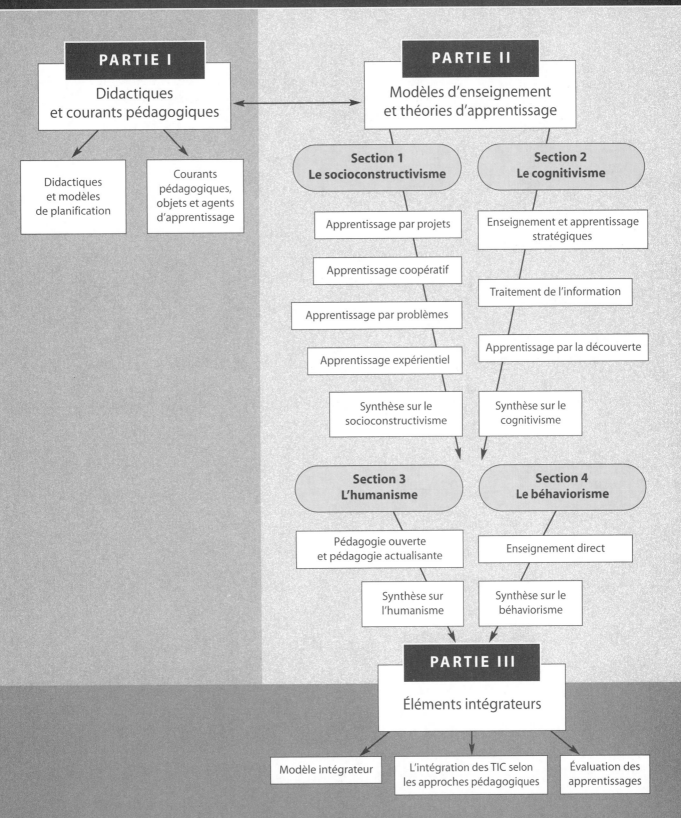

PARTIE I

Didactiques
et courants pédagogiques

Didactiques
et modèles
de planification

Courants
pédagogiques,
objets et agents
d'apprentissage

PARTIE II

Modèles d'enseignement
et théories d'apprentissage

Section 1
Le socioconstructivisme

Apprentissage par projets

Apprentissage coopératif

Apprentissage par problèmes

Apprentissage expérientiel

Synthèse sur le
socioconstructivisme

Section 2
Le cognitivisme

Enseignement et apprentissage
stratégiques

Traitement de l'information

Apprentissage par la découverte

Synthèse sur le
cognitivisme

Section 3
L'humanisme

Pédagogie ouverte
et pédagogie actualisante

Synthèse sur
l'humanisme

Section 4
Le béhaviorisme

Enseignement direct

Synthèse sur le
béhaviorisme

PARTIE III

Éléments intégrateurs

Modèle intégrateur

L'intégration des TIC selon
les approches pédagogiques

Évaluation des
apprentissages

PARTIE **I**

Didactiques et courants pédagogiques

Les chapitres 1 et 2, présentés dans la partie I, apportent un éclairage permettant de bien saisir les fondements des programmes de formation actuels de même que leur impact sur l'apprentissage et les pratiques enseignantes.

Didactiques et modèles de planification

Sylvie Viola

PRÉPARATION AUX APPRENTISSAGES

Portrait des savoirs	Non, pas vraiment.	Oui, je fais une hypothèse.
Je peux décrire dans mes mots ce qu'est la didactique générale.	☐	☐
Je connais la différence entre la didactique générale et la didactique spécifique.	☐	☐
Je connais la différence entre la didactique et la pédagogie.	☐	☐
Je peux nommer plusieurs modèles de planification pédagogique.	☐	☐
Je connais les éléments dont il faut tenir compte pour planifier une situation d'apprentissage.	☐	☐

Le chapitre 1 aborde divers aspects liés au concept de la didactique générale. La didactique générale est d'abord définie par rapport aux autres types de didactiques et à des concepts similaires. Par la suite, différents modèles théoriques de planification pédagogique sont présentés. Bien comprendre ces modèles théoriques est un avantage certain pour les enseignantes, quel que soit leur ordre d'enseignement. Cette compréhension permettra en effet de mieux cibler les éléments à considérer pour une planification efficace à court terme et à long terme.

RÉALISATION DES APPRENTISSAGES

DIDACTIQUE GÉNÉRALE ET PÉDAGOGIE : PRATIQUE D'APPRENTISSAGE

 1. L'expression « didactique générale » renvoie à une intervention particulière de l'enseignante. Sa définition et son existence font l'objet de nombreux débats au sein des communautés de chercheurs. Par ailleurs, les termes « didactique » et « pédagogie » sont souvent considérés comme des synonymes. Or, certains chercheurs affirment que ces mots ne réfèrent pas au même concept. Le texte qui suit permet de bien saisir le sens de ces mots et l'importante différence entre les deux concepts. Trouvez une définition de « pédagogie » et comparez-la avec l'information présentée à la page 11.

 2. Quelles différences voyez-vous entre la didactique générale et la didactique spécifique ? Pour les illustrer, placez les éléments importants du texte présenté aux pages 9 et 10 de façon à créer un réseau de concepts (voir « Astuce », page 10).

DIDACTIQUE GÉNÉRALE ET PÉDAGOGIE : THÉORIE D'APPRENTISSAGE

Qu'est-ce que la didactique ?

De façon générale, la didactique se définit comme la planification de l'enseignement. La didactique précède l'action en classe et concerne donc la préparation des apprentissages. Celle-ci devrait être centrée sur la prise en compte et la sélection des savoirs à acquérir ou des objets d'apprentissage pour une clientèle visée dans un milieu donné. Les principes et les objectifs de la didactique générale, par opposition aux didactiques spécifiques, s'appliquent à l'ensemble des disciplines scolaires. En ce sens, elle est considérée comme une didactique transversale (Legendre, 2005). La didactique générale est un domaine propre à l'éducation. Son objet d'étude est la situation pédagogique (Laurin et Gaudreau, 2001).

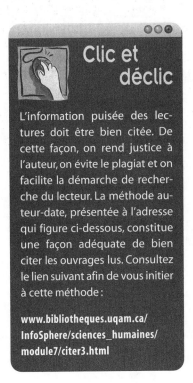

Clic et déclic

L'information puisée des lectures doit être bien citée. De cette façon, on rend justice à l'auteur, on évite le plagiat et on facilite la démarche de recherche du lecteur. La méthode auteur-date, présentée à l'adresse qui figure ci-dessous, constitue une façon adéquate de bien citer les ouvrages lus. Consultez le lien suivant afin de vous initier à cette méthode :

www.bibliotheques.uqam.ca/ InfoSphere/sciences_humaines/ module7/citer3.html

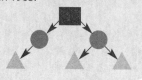
La quête principale des didacticiens est de connaître comment concevoir et mettre en œuvre des contenus d'enseignement adaptés aux élèves. Les stratégies d'enseignement utilisées dans un contexte non spécifique sont aussi très générales. Par exemple, le questionnement, la discussion et le travail d'équipe peuvent être utilisés dans n'importe quel contexte.

Selon plusieurs auteurs (Astolfi et Develay, 1989 ; Laurin et Gaudreau, 2001), la didactique générale introduit la notion de la pensée didactique qui s'articule autour de quatre grandes réflexions :

1. la réflexion épistémologique qui concerne la logique et l'organisation des contenus ;
2. la réflexion psychologique qui s'intéresse à l'appropriation des savoirs par l'apprenant ;
3. la réflexion pédagogique qui tente de définir le lien entre les sciences de l'éducation et la situation pédagogique ;
4. la réflexion axiologique qui tient compte des valeurs établies et des valeurs à privilégier dans un contexte éducatif donné.

Comme le décrivent bien Laurin et Gaudreau (2001, p. 20), l'action didactique qui émerge de cette pensée est « un ensemble de processus structurants où s'entremêlent des choix pédagogiques plus ou moins délibérés et intégrés à la planification, à l'organisation et à l'action pédagogique ».

Que sont les didactiques spécifiques ?

Contrairement à la didactique générale, les didactiques spécifiques s'intéressent à la planification de l'enseignement d'une discipline particulière. Elles sont aussi appelées « didactiques spéciales » ou « didactiques particulières ». On peut facilement concevoir que les didactiques spécifiques utilisent des moyens différents de la didactique générale pour faire apprendre des contenus spécifiques aux élèves. Par exemple, en mathématique, pour faire apprendre des fractions aux élèves, on utiliserait la résolution de problèmes ou la manipulation concrète. En français, langue d'enseignement, certaines règles de grammaire pourraient être maîtrisées en ayant recours à une approche inductive, aussi appelée « apprentissage par la découverte ». Enfin, en univers social, on utiliserait davantage les jeux de rôle ou la table ronde. Les didactiques spécifiques ont indirectement donné naissance à la transposition didactique, notion selon laquelle les savoirs d'une discipline particulière ne sont pas une fin en soi (Chevallard et Juhsua, 1991). Pour être acquis, ces savoirs doivent faire l'objet d'une mutation ou d'une transformation en fonction du contexte d'enseignement. C'est ainsi que des savoirs savants deviennent des savoirs à enseigner. Ceci permet d'ores et déjà d'établir un lien entre la didactique et la pédagogie.

Quelle est la place de la didactique en éducation ?

Selon Legendre (2005), la didactique va au-delà de la planification, en s'intéressant au contrôle et à la régulation d'une situation pédagogique. En d'autres mots, ce qui est planifié dans un premier temps doit être réévalué et réajusté en fonction des pratiques réelles en classe. La didactique, ou la planification de l'enseignement, varie entre autres en fonction de l'information que l'enseignante possède sur la gestion de classe ainsi qu'en fonction des moyens, des méthodes et des techniques d'enseignement. La didactique s'appuie sur d'autres domaines contributoires tels que la psychopédagogie, la docimologie, la psychologie et les technologies (Simard, 1997). La sociologie et la politique peuvent aussi avoir des répercussions sur les choix didactiques effectués par une enseignante ou les membres de la direction d'un système scolaire.

Pour Develay (1998a), il existe trois attitudes ou trois fonctions relatives à la didactique :

1. L'attitude descriptive est celle du didacticien universitaire qui propose des situations d'apprentissage théoriques sans nécessairement entreprendre d'actions concrètes ;
2. L'attitude prescriptive est celle du didacticien inspecteur qui recommande fermement ce qu'il faut faire et ne pas faire ;
3. L'attitude suggestive est celle du didacticien formateur qui propose de nouvelles approches et travaille avec les enseignantes afin de rendre une théorie concrète.

Quel est le lien entre la didactique et la pédagogie ?

Pour certains chercheurs, la différence entre la didactique et la pédagogie est très mince. D'ailleurs, dans les pays anglo-saxons, le concept de didactique n'existe pas en soi. Il a fait son apparition dans les écrits d'auteurs francophones autour des années 1970 (Bronckart et Chiss, 1983). Selon Boissinot (1991), les concepts de didactique et de pédagogie s'opposent souvent seulement par des « angles d'attaque » différents : d'un côté, on se soucie de la séquence et des conditions d'enseignement de l'objet d'apprentissage et, de l'autre, on porte davantage attention à l'application de cet objet d'apprentissage dans un contexte authentique, en temps réel.

Pour des chercheurs comme Legendre (2005), Boissinot (1991) et Develay (1998a), la relation entre la didactique et la pédagogie est importante. L'interrelation entre ces deux concepts contribue à leur enrichissement mutuel. L'interface ou le lien entre les deux notions est parfois appelée « design pédagogique ». Ainsi, la pédagogie utilise les données de la didactique pour ajuster les pratiques. De son côté, la didactique valide les contenus planifiés en vue de s'adapter aux pratiques. La figure 1.1 présente l'interrelation dynamique entre les deux concepts.

FIGURE 1.1

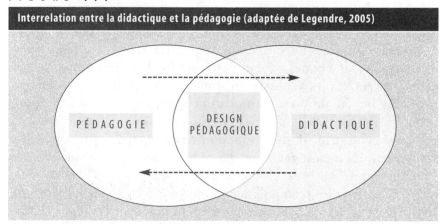

Interrelation entre la didactique et la pédagogie (adaptée de Legendre, 2005)

PÉDAGOGIE　　DESIGN PÉDAGOGIQUE　　DIDACTIQUE

La planification des apprentissages (la didactique) est un préalable aux interventions de l'enseignante qui consistent à guider l'élève dans ses apprentissages (la pédagogie). Selon Develay (1998a), la pédagogie s'intéresse particulièrement aux relations entre l'enseignante et les élèves. En d'autres mots, la pédagogie englobe des actions concrètes visant la mise en application de ce qui a été « théoriquement » planifié. Voici quelques exemples d'actions pédagogiques qui peuvent être effectuées par l'enseignante en classe : préciser les règles de fonctionnement aux élèves, relancer les questions afin d'obtenir des réponses plus précises, inviter les élèves à former des équipes hétérogènes en respectant le code de vie de la classe, etc.

Enfin, un bon didacticien n'est pas nécessairement un bon pédagogue et vice versa. Selon Laurin et Gaudreau (2001), la situation idéale serait que les deux facettes indissociables de cette relation didactique-pédagogie puissent coexister de façon plus ou moins équitable. Les fonctions exercées par l'enseignante dans son milieu scolaire peuvent-elles être une entrave à l'actualisation de cette situation ?

MODÈLES DE PLANIFICATION PÉDAGOGIQUE : PRATIQUE D'APPRENTISSAGE

3. Vous devez vous rendre dans une classe du primaire pour remplacer une enseignante qui a dû s'absenter subitement. Vous apprenez à la fin de la journée que vous devrez y demeurer pendant un mois. L'enseignante de la classe voisine en est à ses débuts comme vous. En équipe, vous devez planifier les situations d'apprentissage pour les prochaines semaines.

- Faites une liste d'interventions que vous allez devoir effectuer pour planifier votre enseignement.
- Tentez de regrouper vos interventions en 2 ou 3 différentes catégories.
- Organisez votre travail de façon à répartir les tâches (secrétaire, responsable du temps, vérificateur, porte-parole, lecteur, par exemple) entre les membres de votre équipe.

4. Au plan pratique, la didactique a donné lieu à l'élaboration de différents modèles de planification pédagogique. Ces modèles, bien que théoriques, illustrent les dimensions qu'il faut nécessairement prendre en compte lors de la planification. Pour vous permettre de bien comprendre les différents modèles présentés aux pages 13 à 16, comparez la classification que vous avez établie à la pratique d'apprentissage 3 avec les quatre modèles suivants. Remplissez ensuite un tableau comme ci-dessous.

TABLEAU **1.1**

Synthèse des modèles de planification

Catégories Modèles	Catégorie 1	Catégorie 2	Catégorie 3	Catégorie 4
Votre organisation				
Modèle 1				
Modèle 2				
Modèle 3				
Modèle 4				

MODÈLES DE PLANIFICATION PÉDAGOGIQUE : THÉORIE D'APPRENTISSAGE

Le modèle 1 de planification pédagogique vient de Renald Legendre (Legendre, 1983 ; 2005, p. 1240, voir figure 1.2) et est intitulé « situation pédagogique ». Selon Legendre, la situation pédagogique est un système comprenant quatre sous-systèmes, tels qu'illustrés dans la figure 1.2 :

FIGURE **1.2**

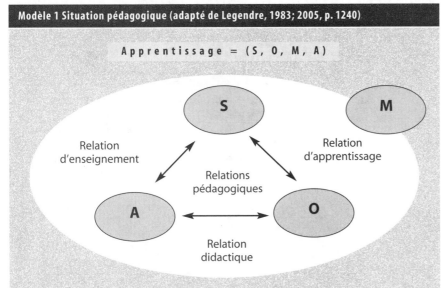

Modèle 1 Situation pédagogique (adapté de Legendre, 1983 ; 2005, p. 1240)

Apprentissage = (S, O, M, A)

- le sujet (S) en état d'apprentissage : celui qui apprend. C'est l'élève, l'étudiant ou l'apprenant, peu importe son âge ;
- l'objet (O) à apprendre : le contenu de l'apprentissage. Ce sont les buts, les causes, l'intention et les objectifs ;
- le milieu éducationnel (M) : l'environnement ou le contexte d'apprentissage. C'est un ensemble d'éléments situationnels tels que les lieux ainsi que les conditions matérielles, culturelles et financières ;
- l'agent (A) : l'enseignante et ses stratégies d'enseignement. C'est un ensemble de ressources humaines, matérielles et pédagogiques.

Lorsqu'un lien s'établit entre un agent et un sujet pour l'élaboration d'une situation d'apprentissage et sa mise en œuvre en classe, il est

FIGURE 1.3

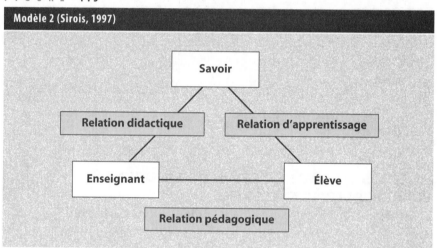

Modèle 2 (Sirois, 1997)

TABLEAU 1.2

Modèle 3 (adapté de Jonnaert et Vander Borght, 1999)

Strates décisionnelles	Lieux	Agents
Macrostructure	Ministères, administration centrale, etc.	Décideurs politiques, fonctionnaires, inspecteurs, etc.
Mésostructure	Établissements scolaires et leur environnement immédiat	Conseils d'administration et pouvoirs organisateurs des écoles, directions, etc.
Microstructure	Classes, laboratoires, ateliers, auditoires, etc.	Enseignantes, élèves, parents, etc.

question d'une relation d'enseignement selon Legendre (2005). Si le lien est entre le sujet et l'objet d'apprentissage, on parle alors d'une relation d'apprentissage. Enfin, la relation didactique met en jeu l'agent et l'objet d'apprentissage. Toutes ces relations sont appelées « relations pédagogiques ». L'apprentissage résulte d'une prise en compte de tous ces éléments.

Le modèle 2 (figure 1.3, p. 14) est présenté par Gervais Sirois (1997). Houssaye (2000) propose le même schéma pour l'enseignement post-secondaire en remplaçant « l'élève » par « l'étudiant ».

Le modèle 3 (tableau 1.2, p. 14) est conçu par Jonnaert et Vander Borght (1999, p. 142), qui présente de l'information plus précise sur le milieu. Selon ce chercheur, les trois strates du modèle sont en interaction les unes avec les autres et aussi avec le système éducatif. La microstructure du système éducatif est le lieu d'application de la relation didactique.

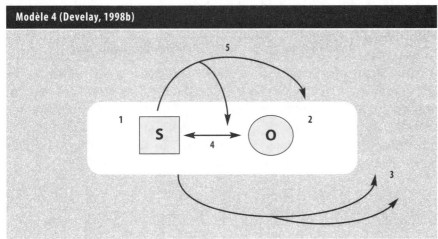

Modèle 4 (Develay, 1998b)

Enfin, le modèle 4 provient de Michel Develay (1998b). Selon ce modèle, le sujet (S) s'approprie un objet de savoir (O). Pour faire acquérir des savoirs et donner du sens aux apprentissages, cinq entrées sont à considérer selon l'auteur.

1. Pour faciliter la planification des apprentissages, il est nécessaire que l'élève y participe. En prenant conscience de sa manière d'apprendre et de son style d'apprentissage cognitif, affectif et social, l'élève psychologue, comme le surnomme Develay, participe en quelque sorte aux interventions en classe.
2. L'élève épistémologue peut aussi se familiariser avec les contenus à apprendre. Il peut ainsi en connaître la valeur et la pertinence. En agissant de la sorte, il contribue à se fixer des objectifs de travail et à avoir un certain contrôle sur la tâche à effectuer.

3. La caractéristique de l'élève épistémologue rejoint celle de l'élève stratège. Toutefois, l'élève stratège peut mieux situer les situations d'apprentissage qu'il réalise en fonction de son projet global d'apprenant.
4. L'élève méthodologue est attentif à sa manière d'apprendre et s'implique dans ses apprentissages en prenant conscience de ses processus d'apprentissage et en les verbalisant. Il participe ainsi à la planification, à la réalisation et à l'évaluation des apprentissages.
5. Enfin, l'élève analysant prend une distance face à ses apprentissages. De plus, il pose un regard objectif autant sur les situations d'apprentissage proposées que sur les interventions de l'enseignante.

Bref, le modèle de Develay (1998b) est très centré sur l'élève. Il implique que l'enseignante s'interroge sur l'objet d'apprentissage en fonction du sujet qui apprend. Ce modèle, qui est difficile à mettre en œuvre au plan individuel dans une classe de 25 à 30 élèves, s'inscrit dans l'esprit des programmes de formation actuels ; il serait donc avantageux de le considérer de façon globale.

EN CONCLUSION

Dans ce chapitre, la didactique générale a été définie en la comparant avec les autres types de didactiques et les concepts similaires. Différents modèles théoriques de planification pédagogique ont ensuite été présentés. L'enseignante qui maîtrise la théorie peut mieux comprendre ses interventions pédagogiques et s'adapter plus efficacement aux différents programmes de formation qui seront mis en place au cours des prochaines années.

INTÉGRATION DES APPRENTISSAGES

 1. Prenez connaissance de la situation pédagogique présentée au document 1.1 et suivez les consignes. Cet exercice vous permettra d'analyser les composantes d'une situation d'apprentissage à partir des éléments du SOMA.

 2. Pour vérifier si vous pouvez intégrer tous les éléments présentés dans ce chapitre, réalisez l'activité de synthèse du document 1.2.

 3. Pour garder en tête les nouvelles notions acquises, faites un bilan des savoirs (voir p. 17) et une synthèse que vous placerez ensuite dans votre dossier professionnel.

Clic et déclic

Ce pictogramme indique qu'un document doit être téléchargé sur le site des Éditions CEC, tel que précisé à la page 3 de cet ouvrage.

Bilan des savoirs	Oui, beaucoup mieux.	Non, je m'interroge encore.
Je peux décrire dans mes mots ce qu'est la didactique générale.	☐	☐
Je connais la différence entre la didactique générale et la didactique spécifique.	☐	☐
Je connais la différence entre la didactique et la pédagogie.	☐	☐
Je peux nommer plusieurs modèles de planification pédagogique.	☐	☐
Je connais les éléments dont il faut tenir compte pour planifier une situation d'apprentissage.	☐	☐

Clic et déclic

L'information puisée sur les sites Internet doit être accompagnée d'une référence. Pour connaître la façon de procéder, consultez le lien suivant :

www.bibliotheques.uqam.ca/InfoSphere/sciences_humaines/module7/citer4.html

Pour en savoir plus

Develay, Michel. 1998a. « Didactique et pédagogie ». In *Office central de la coopération à l'école de la Drôme. Printemps de l'Éducation*. En ligne. <http://www.ac-grenoble.fr/occe26/printemps/develay/didactique.htm>. Consulté le 30 juillet 2011.

Develay, Michel. 1998b. « Du sens dans les apprentissages scolaires : un modèle général ». In *Office central de la coopération à l'école de la Drôme. Printemps de l'Éducation*. En ligne. <http://www.ac-grenoble.fr/occe26/printemps/develay/modele.htm>. Consulté le 30 juillet 2011.

Jonnaert, Philippe et Suzanne Laurin. 2001. *Les didactiques des disciplines : un débat contemporain*. Coll. « Éducation recherche ». Sillery : Presses de l'Université du Québec. 249 p.

Laforest, Georges. 1989. « Savoirs, didactique et pédagogie ». In *Document pour la formation*. En ligne. <http://www.aix-mrs.iufm.fr/formations/filieres/ses/fi/Pcl2/docsformation.htm#savoir>. Consulté le 30 juillet 2011.

Legendre, Renald. 1983. *L'éducation totale. Une éducation à éduquer*. Coll. « Le Défi éducatif ». Montréal : Ville-Marie. 413 p.

CHAPITRE 2

Courants pédagogiques, objets et agents d'apprentissage

Sylvie Viola

PRÉPARATION AUX APPRENTISSAGES

Portrait des savoirs	Non, pas vraiment.	Oui, je fais une hypothèse.
Je peux expliquer les grandes lignes des programmes de formation actuels.	☐	☐
Je sais ce qu'est le socioconstructivisme.	☐	☐
Je peux nommer les approches privilégiées par les programmes de formation actuels et les approches mises de l'avant auparavant.	☐	☐
Je sais ce qu'est un domaine général de formation.	☐	☐
Je connais la différence entre compétence et savoir.	☐	☐
Je connais la différence entre un style d'apprentissage et un style d'enseignement et je peux en nommer plusieurs.	☐	☐

Dans le chapitre 2, il est question des différents aspects que sous-tendent les courants pédagogiques et les programmes de formation, ainsi que des ensembles didactiques pour les mettre en place et les appuyer. Ce chapitre se penche également sur les styles d'enseignement et les styles d'apprentissage qui sont privilégiés actuellement dans le système éducatif.

RÉALISATION DES APPRENTISSAGES

COURANTS PÉDAGOGIQUES : PRATIQUE D'APPRENTISSAGE

 1. Selon les programmes de formation adoptés au Québec, on se déplace de gauche à droite, soit du paradigme de l'enseignement au paradigme de l'apprentissage. En considérant qu'un paradigme est un ensemble cohérent de croyances communes à un groupe de personnes ou encore à une communauté de chercheurs ou de scientifiques, quels seraient les mots clés (concepts) que vous pourriez ajouter dans l'une ou l'autre colonne de la figure 2.1 ?

FIGURE 2.1

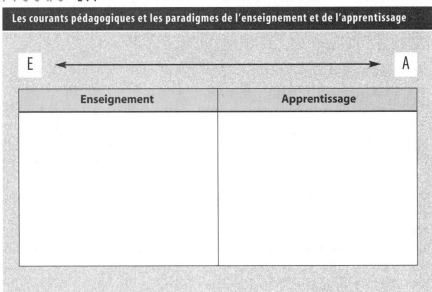

Les courants pédagogiques et les paradigmes de l'enseignement et de l'apprentissage

 2. Observez la figure 2.2 à la page 21. Comment pouvez-vous expliquer l'évolution des grands courants pédagogiques qui ont marqué le système éducatif au Québec ? En quoi ces courants ont-ils influencé votre vécu comme apprenant ? Comment les connaissances que vous possédez sur ce sujet peuvent-elles vous aider à mieux envisager l'avenir du système éducatif ?

 3. En vous inspirant de la théorie d'apprentissage qui suit, placez les expressions suivantes aux endroits appropriés dans le document 2.1.

> **méthodes d'enseignement**
> **activités d'enseignement**
> **stratégies d'enseignement**
> **techniques d'enseignement**
> **modèles d'enseignement**
> **paradigme éducationnel**
> **approche**
> **démarche**

Vérifiez vos réponses après avoir lu les définitions de ces expressions dans les pages suivantes. Pourquoi la confusion en ce qui concerne certaines expressions règne-t-elle encore, selon vous, dans les milieux de pratique ?

COURANTS PÉDAGOGIQUES : THÉORIE D'APPRENTISSAGE

Les différents courants pédagogiques qui ont marqué le système éducatif ont privilégié un type de relation plutôt qu'un autre en accordant une importance plus ou moins grande à l'une des composantes du triangle pédagogique (sujet, objet, agent). Par exemple, le courant humaniste, très populaire dans les années 1970, a mis l'accent sur l'élève.

L'expression « courant pédagogique » s'apparente à « approche », qui est un terme plus générique. Une approche correspond à un cadre théorique (paradigme éducationnel) et idéologique (paradigme socio-culturel) qui détermine l'orientation générale du processus enseignement-apprentissage dans un contexte d'apprentissage donné (un système scolaire, une école, etc.). L'approche privilégiée par les programmes de formation actuels, *Programme de formation de l'école québécoise. Éducation préscolaire et enseignement primaire* et *Programme de formation de l'école québécoise. Enseignement secondaire, premier cycle*, est celle du socioconstructivisme. Cette approche s'intéresse à l'apprentissage plutôt qu'à l'enseignement.

Depuis 1905, le Québec a connu plusieurs réformes de l'éducation. Pour mieux comprendre la philosophie des programmes actuels de formation, il est nécessaire de connaître l'historique des programmes qui ont existé par le passé. La figure 2.2 et le texte qui suit dressent un portrait de l'évolution des programmes.

Historique des programmes de formation au Québec et de leur courant pédagogique

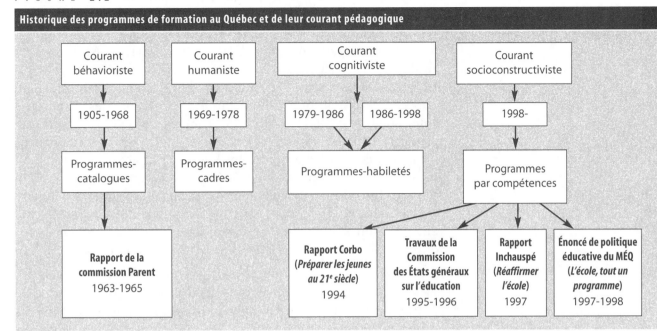

Les premiers programmes officiels de formation au Québec ont été créés en 1905 par le Comité catholique du Conseil de l'instruction publique. Les programmes-catalogues, présentés sous la forme d'énumérations des contenus (comme des catalogues), orientent le maître de façon claire et précise. Les valeurs véhiculées par ces programmes, en plus des valeurs religieuses, mettent de l'avant l'agriculture, le patriotisme et la famille. Dans ces programmes, le maître est vu comme un « être supérieur », à qui l'on doit obéir. Entre 1905 et 1968, les programmes-catalogues connaissent plusieurs révisions, mais ils sont tout de même en continuité les uns par rapport aux autres. Les premiers changements importants apportés à ces programmes au Québec surviennent lors de la Révolution tranquille dans les années 1960.

Avant la Révolution tranquille, soit avant les années 1960, la moitié des contenus des programmes de formation sont consacrés à l'enseignement de la religion. En 1960, 50 % de la population québécoise n'est pas scolarisée. De 1944 à 1959, c'est la période de la Grande Noirceur. L'enseignement des sciences est absent et les élèves ont un rôle passif en classe. La publication du rapport Parent dans les années 1960 apporte des changements majeurs dans le système d'éducation québécois. Les recommandations du rapport sont nombreuses :

- une philosophie basée sur l'école active ;
- la démocratisation de l'école ;
- la création du ministère de l'Éducation du Québec ;
- la création du Conseil supérieur de l'éducation ;
- la création des polyvalentes et des cégeps.

Tête chercheuse

Paul Gérin-Lajoie, avocat de formation, se voit offrir la responsabilité du ministère de la Jeunesse en 1960 par le premier ministre Jean Lesage, responsabilité qu'il assumera jusqu'en 1964. Il devient, en éducation, l'homme de confiance du premier ministre et enclenche la réforme scolaire. Il crée le ministère de l'Éducation du Québec et y demeurera jusqu'en 1966. Par la suite, soit de 1970 à 1977, il occupe le poste de président de l'Agence canadienne de développement international (ACDI). En 1977, il crée la fondation qui porte son nom et développe un programme d'aide aux enfants démunis grâce à la dictée PGL.

Le rapport mène à la réforme la plus importante que connaît le Québec, réforme qui prend place entre 1960 et 1970. En 1970, les programmes-cadres font leur apparition. Ceux-ci placent l'élève au centre du triangle pédagogique (sujet, objet, agent). Issus du courant humaniste et des travaux de Carl Rogers (1961, 1969), les programmes-cadres visent à répondre aux besoins des élèves. Ainsi, on propose des orientations plutôt que des contenus, des démarches plutôt que des savoirs savants. Une grande liberté est laissée à l'enseignant. Selon Martineau et Gauthier (2002), ces programmes se définissent comme un ensemble ordonné et souple de matières à enseigner. Les valeurs qui y sont prônées renvoient à l'individu, aux besoins de l'humain, au dynamisme vital de la personnalité, à la liberté et à l'autonomie. Dans cette optique, l'enseignant est considéré davantage comme un facilitateur des apprentissages à l'écoute des besoins des élèves que comme un transmetteur de connaissances.

L'enseignement au primaire et au secondaire au Québec. Livre vert publié en 1977 et *L'École québécoise : énoncé de politique et plan d'action. Livre orange* en 1979 font suite aux programmes-cadres. Les programmes-habiletés, influencés par le courant cognitiviste, sont ainsi implantés. Dans ces programmes, des objectifs et des habiletés hiérarchisées sont fournis pour chaque matière. Ces programmes sont centrés sur les habiletés et l'idéologie de l'excellence. En plus de l'importance accordée à l'individu, le rapport à la société est considéré comme étant essentiel aux apprentissages réalisés en classe. Dans le contexte de ces programmes, le rôle de l'enseignant est plus réaliste : il n'est plus vu comme le maître tout-puissant, mais comme une personne humaine avec ses forces et ses limites.

Enfin, les programmes par compétences, qui ont été élaborés entre 1994 et 1998 et qui s'inscrivent dans le courant socioconstructiviste, font la promotion de la démocratisation qualitative de l'école et adoptent une approche culturelle de l'enseignement. Les recommandations principales des rapports effectués pour appuyer la réforme de ces programmes sont comme suit, en ordre chronologique :

- 1994 : des profils de sortie incluant des savoirs essentiels, l'organisation des disciplines à l'intérieur de domaines d'apprentissage et de champs disciplinaires ;
- 1996 : une mission et trois finalités (instruire, socialiser et qualifier), quatre savoirs essentiels (savoirs, savoir-faire, savoir-être et savoir-vivre ensemble), l'intégration des matières et l'interdisciplinarité ;
- 1997 : la revalorisation de l'instruction, l'établissement des bases pour la formation continue, l'adaptation du curriculum aux changements sociaux, la maîtrise des compétences générales ;
- 1998 : la mise en place des compétences transversales, la réorganisation des cycles d'apprentissage, la création de la Commission des programmes d'études, un nouveau mode d'écriture des programmes.

Depuis l'élaboration des documents d'information, trois versions du *Programme des programmes* ont été présentées. *Programme de formation de l'école québécoise. Éducation préscolaire et enseignement primaire*, publié en 2001, et *Programme de formation de l'école québécoise. Enseignement secondaire, premier cycle*, publié en 2006, sont les deux versions approuvées. (Une version pour le 2e cycle du secondaire est en cours de validation.) Ces programmes présentent les contenus par ordre d'enseignement et tiennent compte de la plupart des recommandations des travaux préalables. Les tableaux-synthèses des programmes de formation (qui sont disponibles aux liens mentionnés dans la figure 2.3) donnent un aperçu des valeurs prônées par ces derniers.

FIGURE 2.3

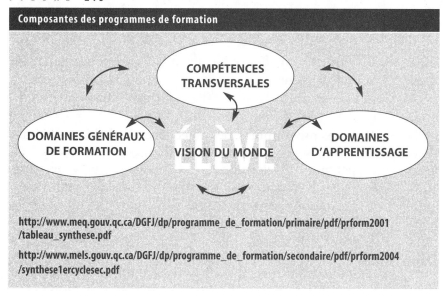

Composantes des programmes de formation

COMPÉTENCES TRANSVERSALES

DOMAINES GÉNÉRAUX DE FORMATION

ÉLÈVE
VISION DU MONDE

DOMAINES D'APPRENTISSAGE

http://www.meq.gouv.qc.ca/DGFJ/dp/programme_de_formation/primaire/pdf/prform2001/tableau_synthese.pdf

http://www.mels.gouv.qc.ca/DGFJ/dp/programme_de_formation/secondaire/pdf/prform2004/synthese1ercyclesec.pdf

PROGRAMMES DE FORMATION : PRATIQUE D'APPRENTISSAGE

 4. Les programmes de formation (MÉQ, 2001b ; MÉLS, 2006) s'inspirent de l'approche socioconstructiviste. Afin de se familiariser avec ces programmes, complétez le questionnaire du document 2.2 en vous basant sur vos connaissances et en vous référant au contenu de ces programmes (MÉQ, 2001b ; MÉLS, 2006).

 5. Selon vous, qu'est-ce qui distingue le programme de formation pour l'éducation préscolaire et l'enseignement primaire de celui pour l'enseignement secondaire, 1er cycle ? Qu'est-ce qui est semblable ? En quoi les ressemblances peuvent-elles être un avantage pour le passage du primaire au secondaire ? Dressez un tableau illustrant vos réponses (voir tableau 2.1, p. 24).

Clic et déclic

Les programmes de formation de l'école québécoise peuvent être consultés en ligne :

Éducation préscolaire et enseignement primaire
www.mels.gouv.qc.ca/DGFJ/dp/programme_de_formation/primaire/prform2001h.htm

Enseignement secondaire, 1er cycle
www.meq.gouv.qc.ca/lancement/prog_formation_sec1ercycle/index.htm

TABLEAU 2.1

	Programme du primaire	Programme du secondaire
Les domaines généraux de formation		
Les compétences transversales		
Les domaines d'apprentissage		

 6. Construisez une figure illustrant votre compréhension des différents éléments qui constituent les programmes de formation. Utilisez les expressions et les termes suivants : « compétences transversales », « savoirs essentiels » ou « notions et concepts », « composantes de la compétence », « sous-composantes de la compétence », « techniques », « compétences », « compétences disciplinaires », « stratégies » et « domaines généraux de formation ». Comparez vos réponses avec la théorie d'apprentissage ci-après.

 7. Comment pourriez-vous démontrer que les concepts de compétences, d'habiletés, de stratégies et de savoirs essentiels ou de notions et de concepts sont interreliés ? Identifiez dans la théorie d'apprentissage qui suit les éléments qui pourraient vous aider à établir des liens entre ces concepts. Faites ensuite un schéma pour illustrer les liens que vous avez identifiés.

PROGRAMMES DE FORMATION : THÉORIE D'APPRENTISSAGE

Les programmes de formation actuels ont fait l'objet de nombreux débats depuis leur application dans le milieu scolaire. Centrés sur l'apprenant plus que sur l'enseignant, ils s'inscrivent dans le paradigme de l'apprentissage. La distinction entre les programmes actuels et les précédents est importante puisque le rôle fondamental de l'enseignant est désormais de créer ou de mettre en place des situations globales, signifiantes et authentiques qui permettront le développement des compétences chez les élèves. Le principal courant pédagogique qui sous-tend l'élaboration de ces programmes est celui du socioconstructivisme. Ce courant, en plus de guider les pratiques de l'enseignant, incite à se questionner sur les styles d'enseignement et les styles d'apprentissage à adopter ou à privilégier. Il en sera question plus loin dans ce chapitre.

Les compétences

Le terme « compétence » prend différentes significations selon le contexte dans lequel il est utilisé. En effet, les linguistes, les spécialistes du développement cognitif, les psychologues et les sociologues du travail ainsi que les pédagogues ne définissent pas le terme de la même façon. Puisque c'est le contexte éducatif qui nous intéresse particulièrement, nous retenons seulement les définitions qui sont pertinentes à ce domaine. La définition suivante semble faire l'unanimité au sein des chercheurs en sciences de l'éducation (Jonnaert, 2002, p. 31) : « Une compétence fait référence à un ensemble d'éléments que le sujet peut mobiliser pour traiter une situation avec succès. »

Selon Pallascio (2000), ces éléments sont de nature cognitive, affective, réflexive ou contextuelle et sont mobilisés pour traiter des situations-problèmes qui relèvent d'une action responsable du sujet. La définition de « compétence » qui a été retenue par les programmes de formation s'apparente à celle de Pallascio (2000). Ainsi, selon les programmes de formation actuels, une compétence est un ensemble intégré de connaissances, de perceptions, d'attitudes et d'habiletés permettant à une personne de réaliser adéquatement une tâche, une activité de travail ou une activité de la vie professionnelle. C'est « un savoir-agir fondé sur la mobilisation et l'utilisation efficaces d'un ensemble de ressources » (MÉQ, 2001b, p. 4). Les programmes de formation établissent une distinction entre deux grands types de compétences : les compétences transversales et les compétences disciplinaires. Les compétences transversales, contrairement aux savoirs, sont transférables d'une discipline à une autre puisqu'elles s'inscrivent dans des situations complexes. Un exemple qui témoigne d'un manque dans une compétence disciplinaire serait celui d'un élève qui réussit bien ses dictées, mais qui est incapable de rédiger une lettre sans faire d'erreurs. Cette situation s'applique dans tous les contextes et les ordres d'enseignement.

Selon certains auteurs, dont Perrenoud (1995), il ne faut pas confondre « objectifs », « savoirs » et « compétences ». D'après ce chercheur, on peut enseigner et évaluer en se basant sur des objectifs sans toutefois s'assurer que l'apprenant puisse transférer et mobiliser ses savoirs. De même, il faut faire une distinction entre « compétences » et « savoir-faire ». Rappelons que les compétences sont des savoir-agir, car elles impliquent nécessairement une action complexe. Les compétences sont donc des savoir-faire de haut niveau qui mettent en jeu des ressources multiples et variées dans des situations complexes et globales. En ce sens, les savoir-faire seraient davantage considérés comme des habiletés spécifiques. Par exemple, faire un résumé serait un savoir-faire plus spécifique, alors que lire des articles de journaux et en retenir les faits dans le but de créer un roman historique permettrait la mise en œuvre d'une compétence, un savoir-faire de haut niveau, qui est beaucoup plus exigeant.

Il importe de spécifier que les programmes de formation actuels n'excluent pas les connaissances au profit des compétences, contrairement à ce que l'on entend souvent. Les connaissances sont des ressources cognitives, affectives et métacognitives qui doivent être mobilisées à l'intérieur de certaines compétences. Jonnaert (1999) apporte une précision importante au concept de connaissances. En effet, selon lui, il existe une différence entre connaissances et savoirs. Les savoirs codifiés sont ceux qui sont mentionnés dans les programmes de formation et les ensembles didactiques. Ces savoirs sont sélectionnés selon la pertinence et l'importance culturelles qui leur sont accordées à une époque donnée. Ces savoirs sont aussi organisés pour être enseignés. Les connaissances, quant à elles, sont des représentations et des conceptions propres à un individu. Elles ont été construites, remises en question et emmagasinées dans le répertoire cognitif de l'apprenant au cours de ses expériences de vie. En ce sens, les connaissances sont « situées », c'est-à-dire qu'elles sont propres à l'apprenant ; elles ne peuvent pas être transmises d'un être humain à un autre ; elles sont accessibles à l'apprenant tant et aussi longtemps qu'elles peuvent être réactivées pour traiter de nouvelles situations.

Pour montrer l'importance de considérer les connaissances au même titre que les compétences, les programmes de formation ont introduit le concept de **savoir essentiel**. Les savoirs essentiels sont définis comme un « répertoire de ressources indispensables au développement et à l'exercice de la compétence » (MÉQ, 2001b, p. 9). Les stratégies constituent une composante des savoirs essentiels. Elles se définissent comme des processus ou des actions observables ou non, conscientes ou inconscientes, utilisées par un sujet pour traiter l'information d'une situation donnée (Peters et Viola, 2003).

Les **ressources** internes (ou personnelles) et externes (les pairs, les enseignants, les sources documentaires, etc.) proposées par les programmes de formation sont essentielles pour mener à terme une tâche, mais elles ne sont pas suffisantes. En effet, pour réaliser des projets, l'élève fait appel à certaines ressources qui ne sont pas nécessairement mentionnées dans les programmes de formation. Pour apprendre, l'élève peut donc faire appel à des ressources acquises en dehors de l'école (Jonnaert, 2002).

Les **compétences transversales** se distinguent des compétences disciplinaires en ce qu'elles sont caractérisées par un très haut degré de généralisation et qu'elles dépassent largement les frontières d'une discipline en particulier. C'est pour cette raison que les compétences transversales sont aussi appelées « compétences générales ». Les compétences transversales sont, de par leur essence, décontextualisées. Cependant, pour assurer leur développement, il faut recourir à des contextes spécifiques, en l'occurrence ceux des domaines généraux de formation et des domaines d'apprentissage. Par l'intervention explicite de l'enseignant, l'élève sera amené à réaliser que les compétences transversales développées dans une certaine discipline sont utiles dans d'autres disciplines ou dans différents domaines généraux de formation. Même s'il existe un large éventail de compétences transversales, les programmes de formation ne retiennent qu'un nombre limité d'entre elles. Les compétences transversales qui sont retenues par les programmes de formation sont celles reconnues comme essentielles pour permettre à l'élève de s'adapter à la vie d'aujourd'hui et de demain. Les compétences transversales proposées devraient faire l'objet d'une intervention éducative concertée de tous les acteurs scolaires, au primaire comme au secondaire.

Les **compétences disciplinaires** sont définies comme des savoir-agir fondés sur la mobilisation et l'utilisation efficaces d'un ensemble de ressources qui sont mises en œuvre dans une discipline donnée (Peters et Viola, 2003). Tout comme pour les compétences transversales, les compétences disciplinaires sont des savoir-faire de haut niveau. Elles se développent dans la pratique de situations complexes et signifiantes. Dans certaines situations d'apprentissage, plusieurs compétences disciplinaires peuvent être ciblées en même temps, ce qui donne lieu à des situations d'apprentissage interdisciplinaires. Dans les programmes de formation actuels, l'enseignant est encouragé à élaborer ses propres situations d'apprentissage. Toutefois, il apparaît parfois difficile de concilier cette tâche avec toutes les autres qui sont sous sa responsabilité. Pour cette raison, beaucoup d'enseignants se réfèrent aux ensembles didactiques.

ENSEMBLES DIDACTIQUES : PRATIQUE D'APPRENTISSAGE

 8. Pour qu'un ensemble didactique soit approuvé par le MÉLS, il doit répondre à certains critères. Puisque ces critères sont déterminés par l'approche qui est privilégiée par les programmes de formation actuels, l'ensemble didactique doit obéir, entre autres, aux principes du courant socioconstructiviste. Le premier critère des aspects pédagogiques se lit comme suit : « Adéquation de la conception de l'apprentissage et des propositions d'approches pédagogiques avec les exigences d'une approche par compétences, telle que préconisées par les programmes de formation » (se référer à la rubrique « Clic et déclic », p. 28). Les ensembles didactiques présentent souvent leurs grandes orientations dans un court paragraphe. En guise d'exercice, lisez les extraits de la page 28 et identifiez les énoncés qui présentent des principes qui relèvent du socioconstructivisme. Notez ensuite les pages du programme de formation où ces principes sont formulés. Si un énoncé ne fait pas allusion au courant socioconstructiviste, indiquez à quel courant et à quel programme de formation cet énoncé fait référence. (L'année de publication a volontairement été omise pour des raisons évidentes.)

Extraits	Référence
« En fait, le savoir se structure comme un réseau de liens et de connexions, et chaque personne crée son propre réseau en relation avec ses connaissances et ses expériences antérieures. » *Tous azimuts* – 1er cycle du primaire, page 11 du *Guide général,* Graficor.	
« Le but de la classe de français n'est pas l'acquisition de connaissances sur la langue, mais le développement d'habiletés langagières. » *Parcours 1*, page 3, 1er cycle du primaire, Éditions CEC.	
« On veut aussi que les apprentissages faits à l'école soient liés aux besoins réels et aux expériences de vie quotidiennes, afin qu'ils soient opérants dans les situations de la vie courante. » *Histoire en action* – 1er cycle du secondaire, page 11, Groupe Modulo.	
« Ces trois dimensions du savoir-habileté, connaissances, attitudes ne sont pas disjointes. Face à une situation donnée, l'individu développe des attitudes, utilise des habiletés et fait appel à ses connaissances. Cette façon de faire est la résultante de nombreux vécus, objectivés et intériorisés. » *Espace mathématique primaire*, page 3, Éditions du renouveau pédagogique Inc.	

Clic et déclic

Le Comité-conseil sur l'évaluation des ressources didactiques (CCÉRD) a le mandat de procéder à l'évaluation des ensembles didactiques selon les critères du Bureau d'approbation du matériel didactique (BAMD) du MÉLS. On peut prendre connaissance de tous ces critères en téléchargeant le document suivant :

http://www3.mels.gouv.qc.ca/bamd/Doc/Liste_primaire_fr_new.pdf

9. Sélectionnez un ensemble didactique et évaluez-le en fonction des critères fournis dans le tableau ci-dessous et ceux des programmes de formation actuels.

Critères	Appréciation
1. Le matériel permet aux élèves de construire activement leurs connaissances.	
2. Le matériel offre des situations d'apprentissage motivantes et intéressantes pour les élèves.	
3. Le matériel facilite les interactions sociales et la collaboration.	
4. Le matériel offre une ouverture sur d'autres disciplines.	

ENSEMBLES DIDACTIQUES : THÉORIE D'APPRENTISSAGE

L'ensemble didactique est un outil de soutien, de médiation et de référence (MÉLS, 2007). Au minimum, il doit inclure un manuel imprimé pour l'élève et un guide pour l'enseignant. Les cahiers d'exercices, les cédéroms et les référentiels sont des outils complémentaires, mais non indispensables. L'ensemble didactique a fait l'objet de plusieurs discussions dans les travaux qui ont mené à la validation des programmes de formation actuels.

L'ensemble didactique assure quatre fonctions :

1. une fonction de médiation où le programme de formation est, en quelque sorte, actualisé autant pour les enseignants que pour les élèves ;

2. une fonction de soutien en proposant des outils concrets visant le développement des compétences ;

3. une fonction de référence en offrant un modèle et une structure fiables permettant le lien école-famille;

4. une fonction culturelle où l'élève sera en mesure « de construire sa vision du monde, de structurer son identité et de développer son pouvoir d'action » (MÉLS, 2007, p. 3) grâce aux repères culturels qui y sont présentés.

Les ensembles didactiques sont généralement élaborés par des maisons d'édition scolaires. L'auteur, qui peut être un conseiller pédagogique, un enseignant chevronné ou une personne ayant une solide connaissance dans un domaine en particulier, accompagné d'une équipe de spécialistes de l'édition (éditeur, réviseur scientifique et linguistique, illustrateur, graphiste, etc.), rédige l'ensemble didactique. Après plusieurs étapes de validation du contenu, la maison d'édition soumet l'ensemble didactique au Bureau d'approbation du matériel didactique (BAMD) du MÉLS. Pour être approuvé par le MÉLS, l'ensemble didactique doit répondre à plusieurs critères qui sont regroupés selon six aspects : pédagogiques, socioculturels, matériels, publicitaires, confessionnels et conventionnels. C'est le Comité-conseil sur l'évaluation des ressources didactiques (CCÉRD) qui a le mandat de procéder à l'évaluation de l'ensemble didactique.

Les ensembles didactiques font partie de la composante objet du triangle pédagogique et constituent des outils de référence et de travail pour l'enseignant et l'élève. Il faut bien saisir leurs fondements pour les utiliser d'une manière appropriée.

Historique

Le matériel pédagogique relate à sa manière l'histoire de l'éducation puisqu'il a été élaboré en suivant la philosophie des réformes et les directives du ministère de l'Éducation. En consultant le lien suivant, on trouve un article de Louise Goupil, publié dans *Québec français*, qui fournit une revue de cet historique et du matériel pédagogique des années 80.

http://www.erudit.org/culture/qf107 6656/qf1219125/49081ac.pdf

Pour mieux comprendre l'évolution du matériel pédagogique, on peut aussi utiliser la base de données du site de la bibliothèque de l'Université Laval où sont répertoriés plus de 200 manuels scolaires numérisés :

http://www4.bibl.ulaval.ca/bd/ manscol/

Pour les consulter, il suffit d'entrer « Banq » dans le champ « Plein texte » et lancer la requête. On sélectionne ensuite le ou les titres désirés et, dans la première colonne, à l'entrée « Plein texte », on clique de nouveau sur « Banq ». On aura ainsi accès au contenu numérisé de ce livre sur le site de Bibliothèque et Archives nationales Québec.

STYLES D'ENSEIGNEMENT ET D'APPRENTISSAGE : PRATIQUE D'APPRENTISSAGE

 10. L'apprenant traite l'information en fonction de sa manière d'apprendre, de son style d'apprentissage. Quel est votre style d'apprentissage ? Pour le savoir, répondez au questionnaire ISALEM-97 du Laboratoire d'enseignement multimédia (LEM) de l'Université de Liège en Belgique en consultant le lien suivant : **http://www2.ulg.ac.be/lem/StyleApprent/Style Apprent_CG/media/isalem.htm**.

 11. Quel est votre style d'enseignement ? En équipe, comparez vos réponses avec celles de la pratique d'apprentissage 10. Y a-t-il un lien entre un style d'enseignement et un style d'apprentissage ?

STYLES D'ENSEIGNEMENT ET D'APPRENTISSAGE : THÉORIE D'APPRENTISSAGE

L'une des grandes critiques soulevées à propos des programmes de formation actuels est le fait que les approches qui y sont préconisées ne sont pas toujours connues par les enseignants. De plus, des modèles d'enseignement, tels que l'apprentissage par projets ou l'apprentissage coopératif, s'implantent moins facilement dans certains milieux scolaires. Par ailleurs, certains modèles d'enseignement ne correspondent pas aux profils des enseignants ni à ceux des élèves, c'est-à-dire qu'ils ne correspondent pas aux styles d'enseignement et aux styles d'apprentissage.

Il faut d'abord établir une distinction entre les styles d'enseignement et les styles d'apprentissage (se référer à la pratique d'apprentissage 1, page 19, qui a permis de faire ressortir les différences entre enseignement et apprentissage). Il va sans dire que les styles d'enseignement se rapportent à l'enseignant, et les styles d'apprentissage, à l'élève.

Comment préférez-vous apprendre ? Voilà la question que l'on doit se poser pour découvrir son style d'apprentissage. Est-il préférable d'apprendre en écoutant de la musique, avec l'aide d'amis ou seul dans un environnement silencieux ? Faut-il construire un objet à partir d'un plan ou en suivant des consignes écrites ? Y a-t-il une façon unique de résoudre des problèmes ? Toutes ces questions se rapportent aux préférences des gens lorsqu'ils apprennent ou qu'ils réalisent une tâche ; elles concernent donc les styles d'apprentissage. Ces préférences peuvent varier d'une personne à l'autre ; elles peuvent même changer chez une même personne au fil du temps ou être différentes selon les tâches à réaliser. En somme, il n'y a pas une seule et bonne façon d'apprendre. Selon Legendre (2005), un style d'apprentissage se manifeste par une tendance à réaliser des tâches particulières et à apprécier les faire, une façon différente de percevoir les choses, un besoin d'encadrement adapté, une aptitude ou non au travail en équipe, une préférence pour un type d'enseignement.

Il existe plusieurs classifications des styles d'apprentissage. Le tableau 2.2 illustre divers styles d'apprentissage selon différentes classifications. La notion de formes multiples d'intelligence est incluse dans ce tableau. Cette notion est très utilisée dans les classes au primaire et certains liens peuvent être faits entre cette notion et les styles d'apprentissage.

Clic et déclic

Le lien suivant illustre la popularité du concept d'intelligences multiples :
http://www.csdeschenes.qc.ca/SNAPS/im/intro.htm

Un questionnaire pour les adultes et un questionnaire pour les jeunes, qui permettent d'identifier leurs intelligences multiples, sont aussi disponibles sur le site de la commission scolaire René-Lévesque :
http://www.cs-renelevesque.qc.ca/recit/particulierement.html

TABLEAU 2.2

Différentes classifications des styles d'apprentissage

Auteurs	Classification des styles d'apprentissage	
Kolb (1985)	**Accommodateur (dynamique)**	• expérimente dans l'action • aime prendre des décisions • s'adapte rapidement • improvise
	Divergent (imaginatif)	• expérimente le concret et observe de façon réflexive • se fie beaucoup à son intuition • s'intéresse aux personnes et aux situations sociales
	Convergent (pratique)	• préfère travailler seul • applique les notions théoriques
	Assimilateur (analytique)	• conceptualise des modèles théoriques • a un raisonnement inductif • s'intéresse aux concepts
Laboratoire d'enseignement Multimédia (LEM) - Université de Liège (1999)	**Intuitif-réflexif**	• analyse les situations sous des angles très variés • observe avant d'agir • apprécie les situations qui nécessitent un foisonnement d'idées • a des intérêts culturels très larges • aime rassembler de l'information de façon éclectique
	Méthodique-réflexif	• synthétise l'information de manière logique et concise • se concentre plus sur l'analyse des idées et des problèmes que sur les personnes comme telles • s'intéresse à la rigueur et à la validité des théories

(suite p. 32)

TABLEAU 2.2 (SUITE)

Auteurs	Classification des styles d'apprentissage	
LEM (1999) (suite)	**Intuitif-pragmatique**	• aime apprendre en mettant la main à la pâte • prend plaisir à mettre en œuvre des projets et à s'impliquer personnellement dans de nouvelles expériences représentant des défis • réagit davantage par instinct qu'en fonction d'une analyse purement logique • lors de la résolution d'un problème, s'informe auprès des autres avant de procéder à ses propres investigations
	Méthodique-pragmatique	• met en pratique les idées et les théories • est capable de résoudre des problèmes et de prendre des décisions sans tergiverser, en sélectionnant la solution optimale • s'intéresse à la science appliquée ou à la technologie plutôt qu'aux questions purement sociales ou relationnelles
Honey et Mumford (1992)	**Actif**	• s'engage totalement dans de nouvelles expériences • préfère les expériences spontanées • a l'esprit ouvert • agit d'abord et réfléchit ensuite
	Réfléchi	• aime prendre du recul pour examiner une situation • accumule plusieurs données avant de prendre une décision • observe beaucoup
	Théoricien	• organise l'information et l'intègre pour former des systèmes théoriques • suit une démarche logique pour traiter les situations
	Pragmatique	• s'intéresse à l'application pratique des idées pour vérifier leur fonctionnement • a toujours beaucoup d'idées et tente de les mettre en pratique rapidement
Gardner (1983)	**Corporel / kinesthésique**	• utilise toutes les parties du corps ou quelques-unes d'entre elles pour créer des produits ou résoudre des problèmes
	Visuel / spatial	• perçoit le monde avec exactitude • se représente fréquemment des images mentales
	Musical / rythmique	• crée, communique, comprend et exprime à l'aide de différentes formes musicales
	Logique / mathématique	• apprécie des relations abstraites • utilise efficacement les données quantitatives et le raisonnement
	Verbal / linguistique	• comprend facilement le langage • utilise efficacement les mots de vive voix ou par écrit
	Interpersonnel	• comprend bien les motivations et les sentiments d'autres personnes
	Intrapersonnel	• comprend et crée un modèle mental précis de lui-même et utilise ce savoir pour vivre sainement
	Naturaliste	• différencie, classifie et utilise diverses caractéristiques de l'environnement

Il existe plusieurs classifications des styles d'apprentissage et aussi plusieurs questionnaires pour déterminer le style dominant d'une personne. Les chercheurs s'entendent pour dire qu'il y a plusieurs styles d'apprentissage et que les aspects suivants sont sans controverse :

- chaque individu a une ou plusieurs préférences prioritaires ;
- les apprenants utilisent en général tous les styles d'apprentissage, mais beaucoup d'entre eux ont un style dominant ;
- les styles d'apprentissage ne sont pas hiérarchisés.

Connaître son style d'apprentissage dominant constitue un avantage certain autant pour l'élève que pour l'enseignant. En effet, plus on se connaît comme apprenant, plus on maîtrise les conditions dans lesquelles on apprend. De même, l'enseignant qui connaît les styles d'apprentissage de ses élèves est davantage en mesure de les aider à apprendre. L'enseignant doit donc être sensibilisé aux diversités des styles d'apprentissage qui existent dans sa classe lorsqu'il planifie, intervient ou évalue en classe. Il s'inscrira alors dans une approche que l'on appelle « approche différenciée ». Il doit aussi tenir compte de ses caractéristiques propres, de sa manière naturelle d'enseigner, c'est-à-dire de son style d'enseignement.

Les styles d'enseignement

Les styles d'enseignement sont des manières d'être et d'agir qui n'ont rien à voir avec les méthodes d'enseignement pratiquées par les enseignants. Legendre (2005) définit le style d'enseignement comme une façon d'intervenir, des gestes habituels, des intérêts personnels, des attitudes ou des comportements propres à chaque enseignant par rapport au sujet, à l'agent, à l'objet et au milieu scolaire. Pour le LEM (1999), le style d'enseignement renvoie à la manière préférée d'un enseignant d'organiser les interactions en classe. Aussi, comme pour les styles d'apprentissage, il y a des styles d'enseignement dominants. Il n'y a donc pas une seule et bonne façon d'enseigner. Selon Therer et Willemart (1983), le style d'enseignement devrait varier en fonction des objectifs à atteindre, de la motivation, de la capacité à apprendre et du style d'apprentissage des élèves. Selon le LEM (2007, Styles d'enseignement, styles d'apprentissage et pédagogie différenciée), l'une « des caractéristiques de l'enseignant efficace est sa capacité à varier son style d'enseignement et ses stratégies ». Certains chercheurs comme De Corte (1990) affirment qu'il y a peu de variations chez un même individu, peu importe le niveau scolaire. D'autres chercheurs proposent que le style d'enseignement idéal varie en fonction de l'ordre d'enseignement. Ainsi, au primaire, on devrait privilégier un style plus ouvert, plus chaleureux qu'au secondaire. Il existe plusieurs classifications des styles d'enseignement. Le tableau 2.3, à la page 34, présente les classifications les plus récentes.

TABLEAU 2.3

Différentes classifications des styles d'enseignement

Auteurs	Classification des styles d'enseignement
Therer et Willemart **(1983, cités dans LEM, 2007)**	• transmissif • incitatif • associatif • permissif
Delaire (1988)	• autocratique • semi-autocratique • semi-démocratique • débonnaire
Mosston et Ashworth (1990)	• directif • entraîneur • superviseur • encadreur • étapiste • interrogateur • guide • orienté vers l'action • accompagnateur • personne ressource • autoenseignement
Sauvé (1992)	• dispensateur d'information directe • dispensateur d'information indirecte • interrogateur • animateur • coopératif • accompagnateur

Il est possible de constater certaines similitudes entre les styles d'enseignement du tableau 2.3. Pour chacun des auteurs, dans les premiers styles décrits, l'enseignant joue un rôle prédominant dans la situation enseignement-apprentissage : il transmet la matière et prend toutes les décisions. Dans ce contexte, le partage des tâches entre l'enseignant et les élèves est rare. L'élève écoute, suit les indications et respecte les consignes.

Plus on avance dans les styles décrits par les auteurs, plus on accorde d'importance au rôle de l'élève dans la situation enseignement-apprentissage : il participe aux discussions et aux décisions. Sa créativité et son initiative sont encouragées. L'enseignant est alors perçu comme un facilitateur et un guide qui vise l'autonomie et la construction des savoirs par l'élève.

Il est important pour l'enseignant de connaître son style d'enseignement dominant. En effet, en prenant conscience de son style d'enseignement dominant, l'enseignant est davantage en mesure de s'adapter à ses élèves et de développer un esprit critique par rapport aux approches qu'il tente d'intégrer dans sa pratique.

Les programmes de formation actuels privilégient certains styles d'enseignement et certains styles d'apprentissage. Dans ce contexte, il est facile de comprendre pourquoi ces programmes ne rallient pas tous les enseignants et tous les élèves. C'est sans doute l'une des raisons qui expliquent que leur implantation est difficile.

EN CONCLUSION

Dans ce chapitre, les grands courants éducatifs ont été présentés et mis en lien avec les différents programmes de formation qui ont marqué les interventions des enseignants depuis 1905. Le programme de formation de 2001, inspiré du courant socioconstructiviste, soulève beaucoup de questions tant au niveau des approches d'enseignement qu'au niveau de l'évaluation. L'un des reproches adressés à l'égard de ce programme concerne le fait que les enseignants ont dû s'adapter très rapidement aux changements qui en ont découlé. Les approches préconisées par les programmes actuels ne tiennent pas toujours compte des styles d'enseignement des enseignants et des styles d'apprentissage des élèves. Il apparaît toutefois important pour les enseignants de poursuivre les formations qui leur sont offertes afin qu'ils justifient les actions qu'ils mettent en place et les ajustent de façon stratégique.

INTÉGRATION DES APPRENTISSAGES

1. Pouvez-vous établir des liens entre les différentes typologies de styles d'apprentissage ? Y a-t-il des ressemblances, des différences entre les styles d'apprentissage proposés par les différents auteurs ?

2. Analysez un manuel ou un cahier que vous avez déjà utilisé lors de vos études au primaire. Qu'observez-vous par rapport aux courants pédagogiques ?

3. Pour garder en tête les nouvelles notions acquises, faites un bilan des savoirs (voir p. 36) et une synthèse que vous placerez ensuite dans votre dossier professionnel.

Bilan des savoirs	Oui, beaucoup mieux.	Non, je m'interroge encore.
Je peux expliquer les grandes lignes des programmes de formation actuels	☐	☐
Je sais ce qu'est le socioconstructivisme.	☐	☐
Je peux nommer les approches privilégiées par les programmes de formation actuels et les approches mises de l'avant auparavant.	☐	☐
Je sais ce qu'est un domaine général de formation.	☐	☐
Je connais la différence entre compétence et savoir.	☐	☐
Je connais la différence entre un style d'apprentissage et un style d'enseignement et je peux en nommer plusieurs.	☐	☐

Pour en savoir plus

DISCAS. (s.d.). « La FAQ de la réforme ». In *Les archives de DISCAS*. En ligne. <http://www.csrdn.qc.ca/discas/reforme/FAQreforme.html>. Consulté le 30 juillet 2011.

Ministère de l'Éducation du Québec. 2001b. *Programme de formation de l'école québécoise. Version approuvée. Éducation préscolaire. Enseignement primaire.* Québec : Gouvernement du Québec, 350 p.

Ministère de l'Éducation du Québec. 2004. « Les ensembles didactiques et les critères d'évaluation. Enseignement primaire et secondaire ». Québec : Gouvernement du Québec, 5 p. En ligne. <http://www3.mels.gouv.qc.ca/bamd/Infos/Infos.asp>. Consulté le 30 juillet 2011.

Ministère de l'Éducation, du Loisir et du Sport du Québec. 2007. « L'approbation du matériel didactique ». En ligne. 9 p. <http://www3.mels.gouv.qc.ca/bamd/Doc/Site%20Internet%20Bamdversion%20révisée%20ling%20(07-02-28).pdf>. Consulté le 30 juillet 2011.

Radio-Canada. 2007. « Paul Gérin-Lajoie mène la barque ». In *Les Archives de Radio-Canada*. En ligne. <http://archives.radio-canada.ca/societe/education/clips/1138/>. Consulté le 30 juillet 2011.

PARTIE **II**

Modèles d'enseignement et théories d'apprentissage

La partie II, divisée en quatre sections, présente les principaux modèles d'enseignement regroupés selon les quatre courants :

- section 1, le socioconstructivisme ;
- section 2, le cognitivisme ;
- section 3, l'humanisme ;
- section 4, le béhaviorisme.

Une synthèse de chacun des courants complète les sections.

PARTIE  II

Modèles d'enseignement et théories d'apprentissage

Dans cette deuxième partie de l'ouvrage, la composante agent du système didactique est décrite. Selon les modèles didactiques théoriques présentés dans la partie I, l'agent comprend l'enseignant et les moyens d'enseignement. Un modèle d'enseignement, quels que soient ses principes ou ses valeurs, correspond entre autres à un moyen qu'un enseignant peut utiliser pour aider ses élèves à apprendre. Les chapitres de cette partie sont regroupés en quatre sections. Dans chacune des sections, les modèles sont présentés et sont suivis d'un chapitre synthèse. Les premières sections illustrent les modèles qui ont été appliqués récemment. Les dernières sections proposent des modèles moins actuels, mais qui sont encore utilisés dans les milieux de pratique.

SECTION ①
Le socioconstructivisme

Apprentissage par projets

Carole Raby

PRÉPARATION AUX APPRENTISSAGES

Portrait des savoirs	Non, pas vraiment.	Oui, je fais une hypothèse.
Je sais ce qu'est l'apprentissage par projets.	☐	☐
Je connais quelques modèles de pédagogie du projet.	☐	☐
Je connais les avantages et les inconvénients de la pédagogie du projet.	☐	☐
Je connais le rôle de l'enseignante et de l'élève dans la pédagogie du projet.	☐	☐

Ce chapitre présente l'apprentissage par projets comme modèle d'enseignement inspiré du courant socioconstructiviste. La pratique d'apprentissage permet en premier lieu de faire appel à ses connaissances actuelles sur le sujet. En deuxième lieu, la théorie d'apprentissage apporte un éclairage sur ce qu'est l'apprentissage par projets, ses origines, ses principes, ses particularités, ses avantages et ses limites. Il est également question de l'application de l'apprentissage par projets en classe (le comment et le quand).

RÉALISATION DES APPRENTISSAGES

PRATIQUE D'APPRENTISSAGE

1. Prenez un moment pour réfléchir individuellement aux deux questions suivantes et notez vos idées :

- Que veux dire le mot « projet » pour vous ? Dans votre vie personnelle ? Dans votre vie professionnelle ?
- Pensez à un projet que vous avez vécu à l'école, au préscolaire, au primaire, au secondaire ou au postsecondaire, en tant qu'élève ou en tant qu'enseignante. Si vous n'avez pas de souvenir, évoquez plutôt un projet que vous avez vécu dans votre vie personnelle. En quoi ce projet était-il important pour vous ? Comment s'est déroulé ce projet ? Pouvez-vous identifier certaines de ses étapes et caractéristiques ?

2. Avec quelques collègues, discutez brièvement des projets vécus et, ensemble, dégagez les grandes étapes et caractéristiques de la pédagogie du projet.

THÉORIE D'APPRENTISSAGE

Qu'est-ce que l'apprentissage par projets ?

Plusieurs auteurs se sont intéressés à l'apprentissage par projets. Ils ont proposé des définitions, élaboré des principes et différents modèles. Le concept d'apprentissage par projets ne date pas d'hier. En effet, plusieurs auteurs (dont les désormais célèbres Dewey, Kilpatrick et Makarenko) s'y sont intéressés dès la fin du 19e siècle. Au Québec, bien que ce modèle d'enseignement ait été utilisé dans les écoles alternatives depuis de nombreuses années, ce n'est qu'en 1990 qu'il a connu un essor particulier, essor qui s'est amplifié depuis l'implantation du renouveau pédagogique au début des années 2000.

À quoi réfère-t-on lorsque l'on parle d'« apprentissage par projets » ? Le mot « projet » est souvent employé dans des contextes qui correspondent très peu à ses caractéristiques. Ainsi, il semble essentiel de poser la question suivante : qu'est-ce que le « travail en projet » (Francœur

Tête chercheuse

William Heard Kilpatrick, pédagogue américain (1871-1965)

Kilpatrick, étudiant de John Dewey, publie en 1918 un article intitulé « The Project Method ». La méthode de Kilpatrick est basée sur le principe qui veut que la motivation et le succès de l'élève augmentent lorsqu'il fait des choix et poursuit ses propres buts. La méthode de Kilpatrick est divisée en quatre phases : le but (*purposing*), la planification (*planning*), la réalisation (*executing*) et l'évaluation (*judging*). Le projet comporte un but précis, engage l'apprenant dans sa totalité et se déroule dans un environnement social (Grégoire et Laferrière, 1998).

Bellavance, 1997), l'« approche par projet » (Grégoire et Laferrière, 1998), l'« apprentissage par projets » (Arpin et Capra, 2001), l'« apprentissage par projet » (Proulx, 2004), la « démarche de projet » (Perrenoud, 1999) et la « pédagogie du projet » (Perrenoud, 1999) ? Ces nombreuses appellations réfèrent toutes à un modèle d'enseignement issu du courant socioconstructiviste, qui cadre bien avec les orientations des programmes de formation actuels (MÉQ, 2001b ; MÉLS, 2006) et qui est de plus en plus en vogue dans le milieu scolaire. Quelques auteurs ont offert des définitions qui permettent de mieux comprendre ce qu'est l'apprentissage par projets.

Francœur Bellavance (1997) centre sa définition sur le processus ou la démarche qui mène à une communication ou à une action. En effet, selon cette auteure, les élèves se fixent d'abord un but commun ; ils anticipent ensuite la démarche, les moyens et les opérations et ils avancent progressivement vers une production ou une action.

Arpin et Capra (2001) s'attardent principalement au rôle des différents acteurs en lien avec les savoirs. Elles définissent l'apprentissage par projets comme une approche pédagogique au sein de laquelle l'enseignante est une médiatrice entre l'élève et les savoirs. Elles soulignent également que l'élève, durant la démarche de projet, construit activement ses savoirs en interaction avec les autres élèves et l'environnement.

Quant à Proulx (2004, p. 31), sa définition met l'accent particulièrement sur le processus menant, en contexte scolaire, à l'acquisition et au transfert des connaissances et à « un produit fini évaluable ». Il souligne aussi que la démarche peut être vécue seul ou avec des pairs et que le rôle de l'enseignante est d'observer et de superviser l'activité des élèves.

À la lumière de ces trois définitions, il apparaît que l'apprentissage par projets est un modèle d'enseignement qui engage l'élève dans l'acquisition de connaissances, la construction de savoirs et le développement de compétences. L'élève est invité à se fixer un but et à avancer, conjointement avec ses pairs, dans un temps déterminé et grâce à l'accompagnement de son enseignante, vers la réalisation d'une production concrète qui sera présentée, à la fin de la démarche, à un auditoire préalablement sélectionné.

La démarche de projet doit donc fournir l'occasion à l'élève de se fixer un but, de faire des choix, d'adopter une attitude de recherche, d'explorer, de discuter et de collaborer avec ses camarades pour réaliser et présenter une production concrète. Ainsi, l'apprentissage par projets est beaucoup plus qu'une approche thématique. Il se base sur la participation active de l'élève à toutes les étapes du processus d'apprentissage (planification, réalisation, communication et évaluation). L'enseignante partage le pouvoir de la classe ; elle adopte un rôle d'accompagnatrice, de guide. Le projet ne peut donc pas être entièrement planifié et mené par l'enseignante. Il n'est pas non plus une activité qui se réalise en totalité à la maison avec l'aide des parents. Le projet n'est pas constitué d'une série de situations d'apprentissage qui se suivent les unes les autres puisqu'il demande à l'élève de poursuivre un but. Le projet est mené à terme en accomplissant différentes étapes et s'échelonne dans le temps.

Principes pédagogiques de l'apprentissage par projets

L'apprentissage par projets repose sur différents principes qui en dictent l'essence. Six grands principes sont généralement admis dans la littérature, quoique leur formulation précise diffère d'un auteur à l'autre.

Signifiance pour l'élève

Un projet est signifiant pour l'élève et le rejoint dans ses dimensions cognitive et affective. L'élève est amené, dans la démarche de projet, à identifier ses intérêts. Il doit se positionner face à un sujet particulier ou à un sous-thème émanant de ce sujet. L'exercice de choisir motive l'élève et lui permet d'explorer des avenues qui l'intéressent, le motivent au niveau affectif et le stimulent au niveau cognitif. L'enseignante, si elle sélectionne elle-même le thème du projet, s'assure d'avoir préalablement sondé les intérêts des élèves. Elle doit toutefois se garder de tout décider. Une fois le sujet choisi et présenté aux élèves, elle doit faire un effort particulier pour réserver, à l'intérieur du projet, des espaces pour que l'élève puisse exercer son pouvoir décisionnel (ex. : choix du sous-thème à étudier, choix des partenaires de travail, choix de la démarche, choix du produit final, choix du mode de communication, etc.). Le projet est ainsi signifiant pour l'élève (Arpin et Capra, 2001) puisqu'il répond à ses intérêts et à ses besoins. Legrand (1983, cité dans Altet, 1997, p. 68) parle dans ce cas de la « valeur affective pour l'apprenant ».

Participation active et responsable de l'élève

Un projet s'appuie sur une participation active et responsable de l'élève. L'apprentissage par projets s'inscrit indéniablement dans une perspective socioconstructiviste, centrée sur l'apprenant. Selon Proulx (2004, p. 10), l'approche par projets « prend parti pour l'enseignement et l'apprentissage dans l'action, pour l'apprenant comme chef de file de sa formation et pour l'enseignant comme sa vigile ». L'élève est actif dans ses apprentissages et il en est responsable. Il se questionne, explore, cherche, lit, discute avec ses pairs, expérimente, synthétise, etc. L'enseignante le questionne et l'accompagne, mais se retient de

lui offrir des solutions ou des réponses. L'élève contrôle sa démarche et son produit final. C'est en ce sens que Legrand (1983, p. 69, cité dans Altet, 1997) affirme que « la mise en œuvre du projet doit être de nature tâtonnée. Une stricte programmation prévue dès le début et imposée par le professeur est à l'opposé d'une pédagogie de projet ».

Démarche ouverte

Un projet s'appuie sur une démarche ouverte qui se déroule en plusieurs phases ; il s'inscrit dans le temps. Le projet ne doit pas être entièrement planifié par l'enseignante, du début à la fin. Il peut être spontanément déclenché par un événement, un intérêt particulier d'un élève, une lecture, etc. Il doit également laisser place, en cours de route, « à la contribution et à l'investissement des élèves » (Caron, 2003, p. 143). Pour Arpin et Capra (2001), le projet doit demeurer ou-vert et être ajusté au parcours des élèves. Il y a donc une part d'im-prévisible. Paradoxalement, il se déroule selon un processus systématique et rigoureux, c'est-à-dire selon des « étapes qui devront être franchies, et ce, dans un ordre progressif » (Proulx, 2004, p. 32). Quoiqu'ils les nomment et les subdivisent différemment, les auteurs s'entendent sur le fait qu'un projet contient au moins trois phases : une phase de planification, une phase de réalisation et une phase de communication et d'intégration. Ces étapes ne sont toutefois pas linéaires ; les embûches rencontrées nécessitent parfois des va-et-vient entre les phases. Le projet doit donc obligatoirement s'inscrire dans le temps et ne peut habituellement pas « se faire en quelques jours seule-ment » (Vienneau, 2005, p. 224). En effet, un projet, selon sa nature, peut se dérouler sur quelques semaines ou quelques mois et même s'étaler sur toute une année.

Collaboration et coopération de l'élève

Un projet se réalise grâce à la collaboration et à la coopération entre les élèves. Pour permettre le développement intégral de l'élève et répondre aux orientations des programmes de formation et aux principes du courant socioconstructiviste dans lequel il s'inscrit, l'ap-prentissage par projets adopte habituellement une démarche de co-construction des savoirs. L'élève est amené à collaborer et à coopérer avec ses pairs. Les élèves vont se donner un but commun, se partager les tâches et contribuer ensemble à la réalisation du projet. Il apparaît même idéal de former une communauté d'apprentissage, où le « partage de talents et de ressources » (Arpin et Capra, 2001, p. 10) est au cœur de la réussite du projet collectif. Au cours de la démarche, les élèves vont alterner entre les périodes de travail collectif, de travail d'équipe et de travail individuel, qui sont toutes orientées vers la pour-suite du but commun. Une démarche entièrement individuelle, qui n'est pas exclue de l'approche par projets, ne permettrait pas à l'élève de développer l'ensemble de ses compétences transversales et le priverait de ressources importantes pour la construction de ses savoirs. À cet effet, Proulx (2004, p. 35) affirme qu'« il est souvent plus commode et plus profitable de retenir des projets réalisables d'abord collectivement ou en collaboration plus ou moins restreinte ».

Réalisation concrète

Un projet conduit à la présentation d'« une réalisation concrète et créative » (Arpin et Capra, 2001, p. 10) ou à « un produit fini tangible » (Proulx, 2004, p. 36). Ce produit final peut revêtir différentes formes selon l'imagination et la créativité des élèves. En effet, les élèves ont l'embarras du choix pour présenter la réponse à leur questionnement ou au but qu'ils se sont donné : « exposition des travaux réalisés, vidéo synthèse, pièce de théâtre, soirée d'information, album souvenir, immense murale, gala, etc. » (Arpin et Capra, 2001, p. 93) Ils peuvent également « construire un jeu, faire une bande dessinée, composer une chanson, présenter une saynète, faire une danse, faire un journal, etc. » (Arpin et Capra, 2001, p. 149). La liste pourrait s'étendre encore, surtout qu'avec les technologies de l'information et de la communication (TIC) les possibilités sont augmentées. Il est important de souligner que le produit final doit, au terme de la démarche, être présenté à un auditoire réel. À cet effet, Legrand (1983, cité dans Altet, 1997, p. 69) affirme que « tout projet doit aboutir à une production attendue par une collectivité plus vaste qui en est informée et qui, à la fin, l'appréciera ». Plus un projet s'inscrit dans une démarche authentique, plus il aura de signification et d'impact chez les différentes personnes impliquées.

Développement intégral

Un projet favorise le développement intégral de l'élève, c'est-à-dire l'acquisition et la construction de savoirs essentiels et de stratégies cognitives et métacognitives ainsi que le développement de compétences disciplinaires et transversales. Selon Perrenoud (2003a), il est important qu'une démarche de projet « suscite l'apprentissage de savoirs et de savoir-faire de gestion de projet » et favorise « en même temps des apprentissages identifiables figurant au programme d'une ou [de] plusieurs disciplines ». Caron (2003, p. 144) ajoute à cet effet que « le travail en projets sans objectifs d'apprentissage, sans finalités pédagogiques, n'est que du bricolage pédagogique ». En fonction du sujet choisi, du but fixé, de la nature du projet, des modalités de réalisation et du type de présentation retenu, la démarche de projet permettra à l'élève d'acquérir et de construire différents savoirs essentiels et stratégies ainsi que de développer certaines compétences disciplinaires et transversales. L'apprentissage par projets est considéré, par plusieurs, comme le modèle d'enseignement par excellence pour favoriser le développement de compétences transversales chez l'élève.

Tête chercheuse

Célestin Freinet, pédagogue français (1896-1966)

Freinet propose une nouvelle façon de penser l'éducation scolaire qui est encore utilisée aujourd'hui dans de nombreuses classes. Son approche repose sur le principe qui veut que l'on apprenne en faisant (tâtonnement expérimental). En effet, Freinet fonde en 1935 une école privée à Vence dont la pédagogie est basée, entre autres, sur la production de textes libres, la correspondance et le journal scolaires, ainsi que l'imprimerie. Le plan de travail hebdomadaire (organisation du travail) et le conseil de coopérative (coopération, rôle de la parole et du débat) régulent la classe. Pour Freinet, la classe est une communauté de travail où l'élève vit des situations réelles.

L'apprentissage par projets est un modèle d'enseignement qui s'inscrit dans l'autosocioconstruction des apprentissages. Il se déroule selon une démarche qui comporte plusieurs étapes, allant du choix du sujet à la détermination d'un but jusqu'à la présentation d'une réalisation concrète. Cette démarche demande un investissement important en temps et en effort de la part de toutes les personnes impliquées. Elle permet, par contre, le développement intégral de l'apprenant.

Comment l'intégrer à sa pratique ?

Différents modèles d'apprentissage par projets

Plusieurs auteurs ont proposé des modèles d'apprentissage par projets, c'est-à-dire des démarches à suivre pour réaliser un projet. Parmi les nombreux modèles existants, certains sont mieux connus : Francœur Bellavance (1997) ; Grégoire et Laferrière (1998) ; École et Nature, réseau d'Éducation à l'Environnement (2002) ; Collectif Morissette-Pérusset (2000) ; Arpin et Capra (2001) ; et Proulx (2004). Le texte qui suit offre une brève synthèse de ces divers modèles d'apprentissage par projets.

Francœur Bellavance (1997) : le travail en projet

Suzanne Francœur Bellavance propose une démarche en quatre étapes, qui ne sont pas nécessairement linéaires :

- le temps global ;
- le temps analytique ;
- le temps synthétique ;
- le temps de communication et d'action.

Le temps global, réalisé collectivement et sous la gouverne de l'enseignante, grâce à un remue-méninges et à l'élaboration d'un réseau (aussi appelé « carte concept »), permet d'identifier les connaissances, les intérêts et les questionnements des élèves. Ce temps permet aussi aux élèves de regrouper et de catégoriser leurs idées. Il favorise l'émergence de projets. De plus, il permet aux élèves de former des équipes en fonction d'un intérêt commun. Lors du temps analytique, chacune des équipes se fixe un but à atteindre au terme de la démarche. Après une première recherche d'information, les élèves ébauchent un plan de travail, se partagent les tâches et collectent des données. Ils vont ensuite traiter l'information (la comparer, la sélectionner, l'interpréter, etc.). Lors du temps synthétique, les élèves sont amenés à restructurer et à synthétiser les données retenues en les organisant en un tout cohérent. Finalement, lors du temps de communication et d'action, les élèves présentent leurs résultats (le produit final) et leur démarche (comment ils ont procédé). Des discussions et des échanges suivent, ce qui permet à chacun d'évaluer et d'intégrer ses apprentissages. Ces discussions débouchent parfois sur une production collective ou un nouveau projet.

Grégoire et Laferrière (1998) : la « démarche générale d'approche par projet soutenue par des ordinateurs en réseau »
Grégoire et Laferrière (1998) ont retenu une démarche en trois phases :

- la préparation d'un projet ;
- l'exécution d'un projet ;
- l'exploitation pédagogique.

Ces auteurs, à l'instar de Francœur Bellavance, soulignent le caractère non linéaire des phases et la possibilité de retours en arrière fréquents. La première phase, soit la phase de préparation, consiste à effectuer le choix du projet, le repérage des ressources et l'organisation du travail. Elle débouche sur la production d'un plan de travail. Pendant la deuxième phase, soit celle de l'exécution, les élèves « recherchent, transforment ou créent de l'information » (Grégoire et Laferrière, 1998, *Apprendre ensemble par projet avec l'ordinateur en réseau. Guide à l'intention des enseignants et des enseignantes*, sur Internet). Ils coordonnent et synthétisent ensuite les contributions individuelles des membres de l'équipe. Au terme de cette phase, les élèves auront élaboré une ou plusieurs productions. La dernière phase, soit celle de l'exploitation pédagogique, vise à effectuer, par le biais de discussions, un retour sur le projet, les difficultés rencontrées et les apprentissages réalisés, et à déterminer les suites à donner au projet (ex. : compléter l'information, revenir sur certains apprentissages, proposer un autre projet, etc.). La dernière phase permet donc, selon les auteurs, de mettre en lumière les manifestations du savoir collectif.

École et Nature, réseau d'Éducation à l'Environnement (2002) : la pédagogie de projet
Bien qu'il ait été développé pour une intervention d'éducation à l'environnement, le modèle proposé par École et Nature est intéressant et peut être adapté au contexte scolaire. Le modèle comporte sept phases :

- phase 1 : exprimer ses représentations ;
- phase 2 : s'éveiller ;
- phase 3 : définir ensemble le projet ;
- phase 4 : mettre en œuvre le projet ;
- phase 5 : agir et participer ;
- phase 6 : transmettre ;
- phase 7 : évaluer.

Une première étape, préalable aux sept phases, permet d'abord d'inventorier, de clarifier et de communiquer l'origine (opportunité, événement, etc.) et les ingrédients de l'idée initiale au groupe. Les sept phases qui suivent « se succèdent sur des rythmes variés, avec des retours en arrière et des bonds en avant » (École et Nature, réseau d'Éducation à l'Environnement 2002, *Alterner pour apprendre*, sur Internet). Lors de la phase 1, celle de l'expression des représentations, chacun exprime ce qu'il sait ou ressent par rapport au thème ou à l'objet proposé. La phase d'éveil, la phase 2, consiste à susciter des questionnements, alors que la phase 3 consiste à dégager des projets possibles à partir des questions et des impressions qui ont émergé des échanges. À la phase de la mise en œuvre du projet (phase 4), le groupe fait des recherches, crée une synthèse à partir de l'information trouvée. C'est à la phase 5 que le groupe s'implique dans le milieu. Les résultats du projet sont ensuite présentés à l'auditoire visé (phase 6). Le projet se termine par une évaluation qui permet de se réajuster et de prendre un recul nécessaire à la mise en œuvre de projets futurs (phase 7).

Collectif Morissette-Pérusset (2000) : la pédagogie du projet collectif
Morissette, Pérusset et leurs collègues (2000) proposent, quant à eux, une démarche de projet collectif en quatre phases, qui sont suivies d'un bilan collectif :

- le démarrage et l'adoption ;
- l'élaboration ;
- la réalisation ;
- la communication ;
- le bilan collectif.

Ces auteurs, même s'ils soulignent le caractère non linéaire des phases, rappellent la nécessité de réaliser chacune des phases proposées. Ils mettent l'accent sur la nature collective du projet en soulignant l'importance de recourir au consensus, à la cogestion, à la coréflexion et à la coévaluation du projet. La première phase, celle du démarrage et de l'adoption du projet, permet aux élèves et à l'enseignante de choisir le projet collectif. Elle permet, entre autres, de consigner les objectifs et les critères d'apprentissage et de développement, de faire un remue-méninges, de regrouper les idées et de choisir celles qui correspondent au « quoi », au « pourquoi », au « pour qui », au « comment » et au « quand » du projet. Lors de la deuxième phase, celle de l'élaboration du projet, les élèves et l'enseignante précisent le but du projet collectif, clarifient les concepts, identifient les ressources nécessaires, dressent une liste des équipes et des tâches à réaliser, puis établissent ensemble les règles de fonctionnement. À la troisième phase, celle de la réalisation du projet, les équipes déterminent la tâche de chacun des membres et l'échéancier pour mener à terme le projet. Les élèves et l'enseignante entreprennent ensuite la quatrième phase, celle de la communication du projet, pendant laquelle ils organisent le déroulement de la communication (type de communication, public, lieu, date, durée, etc.), font une pratique générale et présentent le projet devant un auditoire. Lors du bilan collectif, les élèves et l'enseignante « décident des réussites et des améliorations collectives, d'équipes et individuelles à retenir pour un projet collectif ultérieur » (Collectif Morissette-Pérusset, 2000, p. 35). Finalement, chaque élève sélectionne des documents à insérer dans son portfolio avec le bilan du projet.

Arpin et Capra (2001): la démarche pédagogique de l'apprentissage par projets

Le modèle d'Arpin et Capra, tout en laissant une importante place à l'élève, accorde un rôle essentiel de médiatrice à l'enseignante. C'est pourquoi les auteurs ont découpé la démarche en deux temps: un premier temps où « l'enseignante se met en projet d'intervenir. Elle se prépare à vivre un projet collectif avec ses élèves » (Arpin et Capra, 2001, p. xi) et un deuxième temps où « l'enseignante interagit avec ses élèves. Elle les met en projet d'apprendre » (Arpin et Capra, 2001, p. xi). Ainsi, avant la mise en place du projet, l'enseignante adopte un rôle de didacticienne et réfléchit à son but pédagogique, aux raisons qui l'incitent à poursuivre ce but et à comment l'atteindre. Le deuxième temps est, quant à lui, divisé en trois phases: l'élaboration du projet collectif; la réalisation des projets personnels; et la communication et le partage des apprentissages. La première phase, celle de l'élaboration du projet collectif, permet à l'enseignante et aux élèves d'explorer le champ d'étude en ayant recours à divers moyens (mise en situation, carte d'exploration, collecte des ressources, aménagement du coin « ressources »). C'est aussi à cette phase que les élèves et l'enseignante regroupent les éléments de la carte d'exploration et laissent émerger les thèmes intégrateurs. Les élèves vont également préciser leurs intérêts et leurs questionnements par rapport au thème et identifier des apprentissages qu'ils souhaitent effectuer au cours du projet. Lors de la deuxième phase, celle de la réalisation des projets personnels, les élèves, guidés par l'enseignante, conçoivent leur projet (choix des projets, regroupement des élèves par intérêt, aménagement de l'environnement et formulation des questionnements) et le réalisent (planification des étapes, collecte, traitement et organisation des données). C'est à la dernière phase, soit celle de la communication et du partage des apprentissages, que les élèves vont présenter leurs découvertes et leurs apprentissages; ils vont aussi réaliser une œuvre collective qui sera présentée devant un auditoire.

Proulx (2004) : l'apprentissage par projet

Proulx, quant à lui, propose une démarche en quatre étapes :

- la préparation du projet ;
- la mise en œuvre du projet ;
- l'évaluation du projet ;
- la disposition du projet.

Il précise toutefois que « les étapes suggérées commencent avec le travail des apprenants, laissant supposer qu'au préalable un travail de réflexion, de clarification d'objectifs et de conceptualisation a été fait par l'enseignante [...] » (Proulx, 2004, p. 91). L'étape de préparation du projet, qui est la première étape, permet d'abord à l'enseignante, après s'être demandée « Qu'est-ce que je veux faire avec mes élèves cette année ?, Qu'est-ce que je veux qu'ils apprennent, qu'ils développent ? », de clarifier ses intentions pédagogiques (Proulx, 2004, p. 94). Ensemble, les élèves et l'enseignante vont ensuite choisir un sujet qui est pertinent en fonction du programme, qui répond à leurs intérêts, qui est réalisable dans le contexte scolaire donné et pour lequel des ressources sont disponibles. La première étape leur permettra également :

- de structurer le projet en étapes ;
- de spécifier le contenu ;
- de définir et de partager les tâches, les rôles et les responsabilités ;
- d'établir un calendrier ;
- de préciser les règles de fonctionnement des équipes ;
- d'identifier les méthodes de collecte des données ;
- de déterminer les modes et les critères d'évaluation ;
- de préciser la disposition du projet (suites à y donner).

Lorsque l'enseignante et les élèves ont choisi et planifié le projet, ils passent à la deuxième étape : la mise en œuvre du projet. C'est lors de la troisième étape que l'enseignante et les élèves évaluent conjointement le projet (degré d'atteinte des compétences visées, déroulement du projet, impact du projet sur la formation de l'apprenant et la satisfaction de ce dernier). La dernière étape, la disposition du projet, consiste à communiquer le projet à un auditoire. Proulx précise que, parfois, selon la nature du projet, l'étape d'évaluation du projet et l'étape de disposition du projet peuvent être interchangées.

Les six modèles présentés ci-dessus répondent tous bien aux orientations des programmes de formation actuels. Chacun des modèles aborde le travail en projet selon un angle qui lui est propre et chacun propose une démarche de projet qui comprend un nombre d'étapes spécifique. Quoique les modèles diffèrent à certains égards, ils partagent deux éléments. En fait, les aspects suivants sont communs aux six modèles décrits ci-dessus :

- Pour permettre aux élèves de réaliser des apprentissages concrets et d'avancer dans leur développement global, un projet doit se dérouler selon une démarche rigoureuse qui comporte des étapes précises.
- Trois grandes étapes sont essentielles au déroulement d'un projet :
  - la préparation du projet (élaboration ou planification) ;
  - la réalisation du projet (mise en œuvre ou exécution) ;
  - l'intégration du projet (communication, exploitation, restitution ou disposition).

La variété des projets réalisables, quel que soit le modèle de pédagogie adopté, n'a pour limite que l'imagination et les besoins des participants. En effet, les projets peuvent varier en fonction de :

- leurs instigateurs : enseignante, élèves, organisme (RÉCIT[1], commission scolaire, etc.), événement particulier, etc. ;
- leur ouverture : sur un continuum allant d'un projet où l'enseignante effectue la plupart des choix (thème, démarche et produit final)[2] à un projet entièrement planifié et réalisé par les élèves avec l'aide de l'enseignante ;
- leur but : étudier un sujet particulier, trouver une solution à un problème, organiser une activité, développer un produit, créer, etc. ;
- leur nature : projet disciplinaire, pluridisciplinaire, interdisciplinaire ou transdisciplinaire ;
- leurs « auteurs (en nombre) : projets individuels, [en dyades], d'équipe et de classe » (Proulx, 2004, p. 43), projets réalisés par des groupes-classes d'un même cycle ou de cycles différents ;
- leur étendue temporelle : projets à court terme (une à deux semaines), à moyen terme (trois à vingt semaines) et à long terme (plusieurs mois à toute une année) (Proulx, 2004) ;
- leur produit final : publication d'un document (ex. : texte, bande sonore, vidéo, etc.), tenue d'une exposition, création et présentation d'un objet ou d'une œuvre, participation à une activité, service concret auprès d'un groupe, etc.

Il est du ressort de chaque enseignante de comparer et d'analyser différents modèles de pédagogie du projet avant d'adopter celui qui convient. Il est également possible de développer son propre modèle en adoptant des éléments de divers modèles proposés dans la littérature. Il faut toutefois demeurer vigilant et tenir compte des principes qui sous-tendent l'apprentissage par projets afin de ne pas négliger certaines étapes nécessaires au développement intégral des élèves. Les exemples qui suivent présentent deux démarches de projet, l'une au préscolaire ; l'autre, au primaire.

---

1. Réseaux pour le développement des compétences par l'intégration des technologies.
2. Ce type de projet répond moins aux orientations des programmes de formation actuels et diminue les bénéfices potentiels au niveau de l'acquisition et de la construction des savoirs essentiels et des stratégies, ainsi qu'au niveau du développement de compétences chez les élèves.

Démarche d'apprentissage par projets au préscolaire

Ce projet sur les Jeux olympiques, vécu dans la classe d'immersion française de Carole Raby et Madeleine Farrah, a été proposé par les élèves du préscolaire eux-mêmes. Il illustre une démarche inspirée du modèle de Cantin et Lavoie (2001). Dans ce modèle de pédagogie du projet, ce sont les élèves eux-mêmes qui lancent le projet ; l'enseignante ne peut donc pas tout prévoir. Elle doit faire confiance au processus d'apprentissage de ses élèves et bien connaître son programme et les besoins d'avancement de ses élèves. Elle devra demeurer à l'affût et « saisir toutes les occasions » pour favoriser le développement des compétences chez ses élèves.

Titre du projet : **Les mini-olympiades**   Niveau : **préscolaire**

Compétences visées par le projet	• Agir avec efficacité dans différents contextes aux plans sensoriel et moteur. • Affirmer sa personnalité (**CP2**). • Interagir de façon harmonieuse avec les autres (**CP3**). • Communiquer en utilisant les ressources de la langue. • Construire sa compréhension du monde. • Mener à terme une activité ou un projet (**CP6**).
Énoncé de la situation	Les élèves de la maternelle sont curieux. Ils ont besoin de bouger. Encore égocentrique, l'enfant de 5 ans apprend progressivement à s'affirmer et à coopérer avec ses pairs. Il apprend aussi à assumer des responsabilités au sein de la classe et à faire des choix tout en tenant compte des autres ou d'un but. Il a besoin de la sécurité et de l'affection que lui procure l'enseignante alors qu'elle l'accompagne dans son cheminement.
Questions servant de déclencheur	De quel sujet aimeriez-vous que l'on parle en classe ? Quel sujet vous intéresse particulièrement ?
But du projet	Faire vivre une démarche de projet aux élèves pour favoriser le développement de leurs compétences et l'acquisition de connaissances sur un sujet d'intérêt pour eux.
Conditions de réalisation • Matériel nécessaire • Regroupement des élèves	 Livres, sites Internet, vidéos, jouets, objets en lien avec le sujet choisi par les élèves. Matériel divers (papier, cartons, crayons, peinture, etc.). Une partie du projet se déroule collectivement. Une partie du projet se déroule en équipes de 2, de 3 ou de 4 élèves, selon leur intérêt.
Moment de réalisation et durée approximative de l'activité	3 à 5 semaines (selon l'intérêt des élèves pour le projet). Chaque jour, le temps consacré au projet varie en fonction des étapes de la démarche (temps global : périodes courtes, mais fréquentes ; temps analytique et synthétique : périodes plus longues ; temps de communication et d'action : courtes périodes fréquentes pour les présentations d'équipes et longue période pour les mini-olympiades). Il est plus facile de vivre un projet collectif au préscolaire en deuxième partie de l'année puisque les élèves ont développé, à ce moment, certaines compétences à coopérer et sont moins égocentriques. <div align="right">*(suite p. 53)*</div>

Étapes de la pédagogie du projet	Rôle de l'enseignante	Rôle de l'élève
Temps global	• L'enseignante demande aux élèves : – De quel sujet aimeriez-vous que l'on parle en classe ? – Quel sujet vous intéresse ?	
	• Elle élabore sur un grand papier, à partir des idées des élèves, une liste de sujets potentiels. Elle ajoute un petit pictogramme à côté de chaque idée.	• L'élève donne ses idées (**CP2** et **CP3**).
	• Elle invite les élèves à voter pour tous les sujets qui les intéressent.	• Il vote pour tous les sujets qui l'intéressent (**CP3**).
	• Elle invite les élèves à compter le nombre de votes par sujet et à trouver les 3 sujets les plus populaires.	• Il compte.
	• Elle invite les élèves à voter pour le sujet qui les intéresse le plus.	• Il vote pour un seul sujet, celui qui l'intéresse le plus.
	(Les élèves votent majoritairement pour le sujet des Jeux olympiques.)	• Il partage ce qu'il sait sur les Jeux olympiques.
	• Elle demande aux élèves ce qu'ils savent sur les Jeux olympiques et élabore avec eux une carte d'exploration.	
	(L'élaboration et la relecture du réseau se poursuivent quotidiennement, et ce, pendant plusieurs jours.)	
	• Elle inscrit, sur un autre grand papier, les interrogations des élèves qui émergent de la discussion.	• Il formule ses questions.
	• Elle écrit aux parents pour leur annoncer le sujet choisi par les élèves et demande leur collaboration.	• Il remet la lettre à ses parents.
	• Elle invite les élèves à apporter des objets, des livres, des vidéos, des jouets, etc. en lien avec les Jeux olympiques.	• Il apporte des ressources à l'école, les présente à ses pairs et les dépose dans le coin « ressources » (**CP3**).
	• Elle prépare avec les élèves un coin « ressources » pour y déposer les objets qu'ils ont apportés.	
	• Elle cherche des ressources sur les Jeux olympiques, lit aux élèves des livres d'information ou de fiction en lien avec le sujet, présente des vidéos, des sites Internet, etc.	• Il écoute, regarde des livres, etc.
	(L'enseignante réinvestit le sujet des Jeux olympiques, issu de la démarche de projet, dans les autres activités de la classe : chansons, comptines, ateliers, sorties éducatives, etc. Ces activités, qui se déroulent parallèlement à la démarche de projet, contribuent à l'alimenter et à favoriser le développement de compétences chez les élèves.)	
	• Elle invite les élèves à proposer des idées de projets qu'ils aimeraient mener à terme par rapport aux Jeux olympiques et les note sur un grand papier.	• Il partage ses idées de projets (**CP6**).
	(Les élèves choisissent d'organiser collectivement et de vivre des mini-olympiades au sein de la classe.)	
	• Elle discute avec les élèves des compétences qui seront évaluées par ce projet ; elle élabore avec eux un tableau en « T » des critères d'évaluation.	• Il donne ses idées (**CP3**).

Préparation aux apprentissages

(suite p. 54)

	Étapes de la pédagogie du projet	Rôle de l'enseignante	Rôle de l'élève
Réalisation des apprentissages	**Temps analytique**	• L'enseignante demande aux élèves : Que devons-nous faire pour préparer des mini-olympiades ? *(Les élèves suggèrent de préparer le matériel : un flambeau olympique, un podium, un drapeau avec les anneaux olympiques, des drapeaux des pays, des médailles, des costumes pour les athlètes, le matériel pour chaque sport. Ils choisissent ensuite les sports, les athlètes, les juges et pratiquent les sports.)* • Elle invite les élèves à s'inscrire dans une équipe en fonction de leur intérêt pour une tâche du projet en particulier. • Elle invite les élèves à consulter les ressources disponibles pour trouver de l'information permettant de réaliser la tâche choisie. • Elle invite les élèves à planifier la réalisation de leur projet d'équipe (quelle est notre tâche ?, de quel matériel aurons-nous besoin ?, comment allons-nous le faire ?).	• L'élève donne ses idées sur les étapes de l'organisation des mini-olympiades (**CP2** et **CP6**). • Il s'inscrit dans une équipe. • Il fouille dans les livres et dans Internet avec l'aide d'élèves plus âgés ou de ses parents, pour trouver de l'information (**CP6**). • Il planifie la réalisa-tion du projet d'équipe.
	Temps synthétique	• Elle guide les équipes par son questionnement, fournit du matériel, aide à gérer les difficultés, observe, évalue. • Elle invite périodiquement les élèves à s'autoévaluer.	• Il réalise avec son équipe le projet choisi (tâche du projet collectif) (**CP3**). • Il s'autoévalue (**CP6**).
Intégration des apprentissages	**Temps de communication et d'action**	• Elle invite périodiquement chaque équipe à présenter sa con-tribution au reste de la classe et invite les élèves à prendre des décisions collectives (réajustements) au besoin. • Elle participe avec les élèves aux mini-olympiades. • Elle dirige une discussion permettant d'évaluer le projet (dé-roulement, difficultés rencontrées, solutions, activité finale, etc.). • Elle encadre les élèves dans leur processus d'autoévaluation sommative.	• Il présente l'avance-ment des travaux de l'équipe et contri-bue aux discussions. • Il participe aux mini-olympiades (**CP3** et **CP6**). • Il contribue à la discussion (**CP2**). • Il s'autoévalue (participation, développement des compétences) (**CP6**).

Titre du projet : **L'eau, est-ce que ça mouille ?** [3]   Niveau : **1er cycle, primaire**

Domaines généraux de formation	Environnement et consommation : habitudes et attitudes visant la protection de l'environnement			
Compétences transversales	D'ordre intellectuel ☑ Exploiter l'information (**CT1**)	D'ordre méthodologique ☑ Se donner des méthodes de travail efficaces (**CT5**)	D'ordre personnel et social ☐	D'ordre de la communication ☐
Énoncé de la situation	L'élève de 6-7 ans est curieux et critique face à lui-même et à son environnement. Il cherche à comprendre comment les choses fonctionnent et pourquoi elles existent. Par diverses actions quotidiennes, il apprend à évaluer les conséquences de ses actions sur son milieu et comprend qu'il a un certain contrôle sur la protection de son environnement et sur l'utilisation rationnelle des ressources naturelles. Dans cet esprit, il est prêt à investir du temps et à utiliser ses talents pour mener à terme des projets qui lui permettront de mieux comprendre le monde qui l'entoure et de prendre une part active au développement de la société de demain. Pour ce faire, il devra chercher et traiter l'information et se donner des méthodes efficaces de travail.			
Questions servant de déclencheur	Est-ce vrai que « L'eau, ça mouille ! » ? Que savez-vous sur l'eau ? Quelles questions pourriez-vous vous poser sur l'eau pour en savoir davantage ?			
But du projet	Réaliser une recherche sur l'eau dans le but d'en faire une expo-science.			

Domaines d'apprentissage et compétences disciplinaires	Langues	Mathématique, science et technologie	Univers social	Arts	Développement personnel
	•lire des textes variés (**CD-L1**) •écrire des textes variés (**CD-L2**) •apprécier des œuvres littéraires (**CD-L4**)	•explorer le monde de la science et de la technologie (**CD-ST1**)		•réaliser des créations plastiques personnelles (**CD-AP1**) •apprécier des œuvres d'art, des objets culturels du patrimoine artistique, des images médiatiques, ses réalisations et celles de ses camarades (**CD-AP3**)	

Conditions de réalisation					
• **Matériel nécessaire** • **Regroupement des élèves**	Livre : *Maman, l'école a été inondée !* ; différents outils pour mesurer les caractéristiques de l'eau ; livres documentaires sur l'eau. Équipes de 2 ou de 3 élèves, regroupés par intérêt.				
Moment de réalisation et durée approx. de l'activité	Environ 2 mois, à raison de 3 ou de 4 périodes d'une heure par semaine. Au printemps (mai-juin). *(suite p. 56)*				

3. Projet inspiré de Viola et Desgagné (2004) et réalisé dans la classe d'Annie Désourdy (CSSMÎ)

	Étapes de la pédagogie du projet	Rôle de l'enseignante	Rôle de l'élève

Préparation aux apprentissages	**0**
	Introduction de l'élément déclencheur
		• L'enseignante lit le livre : *Maman, l'école a été inondée !*
		• Elle anime une discussion sur la lecture.
		• Elle questionne les élèves sur l'histoire et sur l'eau :
		  – Est-ce vrai que « L'eau, ça mouille ! » ?
		  – Que savez-vous sur l'eau ?
		  – Qu'aimeriez-vous savoir sur l'eau ?
		• Elle élabore avec les élèves une carte d'exploration de leurs connaissances sur l'eau. (Elle invite les élèves à donner leurs idées et les inscrit sur une grande feuille.)
			• L'élève écoute la lecture.
			• Il partage ses idées.
			• Il répond aux questions de l'enseignante et partage ses interrogations.
			
			• Il partage ses idées.

	1
	L'identification et la présentation du projet
		• Elle discute avec les élèves du projet qui pourrait être réalisé.
		• Elle demande aux élèves d'identifier les compétences visées par le projet :
		  – Qu'est-ce que l'on apprendrait, selon vous, en faisant un projet sur l'eau ?
		  – Pourquoi est-ce important de s'informer sur le sujet ?
			• Il partage ses idées et s'approprie les objectifs à atteindre (**CT5**).

	2 **La planification de la collecte des données pour réaliser le projet**	• Elle forme les équipes par champ d'intérêt. • Elle propose aux élèves de choisir une question par équipe. • Elle élabore un tableau des ressources de la classe avec les élèves en précisant les 3 grands types de ressources : les endroits, les personnes, les objets. – Comment pourrions-nous faire pour trouver les réponses à nos questions ? • Elle propose aux élèves d'identifier leurs forces pour réaliser le projet et les invite à les consigner. • Elle fait un retour avec les élèves sur le déroulment des activités réalisées.	• Il s'intègre à une équipe en fonction de ses intérêts. • Il choisit une question de recherche avec les membres de son équipe (**CT1**). • Il partage ses idées. • Il identifie ses forces et les partage. Il écoute les membres de son équipe. • Il participe à l'évaluation.

Réalisation des apprentissages	**3**
	La collecte des données
		• L'enseignante accompagne les élèves dans leur démarche de collecte des données :
		  – Elle amène les élèves à la bibliothèque de l'école.
		  – Elle invite les élèves à visiter la bibliothèque municipale et à faire des lectures avec leurs parents.
		
		  – Elle organise une consultation dans Internet avec les élèves de 3e cycle du primaire.
		
		  – Elle propose de regarder un documentaire sur le sujet.
			• L'élève cherche des ressources en lien avec la question de recherche de son équipe ; il lit, note ses découvertes, les partage avec ses pairs, etc. (**CT1** et **CD-L1**).
			• Il cherche de l'information, lit, pose des questions, fait imprimer des parties de textes, partage ses découvertes avec ses pairs (**CT1**).
			• Il écoute le documentaire, discute avec ses pairs, note l'information en lien avec la question de son équipe, ce qui lui permettra de répondre à sa question de départ (**CT1**).

(suite p. 57)

	Étapes de la pédagogie du projet	Rôle de l'enseignante	Rôle de l'élève
Réalisation des apprentissages (suite)	**3** **La collecte des données**	• Si possible, elle organise avec les élèves une sortie ou la visite d'un expert selon ce qui a été choisi par les élèves. • Elle propose une SAÉ en art plastique pour la pratique de la technique de l'aquarelle.	• Il écoute, observe, discute avec ses pairs, note l'information pertinente (**CT1**). • Il observe et commente les aquarelles dans le but d'en réaliser une par la suite (**CD-AP3**).
	4 **Le traitement des données**	• Elle propose aux élèves de poursuivre la SAÉ en créant leur propre aquarelle. • Elle présente une SAÉ en sciences et technologie sur le principe de l'absorption. • Elle aide les équipes à synthétiser l'information retenue lors de leurs recherches et à l'organiser en un tout cohérent. • Elle encourage chaque équipe à synthétiser l'information pertinente et à l'organiser en un tout cohérent. • Elle demande aux élèves comment ils feront pour faire découvrir leurs expériences aux autres.	• Il choisit un sujet de son choix en lien avec le thème de l'eau et réalise son aquarelle individuellement (**CD-AP1**). • Les élèves expérimentent le principe de l'absorption de l'eau en trempant différents types de papier dans un bassin. Ils notent leurs résultats et les papiers les plus absorbants (**CD-ST1**). • Il travaille avec son équipe pour synthétiser les découvertes (**CT1**). • Il partage ses idées et suggère de faire un expo-sciences. • En équipe, il planifie et prépare une présentation (**CT1**).
	5 **La communication des résultats**	• Elle invite chaque équipe à présenter son projet et questionne les élèves.	• Il participe à la présentation des réponses à la question de son équipe. Il partage également la démarche, les difficultés vécues et les solutions trouvées lors d'un expo-sciences présenté à toute l'école ainsi qu'aux parents.

Intégration des apprentissages	**6**
	L'évaluation du projet, bilan et suite au projet
		• Elle évalue avec les élèves la démarche et les résultats du projet.
		• Elle évalue le développement des compétences visées en posant les questions suivantes :
		  – Qu'avez-vous appris sur vos habitudes et vos attitudes visant la protection de l'environnement et sur l'environnement en général ?
		  – Qu'avez-vous appris sur la façon d'obtenir et de classer les informations et sur vos méthodes de travail individuel et en équipe?
		• Elle envisage avec les élèves des suites au projet et leur propose de réagir au texte de départ en créant leur propre histoire sur l'inondation.
			• Il évalue sa démarche, les compétences développées et le produit final (**CT5**).
			• En équipe, il évalue la contribution de chacun, la démarche et le produit final.
			
			• Il partage ses idées.

Techniques et méthodes

Pour assurer le bon déroulement de la démarche de projet, l'enseignante peut recourir à différentes techniques d'intervention.

Questionnement

La technique la plus importante dans le cadre de l'apprentissage par projets est sans aucun doute le questionnement. Dans son rôle de médiatrice, l'enseignante doit éviter de fournir des réponses à l'élève ; elle doit chercher plutôt à le questionner pour l'amener à progresser dans sa démarche et l'aider à surmonter les difficultés qui se présentent. Francœur Bellavance (1997) explique que les questions de l'enseignante peuvent également permettre à l'élève d'explorer de nouvelles avenues, d'améliorer ses méthodes de travail et de développer son esprit critique. Pour cette auteure, les questions de l'enseignante aident l'élève à progresser si elles l'amènent :

- à réfléchir sur sa démarche ;
- à prendre du recul face à ses actions ;
- à vivre un déséquilibre et à chercher de nouvelles solutions.

Savoir questionner efficacement est tout un art. Mentionnons simplement ici que l'enseignante aura recours à des questions ouvertes qui amèneront l'élève à réfléchir et à solutionner lui-même son problème, plutôt que de suggérer une réponse par un questionnement trop fermé.

Remue-méninges et carte d'exploration

À plusieurs reprises durant le projet, l'enseignante peut diriger un remue-méninges afin de faire émerger les idées des élèves et stimuler leur participation et leur motivation. Par exemple, lors de la phase de préparation du projet, les élèves peuvent être amenés à dresser une liste de sujets intéressants ou de projets potentiellement réalisables. Ils peuvent également dresser un inventaire des ressources à explorer pour la collecte des données.

L'élaboration d'une carte d'exploration (ou carte concept) constitue une sorte de remue-méninges puisque les élèves sont amenés à partager avec tout le groupe leurs connaissances antérieures sur le sujet. Les idées sont regroupées selon la catégorisation proposée et sont discutées lors de l'élaboration de la carte d'exploration. Certains élèves pourront ne pas être d'accord avec l'une des idées proposées ; des discussions et des échanges pourront suivre, ce qui permettra de clarifier cette idée, d'évaluer sa pertinence et de la situer par rapport aux autres idées de la carte concept. Le débat autour de ces idées pourra également amener les élèves à dresser une liste de questions qui seront élucidées au cours du projet ou encore qui pourront mener à un nouveau projet.

Échanges et discussions

Les échanges et les discussions, que ce soit entre un élève et son enseignante, entre deux élèves, entre les membres d'une équipe ou au sein du groupe-classe, permettent de faire avancer le projet (Arpin et Capra, 2001). Ils peuvent également donner lieu à des conflits cognitifs nécessaires à l'apprentissage et, éventuellement, aider les élèves à les résoudre. Il est certain que les discussions sont au cœur de la démarche de projet ; l'enseignante devra par conséquent faire preuve de tolérance face au bruit.

Vote ou consensus

Francœur Bellavance (1997) suggère d'utiliser le vote pour effectuer des choix de groupe classe. Cette méthode offre l'avantage d'être rapide. Elle est également mieux adaptée aux jeunes élèves et est facilement utilisable avec eux. Certains auteurs ont toutefois reproché au vote de créer une division parmi les élèves. En fait, les auteurs du collectif dirigé par Morissette et Pérusset (2000) proposent plutôt de recourir au consensus pour prendre des décisions collectives. Ainsi, lorsque le groupe-classe doit faire des choix, l'enseignante peut animer une discussion dont le but est d'amener les élèves à trouver une solution qui conviendra à tous. Les élèves vont proposer des idées, exposer les pour et les contre, argumenter, tenter de convaincre, analyser et éliminer des options pour finalement en venir à un consensus. Ce processus demande du temps et s'avère parfois plus facile à gérer à partir du 2e cycle du primaire. Le processus pour parvenir à un terrain d'entente au sein de la classe permet aux élèves de développer des compétences (ex. : exercer son jugement critique, mettre en œuvre sa pensée créatrice, coopérer, etc.) qui ne pourraient pas nécessairement être développées lors d'un choix par vote.

Mini-leçons

L'enseignante observe les élèves tout au long du projet. Elle peut remarquer que diverses compétences, stratégies ou connaissances sont déficientes ou absentes chez un élève, un groupe restreint d'élèves ou l'ensemble des élèves de la classe. Elle peut alors choisir d'interrompre le travail en projet, puis procéder à une mini-leçon pour enseigner une notion. Si toutefois l'enseignante considère que les élèves peuvent poursuivre leur projet dans l'immédiat sans avoir acquis cet élément, il est préférable de les laisser poursuivre leur projet et de planifier la mini-leçon pour un autre moment de la journée ou de la semaine.

Verbalisation des stratégies cognitives et métacognitives

La verbalisation des stratégies cognitives et métacognitives par l'enseignante peut aider l'élève à prendre conscience des fonctionnements qui lui sont propres (Arpin et Capra, 2001) et peut ainsi favoriser l'acquisition de nouvelles stratégies d'apprentissage. Tout au long du projet, l'enseignante peut adopter un rôle de modèle[4] auprès d'un élève, d'une équipe ou du groupe. Elle peut également demander à un élève, si l'occasion se présente, de verbaliser les stratégies d'apprentissage qu'il utilise pour effectuer une tâche du projet.

Stratégies d'évaluation

Dans la pédagogie du projet, le produit qui résulte de la démarche et la démarche elle-même servent à évaluer les acquis. Plusieurs types d'évaluations peuvent être utilisés de concert, ce qui permet de dresser un portrait global de la réussite du projet et des apprentissages de l'élève. Les auteurs du collectif dirigé par Morissette et Pérusset (2000) accordent une importance particulière à la coévaluation du projet et donc à l'interaction continue entre les différents partenaires. En effet, l'élève, ses pairs, ses parents et l'enseignante peuvent tous participer au processus d'évaluation. Engagé dans sa propre démarche métacognitive, l'élève sera attentif et réfléchira à son processus d'apprentissage. L'autoévaluation lui permettra de faire le point sur ses apprentissages et sa démarche de projet. Le portfolio lui permettra de garder des traces de ses apprentissages, de se fixer des buts pour une autre démarche de projet et surtout de constater sa progression.

L'enseignante pourra, quant à elle, avoir recours à diverses techniques d'évaluation, dont les plus importantes sont l'observation, l'entrevue et l'analyse de documents. Caron (2003) dresse une liste assez complète, quoique non exhaustive, de techniques d'évaluation applicables dans le cadre d'une pédagogie du projet : discussion en petit ou en grand groupe, entretien avec l'enseignante (individuellement ou en équipe), autoévaluation ou coévaluation, étude des productions et portfolio.

Il va sans dire que, dans le cadre d'une démarche de projet socioconstructiviste, les techniques d'évaluation issues d'un cadre béhavioriste (ex. : l'examen) ne trouveront que rarement leur raison d'être. De plus, il semble important de souligner que l'évaluation formative occupera une place de choix tout au long du projet ; ce type d'évaluation établira les fondements d'une évaluation sommative de la démarche et du projet.

Pourquoi y faire appel en classe ?

L'apprentissage par projets est l'un des modèles d'enseignement qui accordent le plus de place à l'élève. L'élève joue, en effet, un rôle très actif dans la démarche de projet. Il est donc peu surprenant qu'il en retire de nombreux bénéfices lorsqu'il s'y engage pleinement.

---

4. Ce rôle est présenté dans le modèle d'enseignement stratégique de Jacques Tardif (1992).

Développer son autonomie et son sens des responsabilités

Ainsi, l'apprentissage par projets permet à l'élève de développer son autonomie et son sens des responsabilités et également d'accroître sa motivation (Proulx, 2004). L'élève est au centre de l'apprentissage par projets. L'enseignante ne lui dicte pas la démarche à suivre. L'élève doit faire preuve d'initiative et d'autonomie. Il a des choix à faire (que veut-il faire?; où va-t-il trouver l'information?; quelle information est pertinente?; comment peut-il l'organiser?; etc.). Il partage, avec les membres de son équipe, la responsabilité de la réussite du projet. Bien que ce partage du pouvoir puisse inquiéter certains élèves, la plupart d'entre eux trouvent la démarche de projet très motivante et s'implique pleinement.

Construire et coconstruire ses apprentissages

L'élève explore habituellement une ou plusieurs questions liées aux domaines généraux de formation dans le cadre d'une démarche de projet. De plus, il acquiert des savoirs essentiels en lien avec le sujet du projet et développe des compétences disciplinaires. Certains projets se prêtent mieux au développement de compétences dans certaines disciplines spécifiques, alors que d'autres projets, de nature plus interdisciplinaire, favorisent le développement de compétences dans plusieurs domaines d'apprentissage en même temps. « L'apprentissage par projets favorise une interaction dynamique et continue des trois éléments de la structure pédagogique, soit le maître, l'élève et les savoirs dans l'environnement sociorelationnel de l'élève. » (Arpin et Capra, 2001, p. 7) Ainsi, l'élève bénéficie du soutien de ses pairs et de son enseignante, et même, selon le projet, de membres de la communauté, pour coconstruire ses apprentissages. Il partage ses idées, il se questionne, il confronte ses idées avec celles de ses pairs, il argumente, il négocie. Il bénéficie ainsi de l'apport des autres pour résoudre ses conflits cognitifs. Il peut également bénéficier de soutien pour prendre conscience de sa façon d'apprendre ainsi qu'acquérir des stratégies d'apprentissage et les parfaire.

Développer ses compétences transversales

L'élève développe ses compétences d'ordre intellectuel. Durant sa démarche de projet, l'élève apprend à localiser et à consulter diverses sources pour trouver l'information dont il a besoin. Il lit, compare, analyse et sélectionne, de manière critique, l'information qui lui paraît pertinente en fonction du but poursuivi. Il discute avec ses pairs, puis synthétise et réorganise l'information pour la présenter de manière créatrice. En effet, le produit n'est pas un assemblage du travail de chacun des participants, mais présente l'apport de chacun en offrant une synthèse négociée et validée par l'ensemble du groupe. Comme nulle démarche de projet ne peut se dérouler sans embûches, l'élève apprend à identifier, à mettre en place et à ajuster ses pistes de solutions pour résoudre les problèmes qui se présentent au cours du projet (Proulx, 2004).

Il développe aussi ses compétences d'ordre méthodologique. Comme la démarche de projet n'est pas fournie par l'enseignante, l'élève doit apprendre à identifier les étapes nécessaires à sa mise en œuvre. Il apprend à se réajuster au besoin. Il veille également à gérer son temps ainsi qu'à se procurer et à utiliser efficacement les ressources matérielles. Il utilise au besoin les technologies de l'information et de la communication comme des outils de travail pour rechercher l'information, communiquer avec des experts et arriver à des réalisations en lien avec le projet. Il développe des méthodes de travail efficaces.

De plus, l'élève développe ses compétences d'ordre personnel et social. L'interaction constante avec l'adulte, médiateur de l'apprentissage, et ses pairs, permet à l'élève de développer ses compétences personnelles et sociorelationnelles. Il apprend à se connaître, à s'affirmer au sein de son équipe et du groupe-classe et à prendre sa place. Il contribue à sa façon à l'avancement du projet commun. Il développe également son ouverture aux autres, à la diversité. Il apprend à accepter les autres, à leur faire confiance, à les apprécier, à négocier, à faire des compromis et à résoudre des conflits (Arpin et Capra, 2001). Par ailleurs, l'approche par projet permet, selon les auteurs du collectif dirigé par Morissette et Pérusset (2000, p. 6), « de tenir compte des intelligences multiples ». En effet, la démarche met en évidence le talent de chaque élève sur lequel dépend la réussite du projet.

Finalement, il développe ses compétences de l'ordre de la communication. L'élève, en étant en constante interaction avec l'enseignante, ses pairs et des membres de la communauté, apprend à exprimer spontanément et efficacement ses idées. Il voit immédiatement la réaction des autres à ses propos et peut s'ajuster au besoin. Pour faire avancer le projet, il doit également s'intéresser aux idées, aux propos et aux réalisations de ses pairs. De plus, en fin de projet, il est appelé à présenter son projet à un auditoire et à ajuster sa communication en conséquence.

Vivre des situations d'apprentissage authentiques

Les auteurs du collectif dirigé par Morissette et Pérusset (2000, p. 7) affirment que la pédagogie du projet « [...] permet à l'élève de faire des apprentissages authentiques, c'est-à-dire des apprentissages qu'il peut réutiliser dans la vie de l'école ou hors de l'école ». Dans le même sens, Proulx (2004) souligne que l'apprentissage par projets permet à l'élève de se préparer à la poursuite de projets sociaux dans sa vie adulte.

Il semble important de souligner que l'apprentissage par projets n'est pas un modèle d'enseignement qui est intéressant uniquement pour l'élève ; l'enseignante peut également y trouver de nombreux avantages. En effet, l'approche par projet peut accroître non seulement la motivation des élèves, mais également celle de l'enseignante. S'engager dans un nouveau projet insuffle une énergie et un enthousiasme nouveaux au sein de la classe. Chaque jour apporte son lot de problèmes à résoudre, de joies et de surprises. Adieu la routine des cahiers d'exercices ! L'étude d'un sujet nouveau peut également permettre à l'enseignante d'acquérir de nouvelles connaissances et de parfaire ses compétences professionnelles. De plus, l'apprentissage par projets facilite la différenciation de l'enseignement et permet d'offrir aux élèves une disponibilité individuelle ou d'équipe accrue. Par ailleurs, l'approche par projet permet à l'enseignante de stimuler le développement intégral des élèves, de les observer et d'apprécier leurs forces dans un cadre plus global. Elle lui permet aussi d'établir une relation avec les élèves qui est plus axée sur la collaboration et la complicité que l'autorité (Collectif Morissette-Pérusset, 2000).

Quels rôles y jouent l'enseignante et l'élève ?

Dans une démarche d'apprentissage par projets, l'élève est actif et responsable face à ses apprentissages. Il exprime ses intérêts et fait régulièrement des choix (Collectif Morissette-Pérusset, 2000). Il s'engage dans une démarche, conjointement avec ses pairs, et assume des responsabilités au sein de son équipe ou du groupe-classe. Il collabore pour mener à terme le projet commun en se fixant un but, en faisant des recherches, en lisant, en se questionnant, en discutant avec ses pairs, en solutionnant des problèmes, en créant un produit final, etc. L'élève engagé « mobilise différentes ressources en vue de construire des apprentissages signifiants et durables » (Arpin et Capra, 2001, p. 7). Ainsi, lors d'une démarche de projet, l'élève ne peut pas se contenter de rester assis et de recevoir ; il doit être actif et responsable.

L'enseignante est responsable de créer un climat propice à la mise en place d'une démarche centrée sur l'élève. L'enseignante ne planifie donc pas tout. Elle partage plutôt son pouvoir avec les élèves en leur permettant de faire des choix (Collectif Morissette-Pérusset, 2000) et de prendre des décisions. Elle doit donc parfois faire face à l'insécurité de ne pas pouvoir tout contrôler.

Ainsi, plutôt que d'être au centre du processus enseignement-apprentissage, l'enseignante adopte le rôle de médiatrice pédagogique (Arpin et Capra, 2001). Elle intervient donc à la demande des élèves « ou de sa propre initiative au fur et à mesure que le projet avance » (Legrand, 1983, cité dans Altet, 1997, p. 70). Elle « guide et accompagne les élèves » et les aide, principalement par son questionnement et modelage, à prendre conscience, entre autres, de leurs difficultés, des pistes de solutions possibles, de leurs forces et acquis et « de leur manière d'apprendre » (Arpin et Capra, 2001, p. 7). Ses interventions sont centrées sur le processus des élèves et leur développement global. L'enseignante doit bien connaître son programme et ses élèves afin de saisir toutes les occasions pour favoriser leurs apprentissages. Comme les élèves n'effectuent pas tous la même tâche en même temps, pour personnaliser ses interventions, l'enseignante doit suivre attentivement la progression de chacun afin de cibler les savoirs essentiels et les stratégies à acquérir ainsi que les compétences à développer.

Quand y recourir en classe ?

L'apprentissage par projets est un modèle d'enseignement qui convient autant au préscolaire, au primaire, au secondaire qu'à l'enseignement postsecondaire. Cantin et Lavoie (2001) ont d'ailleurs adapté le modèle de Francœur Bellavance spécifiquement pour le préscolaire. Ainsi, selon les préférences et le niveau d'aise de l'enseignante, les besoins et les caractéristiques des élèves, le milieu, etc., la démarche adoptée sera plus ou moins ouverte et plus ou moins longue ; les élèves travailleront en petits groupes ou en groupe-classe. Les variantes possibles n'ont pour limite que la créativité des élèves et de l'enseignante.

De plus, l'approche par projets peut être utilisée à n'importe quel moment de l'année. Il convient de mentionner, par contre, que les élèves doivent posséder certaines compétences sociales pour mener adéquatement un projet d'équipe ou collectif à terme. Il semble donc approprié de proposer, au début de l'année, alors que les élèves du groupe ne se connaissent pas bien encore, plusieurs activités coopératives pour faciliter les interactions positives entre les élèves, soit avant même qu'ils n'entreprennent une longue démarche de projet. Il est également possible de proposer aux élèves quelques étapes de la démarche de manière isolée (ex. : l'élaboration de la carte d'exploration) avant qu'ils n'amorcent une démarche complète de projet.

EN CONCLUSION

L'apprentissage par projets est un modèle d'enseignement qui cadre bien avec le courant socioconstructiviste. Il est en accord avec la philosophie des programmes de formation actuels, qui placent l'élève au cœur de ses apprentissages. L'apprentissage par projets est d'ailleurs un modèle par excellence pour favoriser, entre autres, le développement de compétences transversales chez l'élève.

Par contre, il présente sa part de défis, tant pour l'enseignante que pour l'élève. En effet, l'apprentissage par projets est un processus qui demande, pour être efficace, des expérimentations, des ajustements, du temps et des efforts. En fait, tous les élèves n'aiment pas nécessairement le travail en équipe et n'ont pas forcément un intérêt et les habiletés sociales nécessaires pour gérer de telles situations d'apprentissage. De plus, certains élèves n'aiment pas particulièrement faire des choix, planifier la tâche à accomplir et prendre des décisions. Certains préfèrent une approche où l'enseignante dicte le travail à effectuer et la manière de faire. L'apprentissage par projets peut également mettre à l'épreuve la persévérance de certains. Ainsi, l'approche par projets peut rendre certains élèves anxieux, si elle correspond moins à leur style d'apprentissage.

L'enseignante peut, quant à elle, éprouver certaines craintes et difficultés au niveau de la gestion de classe. En effet, des conflits ou des risques d'échec sont à prévoir lors des étapes de la réalisation. Les auteurs du collectif dirigé par Morissette et Pérusset (2000, p. 37) soulignent, à juste titre, que la pédagogie du projet « ne résout pas tous les problèmes de comportement ». Finalement, les productions des élèves étant très différentes les unes des autres, l'enseignante peut éprouver certaines difficultés à les évaluer si elle adopte un regard très normatif. Elle peut aussi avoir de la difficulté à tenir compte de l'apport individuel des membres de l'équipe lors de l'évaluation de la production finale et donc se poser la question à savoir si elle est équitable.

En somme, l'apprentissage par projets est un modèle d'enseignement exigeant, mais qui, en revanche, offre aux élèves et à l'enseignante un contexte motivant et propice à l'apprentissage. Dans ce modèle d'enseignement, bien que les élèves jouissent d'une grande liberté, l'enseignante doit les guider vers des projets stimulants, qui répondent à leurs intérêts et à leurs besoins, et qui, par le fait même, favorisent de manière optimale leur développement global.

INTÉGRATION DES APPRENTISSAGES

 1. Vous venez d'étudier six différents modèles de pédagogie du projet (Francœur Bellavance, 1997 ; Grégoire et Laferrière, 1998 ; École et Nature, réseau d'Éducation à l'Environnement, 2002 ; Collectif Morissette-Pérusset, 2000 ; Arpin et Capra, 2001 ; Proulx, 2004). Il en existe de nombreux autres. Faites une recherche pour découvrir un autre modèle de pédagogie du projet. Pour vérifier si vous comprenez les nuances entre ces différents modèles, faites l'activité de synthèse proposée dans le document 3.1.

 2. Pour garder en tête les nouvelles notions acquises, faites un bilan des savoirs (voir page 66) et une synthèse que vous placerez ensuite dans votre dossier professionnel.

Bilan des savoirs	Oui, beaucoup mieux.	Non, je m'interroge encore.
Je sais ce qu'est l'apprentissage par projets.	☐	☐
Je connais quelques modèles de pédagogie du projet.	☐	☐
Je connais les avantages et les inconvénients de la pédagogie du projet.	☐	☐
Je connais le rôle de l'enseignante et de l'élève dans la pédagogie du projet.	☐	☐

Pour en savoir plus

Arpin, Lucie et Louise Capra. 2001. *L'apprentissage par projets*. Montréal : Chenelière / McGraw-Hill, 258 p.

Collectif Morissette-Pérusset. 2000. *Vivre la pédagogie du projet collectif*. Montréal : Chenelière / McGraw-Hill, 144 p.

Francœur Bellavance, Suzanne. 1997. *Le travail en projet*. Longueuil : Intégra, 137 p.

Ledoux, A. Michel. 2003. *Le travail en projet à votre portée*. Coll. « De la théorie à la pratique ». Anjou : Éditions CEC, 160 p.

Proulx, Jean. 2004. *Apprentissage par projet*. Sainte-Foy : Presses de l'Université du Québec, 216 p.

Approche par projets au préscolaire

Commission scolaire des Patriotes. 2006. *Le travail en projet et les TIC à l'éducation préscolaire*. En ligne. <http://prescoprojettic.csp.qc.ca/Travail_en_projet/Travail_en_projet.html>. Consulté le 31 juillet 2011.

Approche par projets au primaire ou au secondaire

Centre d'expertise pédagogique. 2002. *Pédagogie de projet et ses composantes*. En ligne. <http://cep.cyberscol.qc.ca/guides/pedago_projets.html>. Consulté le 31 juillet 2011.

Commission scolaire de Portneuf et Commission scolaire des Découvreurs. *La pédagogie du projet en lien avec la réforme de l'éducation*. En ligne. <http://www.csportneuf.qc.ca/sedprojet/>. Consulté le 31 juillet 2011.

Commission scolaire des Samares. *L'apprentissage par projets*. En ligne. <http://www.cssamares.qc.ca/Ticp/projets2/projets.swf>. Consulté le 31 juillet 2011.

Approche par projets en milieu universitaire

Dubeau, Annie. 2002. L'apprentissage par projets. *Le Trait d'union express*. 4(6). En ligne. <http://pages.usherbrooke.ca/ssf/tu/vol_4/no_6/approjet.html>. Consulté le 31 juillet 2011.

Apprentissage coopératif

Isabelle Marion

PRÉPARATION AUX APPRENTISSAGES

Portrait des savoirs	Non, pas vraiment.	Oui, je fais une hypothèse.
Je sais faire la différence entre le travail d'équipe et le travail coopératif.	☐	☐
Je peux décrire dans mes mots ce qu'est l'apprentissage coopératif.	☐	☐
Je connais les principes propres à l'apprentissage coopératif.	☐	☐
Je peux nommer des méthodes et des techniques utilisées en apprentissage coopératif.	☐	☐
Je peux nommer les avantages et les désavantages de l'apprentissage coopératif.	☐	☐

Ce chapitre présente l'apprentissage coopératif comme modèle d'enseignement inspiré du courant socioconstructiviste. La pratique d'apprentissage permet en premier lieu de faire appel à ses connaissances actuelles sur le sujet. En deuxième lieu, la théorie d'apprentissage apporte un éclairage sur ce qu'est l'apprentissage coopératif, ses origines, ses principes, ses particularités, ses avantages et ses limites. Il est également question de son application en classe (le comment et le quand). Enfin, un questionnement à la fin de ce chapitre permet l'intégration des apprentissages.

RÉALISATION DES APPRENTISSAGES

PRATIQUE D'APPRENTISSAGE

 1. En équipe de 4 ou de 5 personnes, vous avez 15 minutes pour construire une passerelle qui reliera toutes les équipes d'un groupe ou d'une classe. Pour ce faire, vous devez utiliser des feuilles de papier. Vous ne pouvez pas utiliser de papier collant, de colle, d'agrafes ou d'autres attaches.
- Quel genre de travail venez-vous de réaliser ?
- Quelles différences y a-t-il entre le travail d'équipe et le travail en coopération ?
- Comment définissez-vous maintenant l'apprentissage coopératif ?

 2. En équipe de 4 ou de 5 personnes, vous devez faire un graffiti collectif illustrant un principe clé de l'apprentissage coopératif : respect mutuel, solidarité, équité, ouverture aux autres et au monde, engagement. Avant de commencer l'activité, choisissez une habileté sociale favorisant le travail coopératif parmi les suivantes : faire des éloges, parler à voix basse, faire participer tout le monde équitablement, encourager, négocier poliment, etc.
Chaque membre de l'équipe travaille avec un crayon d'une couleur différente. Les membres de l'équipe se partagent les rôles suivants :
- motivateur
- porte-parole
- responsable du temps
- responsable du matériel
- secrétaire

Vous devez ensuite échanger votre graffiti avec celui d'une autre équipe et refaire la même procédure. Les porte-parole sont ensuite invités à présenter le résultat final du graffiti aux autres participants en expliquant l'importance de l'apport de chacun des membres de l'équipe au projet.

3. Quelles sont les caractéristiques de l'apprentissage coopératif ? Pour le savoir, formez des équipes de 4 participants (A, B, C et D). Chaque participant prend sa fiche d'indices (voir le document 4.1). Le participant A lit l'indice 1. Les participants B, C et D font de même. Lorsque tous les participants ont lu les indices correspondant au concept 1, ils tentent de l'identifier en se mettant d'accord. Ils inscrivent ensuite leur réponse dans un tableau (voir tableau 4.1). On poursuit ensuite de la même façon pour les autres concepts et indices. À la fin, l'équipe devrait avoir identifié 6 caractéristiques de l'apprentissage coopératif.

TABLEAU 4.1

Formulaire de consensus de l'équipe	
Consensus de l'équipe	
Concept 1	Nous avons tous collaboré équitablement à ce travail et nous sommes tous d'accord avec les concepts identifiés.
Concept 2	
Concept 3	
Concept 4	Signature des membres de l'équipe :
Concept 5	_____
Concept 6	_____

THÉORIE D'APPRENTISSAGE

Qu'est-ce que l'apprentissage coopératif ?

Le socioconstructivisme est un courant pédagogique qui prend racine dans le constructivisme et qui adopte l'idée selon laquelle l'élève construit lui-même ses apprentissages en tenant compte de la dimension sociale de l'apprentissage. Plusieurs modèles d'enseignement, dont l'apprentissage coopératif, sont issus du socioconstructivisme. Selon Joyce, Weil et Calhoun (2004), le modèle de l'apprentissage coopératif fait partie de la catégorie des modèles d'interactions sociales. Cette catégorie de modèles met l'accent sur les relations sociales, l'apprentissage des habiletés sociales et l'impact des interactions entre les individus sur le développement cognitif et les apprentissages. L'apprentissage coopératif peut aussi être classifié comme une approche dite active (qui adopte les principes du paradigme de l'apprentissage).

Plusieurs concepts se rattachent à l'apprentissage coopératif, dont la coopération, l'enseignement coopératif ou la pédagogie de la coopération. L'apprentissage coopératif concerne l'élève. Il s'intéresse à ce que

De façon générale, la coopération se définit comme une aptitude à travailler avec les autres. Elle exige l'orientation des efforts de chacun vers un objectif commun à tous, la participation de chacune des personnes qui partagent cet objectif et la reconnaissance de l'unicité de chacune d'entre elles. Comme la coopération donne lieu à des échanges d'idées et de points de vue, elle valorise l'ouverture aux autres, le respect mutuel, l'entraide et le partage. La coopération peut se réaliser par le biais d'activités d'apprentissage ou encore par le biais de la gestion de la vie en groupe.

- Comment évaluez-vous votre facilité à coopérer ?
- Dans quelles conditions l'exercez-vous ?
- Quelle valeur accordez-vous à cette dimension ?

l'élève fait pour apprendre en coopérant avec ses pairs. L'enseignement coopératif ou la pédagogie de coopération concerne plutôt l'enseignant. Il s'intéresse aux stratégies que l'enseignant utilise pour favoriser l'apprentissage chez l'élève ainsi qu'aux interventions qu'il effectue et aux moyens qu'il emploie pour aider l'élève à construire ses connaissances avec l'aide des autres. Ce chapitre met l'accent sur l'apprentissage coopératif.

L'apprentissage coopératif est considéré comme une forme d'organisation de l'apprentissage et du travail qui privilégie les interactions entre pairs et le travail d'équipe. L'élève construit ses apprentissages et sa représentation de la réalité par le biais des interactions avec ses pairs. Il discute, compare et confronte ses points de vue avec ceux des autres, etc. Ce modèle d'enseignement vise le développement des structures cognitives en permettant à l'élève d'intérioriser ce qu'il a expérimenté avec ses pairs. Il vise également le développement d'habiletés sociales et interpersonnelles et la responsabilisation des élèves, ce qui facilite le travail et la vie en groupe (Gamble, 2002 ; Rondeau, 2002). Dans une pédagogie de la coopération, la classe est souvent considérée comme une communauté d'apprenants.

En apprentissage coopératif, des groupes d'élèves hétérogènes travaillent ensemble et mettent leurs efforts à contribution afin d'atteindre des objectifs d'apprentissage communs. L'apprentissage coopératif met ainsi l'accent sur l'interdépendance positive, l'engagement et la participation active de la part de chacun des membres du groupe ainsi que l'équilibre entre les responsabilités individuelles et collectives (Abrami, Chambers, Poulsen, De Simone, D'Apollonia et Howden, 1996 ; Gamble, 2002 ; Howden et Martin, 1997 ; Lusignan, 1996 ; Peklaj et Vodopivec, 1999).

Pour Howden et Kopiec (2000, cités dans Howden et Laurendeau, 2005), l'objectif principal de l'apprentissage coopératif est d'inculquer à l'élève des valeurs qui orienteront ses actions tout au long de sa vie. Les valeurs de l'apprentissage coopératif sont celles qui sont véhiculées par les programmes de formation actuels (MÉQ, 2001b ; MÉLS, 2006). En effet, les programmes de formation actuels mettent de l'avant les principes du courant socioconstructiviste, dont est issu l'apprentissage coopératif. Les élèves, amenés à travailler ensemble et à interagir, confrontent leurs points de vue, leurs conceptions du monde ou leurs démarches de travail, ce qui leur permet de restructurer leurs connaissances et de faire évoluer leur pensée. De plus, selon ces programmes, la mission de l'école s'articule autour de trois axes, dont celui de socialiser. Une importance est accordée au développement des relations interpersonnelles et à l'adoption des valeurs démocratiques qui permettront aux élèves d'apprendre à mieux vivre-ensemble (MÉQ, 2001). Par ailleurs, tout au long de leur formation, les élèves doivent développer des compétences transversales d'ordre personnel et social telles qu'«apprendre à coopérer» (MÉQ, 2001b, p. 34-36). L'école doit ainsi permettre aux élèves d'adopter des valeurs telles que «l'affirmation de soi dans le respect de l'autre, la présence sensible à l'autre, ainsi que l'ouverture constructive au pluralisme et à la non-violence» (MÉQ, 2001b, p. 34). Les élèves doivent donc apprendre à collaborer, à discuter et à travailler ensemble pour atteindre des objectifs communs. Ils développeront ainsi le sens du partage, de l'écoute, de l'ouverture aux autres et de l'entraide. Howden et Martin (1997) présentent les grands principes de l'apprentissage coopératif comme les quatre «E» : entraide, égalité, engagement et énergie. Selon ces auteurs, les valeurs de l'apprentissage coopératif sont le respect mutuel ; l'équité ; l'ouverture à soi, aux autres et au monde ; l'engagement ; la solidarité.

Pourquoi y faire appel en classe ?

Plusieurs recherches rapportent les bienfaits d'intégrer la coopération à la pédagogie en classe, tant sur le développement des habiletés sociales des élèves que sur leurs apprentissages scolaires. Selon ces études, l'enseignant qui place ses élèves dans des situations de coopération favorise leur développement cognitif : leur capacité de raisonnement s'améliore, les stratégies qu'ils utilisent sont plus efficaces et leur aptitude pour la généralisation est améliorée. De nombreuses recherches, dont celles de Mathes, Howard, Allen et Fuchs (1998) et Peklaj et Vodopivec (1999), soulignent les bénéfices de séances d'apprentissage coopératif ou de tutorat par les pairs au plan académique. Selon Mathes *et al.* (1998), un projet sur les stratégies d'apprentissage assisté par des pairs a contribué à améliorer les habiletés en lecture des élèves de 1re année du 1er cycle du primaire, principalement celles des élèves en difficulté, que ce soit au niveau de la fluidité, du décodage ou de la compréhension.

Puchner (2003) fait une synthèse des travaux de Cohen (1994) et de Slavin (1991, 1996), portant sur de nombreuses recherches qui comparent l'apprentissage coopératif à l'apprentissage à l'aide d'une méthode traditionnelle. Plusieurs d'entre elles indiquent que l'apprentissage coopératif est efficace dans la majorité des matières, auprès d'élèves de différents groupes d'âges et dans des tâches simples et complexes. Selon Puchner (2003), l'apprentissage coopératif favorise le développement de l'autonomie, l'autodétermination et l'aptitude à demander de l'aide. De plus, il contribue à augmenter la motivation intrinsèque et le degré d'engagement des élèves dans la réalisation d'une tâche (Erlbaum, Vaughn et Hughes, 1999 ; Hertz-Lazarowitz, Kirkus et Miller, 1992, cités dans Puchner, 2003). Selon Slavin (1996), les élèves apprennent les uns des autres par le biais d'interactions et de discussions, se donnent des rétroactions et

Tête chercheuse

John Dewey (1859-1952) aborde le concept de coopération dès le début du 20e siècle (Gamble, 2002). En effet, Dewey est un ardent promoteur de la collaboration et de la coopération entre les élèves (Chambers, Patten, Schaeff et Wilson Mau, 1997). Pour lui, la coopération est liée à la démocratie et repose sur des attitudes et des valeurs morales (Gamble, 2002). Il met l'accent sur la résolution de problèmes interpersonnels et sociaux. Selon Dewey, l'élève doit apprendre le sens de la responsabilité et participer à la vie démocratique de la classe. Il voit l'école comme une communauté.

Tête chercheuse

Célestin Freinet (1896-1966) En 1935, Freinet fonde une école privée à Vence, en France, qui favorise la coopération entre les élèves. Par exemple, les élèves coopèrent entre autres pour réaliser un journal scolaire. Ils assument ensemble toutes les responsabilités liées à la production de ce journal, de la rédaction des textes à son impression. La coopérative scolaire (ou classe coopérative) de Freinet, reprise par Jasmin (1994) sous le vocable de «conseil de coopération», suscite la participation des élèves à la gestion de la vie de la classe.

développent des habiletés d'argumentation. Selon Qin, Johnson et Johnson (1995), le fait d'échanger sur leurs démarches et stratégies et d'expliquer leurs pistes de solution permet aux élèves de comprendre davantage le problème et de développer une meilleure capacité pour la généralisation. L'apprentissage coopératif contribue également à réduire le sentiment d'anxiété et à augmenter la perception de compétence face à une tâche. Bref, au plan cognitif, l'apprentissage coopératif aide à une meilleure compréhension des concepts puisque les élèves se les expliquent et se les clarifient entre eux (Lavergne, 1996). Ils traitent les contenus plus en profondeur et perçoivent davantage les liens et les relations entre les divers éléments de la matière. Les échanges de points de vue et de stratégies et le modelage par les pairs permettent aux élèves de se développer au plan cognitif. L'apprentissage coopératif exige de l'élève qu'il justifie, qu'il reformule et aussi qu'il restructure ses connaissances, ce qui favorise la rétention des apprentissages (Abrami *et al.*, 1996).

L'apprentissage coopératif a aussi un impact positif chez l'élève aux plans social et affectif. Selon plusieurs auteurs, tels que Cohen (1994) et Slavin (1991), l'apprentissage coopératif a des effets bénéfiques sur l'estime de soi, les relations interpersonnelles, la réussite scolaire, les attitudes envers l'école et l'acceptation des différences. L'apprentissage coopératif permet aux élèves de développer des habiletés relationnelles et favorise un climat d'entraide, une acceptation des autres et une plus grande tolérance face aux différences (Howden et Martin, 1997), ce qui engendre des relations interpersonnelles plus saines. L'apprentissage coopératif donne lieu à une plus grande motivation intrinsèque, à une meilleure image de soi et à un plus grand degré de responsabilité et d'engagement dans les apprentissages (Howden et Martin, 1997).

Quels rôles y jouent l'enseignant et l'élève ?

Les enseignants, en plaçant les élèves en situation de travail coopératif, peuvent devenir de meilleurs observateurs. Ils sont, en effet, plus en mesure d'observer et d'évaluer le produit, les processus et les habiletés sociales des élèves. En apprentissage coopératif, les enseignants agissent aussi comme des facilitateurs et des médiateurs puisqu'ils encouragent l'entraide et les échanges. Ils peuvent aussi jouer le rôle de consultants en partageant les connaissances qu'ils possèdent avec les élèves. Les enseignants veillent au bon fonctionnement de chacune des équipes. Ils orientent les élèves, leur fournissent de l'aide lorsqu'ils en ont besoin et modélisent les comportements adéquats et les habiletés sociales et cognitives à développer. Ils planifient les apprentissages et structurent les tâches pour orienter les élèves et leur permettre de construire ensemble leurs apprentissages à l'aide d'interactions (Gaudet *et al.*, 1998 ; Lusignan, 1996).

Les rôles attribués à l'enseignant dans l'apprentissage coopératif, quoique très valorisants et enrichissants, peuvent être exigeants. Ainsi, la mise en œuvre de l'apprentissage coopératif en classe présente quelques inconvénients : elle exige beaucoup de temps et d'adaptation pour les élèves comme pour l'enseignant. De plus, l'apprentissage coopératif demande une réorganisation des rôles et un partage des responsabilités entre l'enseignant et les élèves. En effet, l'enseignant doit permettre aux élèves d'exercer davantage leur autonomie et leur déléguer certaines responsabilités tant au niveau de la gestion de la vie de groupe qu'au niveau de la gestion des apprentissages.

Lors des tentatives d'implantation de structures coopératives en classe, les enseignants peuvent être confrontés à certains problèmes. Les contraintes d'espace et de temps sont les principales difficultés. Les enseignants peuvent également faire face à des difficultés liées à la gestion de classe. Les élèves qui travaillent en groupes font généralement plus de bruit.

Par ailleurs, la diversité des élèves dans une classe se caractérise par une diversité de comportements. Certains élèves auront plus de difficultés à adopter des comportements coopératifs, qui pourront se traduire par des attitudes négatives de non-respect, de rejet de leurs pairs ou de réticence à participer et à communiquer avec les autres (Abrami *et al.*, 1996). Il faut laisser le temps aux élèves de se familiariser avec cette approche et d'intégrer les valeurs et les comportements reliés à celle-ci (Howden et Martin, 1997). De tels changements se font progressivement.

Comment l'intégrer à sa pratique ?

La démarche de l'apprentissage coopératif, comme celle d'autres modèles d'enseignement, comporte trois grandes étapes : la préparation aux apprentissages, la réalisation des apprentissages et l'intégration des apprentissages. Lors de la première étape, la préparation aux apprentissages, après avoir présenté l'élément déclencheur de la situation d'apprentissage, l'enseignant active les connaissances antérieures des élèves, explique la tâche, annonce les compétences visées, enseigne l'habileté sociale visée, instaure un climat de cohésion, forme des équipes de travail et présente les rôles. Durant la réalisation des apprentissages, les élèves effectuent la tâche coopérative en respectant les règles de fonctionnement. Lors de cette étape, l'enseignant recourt à diverses techniques de l'enseignement coopératif (*jigsaw*, discussion en rotation, questionnement réciproque, etc.) pour favoriser l'apprentissage. Finalement, pendant l'étape d'intégration des apprentissages, les élèves, accompagnés de leur enseignant, effectuent un retour sur les compétences visées, les difficultés rencontrées, les apprentissages réalisés, etc. Les élèves et l'enseignant évaluent ensuite

Le questionnement réciproque

Le questionnement réciproque est une méthode d'enseignement qui peut devenir une stratégie d'apprentissage très efficace s'il est utilisé par les apprenants. De même, il peut s'avérer une bonne stratégie d'étude. Voici une façon particulière de faire du questionnement réciproque :

1. Formez des groupes de trois ou de quatre apprenants.
2. Attribuez à chacun des membres du groupe la responsabilité des questions suivantes : le quoi ?, le pourquoi ?, le comment ?, et le quand ?
3. Lisez individuellement le même paragraphe et, tout au long de votre lecture, tentez de répondre à la question qui vous a été attribuée au départ.
4. Écrivez les réponses à vos questions dans la marge de votre texte.
5. Après la lecture, chacun des membres de l'équipe livre les réponses correspondant à sa question. Les autres membres notent les réponses dans leur texte.

À la fin, l'équipe a fait le tour de la question !

les compétences développées et la démarche d'équipe. Finalement, ils proposent des activités de réinvestissement.

Diverses méthodes d'apprentissage

Abrami *et al.* (1996) parlent de diverses méthodes d'apprentissage coopératif. Les **méthodes d'apprentissage en équipe**, telles que la méthode des travaux d'équipe / examens individuels (MTÉEI) ou *student teams-achievement divisions* (STAD) et la méthode des tournois en équipe (MTÉ) ou *teams-games-tournaments* (TGT), élaborées par Slavin (1983), mettent l'accent sur la motivation extrinsèque basée sur les récompenses d'équipe à partir d'un système de pointage. La **méthode du découpage** (*jigsaw*) propose un partage des contenus à apprendre : les membres d'une équipe se répartissent les contenus, chacun étudie de manière approfondie les contenus qui lui ont été attribués et les enseigne par la suite aux membres de son équipe. La **méthode « apprendre ensemble »** comporte six éléments essentiels : l'interdépendance positive, la responsabilisation, les interactions positives, les habiletés sociales, les habiletés à travailler en petit groupe et la réflexion en groupe. Les **méthodes basées sur les projets de groupe** laissent, quant à elles, plus de liberté aux élèves en leur permettant de définir eux-mêmes leurs objectifs et en leur donnant la possibilité de choisir le sujet sur lequel ils travailleront. Ces méthodes basées sur les projets de groupe visent l'apprentissage et mettent l'accent sur la motivation intrinsèque des élèves. Enfin, la **méthode structurale** comporte trois étapes : la réflexion individuelle, la discussion avec un pair et la communication à la classe.

D'autres méthodes ou techniques courantes, comme la discussion, le questionnement, les cartes d'exploration, etc., peuvent aussi être introduites dans la démarche de l'apprentissage coopératif.

La démarche de l'apprentissage coopératif doit tenir compte de certains principes de base : la taille, la composition et la formation des groupes ainsi que les types de regroupements, la cohésion au sein des groupes, le rôle des élèves, l'interdépendance positive, la responsabilité individuelle et la responsabilité collective, les habiletés cognitives et sociales et l'objectivation. La complémentarité de ces principes rend l'apprentissage coopératif plus efficace. Ainsi, avant de commencer les séances d'apprentissage coopératif, il est important que l'enseignant réfléchisse aux différents points suivants.

La **taille des groupes** est choisie en fonction de l'expérience des élèves en matière de coopération et de la tâche proposée. Comme l'habileté à coopérer se développe graduellement, il est préférable de commencer en formant des petits groupes (de deux élèves) et en proposant des tâches simples. Lorsque les élèves sont à l'aise avec la démarche et les valeurs de l'apprentissage coopératif, il est possible d'augmenter progressivement le nombre d'élèves par groupe. Selon plusieurs auteurs, les équipes de quatre à six élèves constituent les groupes à fonctionnement optimal (Goupil et Lusignan, 1993). Pour la réalisation de tâches complexes, il est recommandé de former des groupes de quatre élèves (Abrami *et al.*, 1996). Les groupes de quatre ou de cinq élèves donnent généralement lieu à des interactions et à des échanges riches et à une réalisation optimale des tâches (Caron, 1997).

La **composition des groupes** peut être homogène. Les groupes sont constitués d'élèves présentant des caractéristiques similaires ou encore ils peuvent être hétérogènes, c'est-à-dire qu'ils peuvent regrouper des élèves présentant des caractéristiques différentes. L'hétérogénéité facilite les apprentissages aux plans social et académique.

La **formation des groupes** peut se faire par les élèves eux-mêmes ou l'enseignant. Le fonctionnement des groupes formés par l'enseignant est généralement plus efficace. L'enseignant peut former des groupes au hasard (à l'aide de cartes à jouer, d'images, de numéros, etc.), en se basant sur certaines caractéristiques des élèves (couleur d'un vêtement, intérêt particulier, mois d'anniversaire de naissance, etc.) ou encore en se basant sur le type de tâche ou les contenus d'apprentissage. Dans ce dernier cas, il s'agira d'un groupe hétérogène constitué délibérément en fonction des connaissances ou des habiletés des élèves.

Plusieurs **types de regroupements** peuvent être faits. Six types sont discutés ici. Bien que le nom de ces regroupements diffère d'un auteur à l'autre, en règle générale, ils ont les mêmes caractéristiques. Le premier type, le regroupement spontané ou l'équipe informelle, permet aux élèves de se regrouper rapidement pour une courte durée de temps et dans le but d'accomplir une tâche simple. Le deuxième type, le regroupement stable ou l'équipe de base, décrit un groupe formé généralement de trois ou de quatre élèves qui travaillent ensemble pendant une longue période de temps (une semaine, un mois, une étape, etc.). Le troisième type, le regroupement divisé ou l'équipe reconstituée, décrit l'organisation suivante: dans la classe, il y a des groupes de base et des groupes d'experts. Chaque membre des groupes de base se voit attribuer un sujet ou un contenu particulier. Par la suite, des groupes d'experts sont constitués en fonction des sujets, regroupant ainsi des élèves provenant de groupes de base différents. Chaque groupe d'experts approfondit un sujet particulier. À la fin de la période d'approfondissement, chaque élève retourne dans son groupe de base et explique aux membres du groupe ce qu'il a appris ou découvert au sein du groupe d'experts. Le quatrième type, le regroupement d'intermédiaires, le groupe porte-parole ou l'équipe représentative, peut être décrit comme suit : chaque équipe choisit un élève qui la représente. Les représentants des équipes se regroupent pour discuter de l'organisation de la tâche, du suivi des travaux et des difficultés rencontrées ainsi que pour clarifier des éléments ou poser des questions à l'enseignant. Le cinquième type, le regroupement mixte ou l'équipe associée, caractérise un regroupement de deux équipes qui discutent de leurs travaux ou les comparent. Le sixième type, l'équipe d'entraide, est un regroupement formé de deux élèves, un élève fort et un élève faible, le premier étant responsable d'aider le second (Abrami *et al.*, 1996 ; Gaudet *et al.*, 1998 ; Howden et Martin, 1997).

Pour maximiser les effets positifs de l'apprentissage coopératif, il est important d'instaurer un climat de classe harmonieux ainsi que de favoriser une **cohésion au sein des groupes** de travail. Cette cohésion assure un climat de confiance et d'acceptation. En effet, lorsque l'esprit d'équipe est fort, les élèves sont moins anxieux et partagent davantage leurs points de vue. Cela engendre un sentiment d'appartenance chez les élèves, sentiment qui les pousse à travailler ensemble pour atteindre des objectifs communs. De plus, cela accroît la motivation des élèves et leur sentiment de responsabilité collective (Abrami *et al.*, 1996). La compétition n'est pas mise de l'avant dans l'apprentissage coopératif, sauf dans certaines méthodes particulières, comme la méthode des travaux d'équipe / examens individuels. Selon le fonctionnement de cette méthode, les élèves sont placés en petits groupes afin d'approfondir une notion ou d'accomplir une tâche. Au sein d'un même groupe, les élèves travaillent en coopération. Toutefois, chacun des groupes est en compétition avec les autres groupes de la classe. Après quelques séances de travail, chaque élève est soumis à une évaluation individuelle. Des points lui sont attribués en fonction de la différence entre la moyenne de ses résultats précédents et le résultat obtenu à cette évaluation. Les points obtenus par chacun des membres d'un groupe sont comptabilisés et un pointage est attribué à chaque groupe. Le groupe qui a obtenu le meilleur résultat reçoit une récompense ou un privilège.

Le rôle des élèves

L'attribution d'un rôle spécifique à chacun des membres d'une équipe favorise l'interdépendance positive et la responsabilisation. Elle permet de s'assurer de la participation et de la contribution de chaque élève au travail du groupe. Selon le rôle qui lui est attribué, l'élève est responsable d'un aspect particulier du travail ou de la gestion de l'équipe ; il se sent donc plus impliqué. Plusieurs rôles peuvent être utilisés en apprentissage coopératif. Howden et Martin (1997) présentent six rôles de base qu'ils ont adaptés d'Évangéliste-Perron, Sabourin et Sinagra (1996) et de Cohen (1994) :

- Le facilitateur (gardien des contenus) est responsable du bon fonctionnement de l'équipe : il lit les consignes, puis s'assure que chacun des membres joue son rôle et respecte les consignes.
- Le vérificateur est responsable du suivi du travail de l'équipe : il conserve les travaux, écrit les réponses, note les points saillants des discussions et s'assure que toutes les tâches sont complétées.
- Le responsable du temps et du matériel s'assure que chacun respecte les échéances et ne perd pas de temps ; il gère aussi le matériel.
- L'harmonisateur (gardien du climat sain) est responsable de l'esprit d'équipe ; il favorise les relations harmonieuses entre les membres.
- L'observateur porte une attention particulière aux habiletés coopératives, note ses observations et les communique aux membres de son équipe.
- L'intermédiaire est responsable de la communication entre l'enseignant et l'équipe.

L'enseignant peut décrire chacun des rôles aux élèves afin de leur donner des pistes sur la façon de fonctionner. Les rôles peuvent être adaptés en tout temps ; certains rôles peuvent même être créés au besoin.

L'**interdépendance positive** fait référence à la combinaison des efforts de chaque membre du groupe qui travaille à atteindre un objectif commun à tous. Elle se caractérise par le partage des ressources, l'établissement d'objectifs d'apprentissage communs et le fait de pouvoir compter les uns sur les autres. Chaque membre contribue équitablement à la réalisation de la tâche dans un esprit de collaboration et d'entraide. La participation de chacun des membres est indispensable à la réalisation de la tâche. L'interdépendance positive est liée aux objectifs lorsque les membres du groupe ont un objectif commun ; aux ressources, lorsqu'ils doivent partager le matériel ; à la tâche, lorsque chacun d'eux est responsable d'un aspect ou d'une partie de la tâche ; aux rôles, lorsque chacun d'eux joue un rôle spécifique ; aux forces extérieures, lorsqu'ils doivent surmonter ensemble un obstacle, tel qu'une contrainte de temps. L'interdépendance positive peut également être liée aux récompenses.

La **responsabilité individuelle** renvoie au fait que chaque élève est responsable de son propre apprentissage, alors que la **responsabilité collective** renvoie au fait que chaque élève est responsable de l'apprentissage des autres. Les membres d'un groupe doivent donc s'entraider pour apprendre et comprendre. Pour que les élèves se sentent responsables, ils doivent être persuadés que la contribution de chacun est essentielle à l'atteinte des objectifs. Le sentiment de responsabilité peut être favorisé en attribuant une tâche ou un rôle précis à chaque élève.

L'apprentissage coopératif vise l'acquisition d'**habiletés cognitives et sociales**. Les habiletés cognitives se définissent comme « [des] processus mentaux mis en œuvre pour apprendre » (Abrami *et al.*, 1996, p. 68), tels que traiter l'information, établir des liens et raisonner. Les habiletés sociales réfèrent à « l'ensemble des habiletés nécessaires au bon fonctionnement du travail en coopération » (Centre d'expertise pédagogique, section habiletés sociales, 2002), telles qu'intervenir quand c'est son tour, partager le matériel, remercier, etc. Les habiletés cognitives et sociales se rapprochent de certaines compétences transversales proposées dans les programmes de formation, telles que « exploiter l'information », « résoudre des problèmes » et « coopérer et communiquer de façon appropriée ». Il est nécessaire d'enseigner les habiletés sociales et cognitives aux élèves et de les aider à les développer. Par exemple, l'habileté à coopérer, comme toutes les habiletés d'ailleurs, n'est pas innée ; elle se développe graduellement. La technique du tableau en « T », inspirée de Johnson, Johnson et Holubec (1993), est souvent utilisée pour le développement des habiletés sociales et cognitives. Il s'agit de tracer un « T » majuscule au tableau ou sur une affiche et d'écrire sur la ligne verticale l'habileté à travailler. D'un côté de la ligne verticale, l'enseignant dessine un œil et écrit le mot « actions » ou « ce que je vois ». De l'autre côté, il dessine une oreille et écrit le mot « paroles » ou « ce que j'entends ». Par la suite, il demande aux élèves quelles actions et quelles paroles peuvent représenter l'habileté à l'étude et écrit leurs réponses aux endroits désignés à cet effet. Les élèves peuvent utiliser ce tableau en « T » comme repère visuel, ce qui pourra les aider dans l'apprentissage de cette habileté (Abrami *et al.*, 1996 ; Chambers, Patten, Schaeff et Wilson Mau, 1997). Il est important de fournir aux élèves des occasions de s'entraîner aux différentes habiletés et de faire des retours fréquents avec eux afin qu'ils réfléchissent à leurs actions et à leurs paroles.

L'objectivation

L'objectivation, ou l'autoanalyse du processus, est essentielle pour assurer le bon fonctionnement des équipes, les relations harmonieuses et l'efficacité du travail en coopération. Il faut permettre aux élèves de réfléchir et de discuter en petits groupes et en grand groupe par rapport au travail réalisé : la contribution de chacun des membres au travail, le rôle joué par chacun et les habiletés sociales et cognitives développées. Les élèves peuvent relever les points forts de leur équipe et les aspects à améliorer, puis se fixer un objectif d'équipe à atteindre lors de la prochaine tâche.

Les exemples suivants illustrent une démarche d'apprentissage coopératif au préscolaire et au primaire.

Démarche d'apprentissage coopératif au préscolaire

Titre de la situation d'apprentissage	Une histoire drôle					
Domaines généraux de formation	**Vivre-ensemble et citoyenneté :** engagement dans l'action dans un esprit de coopération et de solidarité : principes, règles et stratégies du travail d'équipe ; processus de prise de décision (consensus, compromis).					
Compétences au préscolaire	Agir sur le plan sensoriel et moteur ☐	Mener à terme un projet ☐	Construire sa compréhension du monde ☐	**(CP4 *)** Communiquer ☑	**(CP5 *)** Interagir de façon harmonieuse ☑	Affirmer sa personnalité ☐
Intention d'apprentissage	**Objectif général** • Inventer des histoires drôles en changeant les éléments des histoires racontées par les enfants. **Objectifs spécifiques** • Développer la communication et la créativité des élèves. • Utiliser sa mémoire afin d'intégrer des éléments dans une histoire sans perdre le fil.					
Matériel nécessaire	Des cartons 4 x 4 pour dessiner des éléments d'une histoire (3 ou 4 cartons par élève). La fiche d'évaluation. Un appareil enregistreur, des feuilles et des crayons pour illustrer l'histoire.					

Particularités de la démarche

Regroupement des élèves • Taille des équipes • Type de regroupement	Les élèves sont regroupés en équipes de 4. L'enseignant forme des équipes hétérogènes.	
Habileté sociale visée	Apprendre à faire des choix et à les respecter.	
Interdépendance positive	**Liée aux objectifs :** Chaque membre du groupe contribue à l'atteinte d'un objectif commun : l'élaboration d'une histoire drôle. **Liée aux ressources :** Les membres de chaque équipe doivent se partager les fiches. **Liée à la tâche :** Chaque membre du groupe est responsable de proposer des éléments d'une histoire. **Liée aux rôles :** Durant chacune des étapes de la situation d'écriture, chaque membre du groupe est responsable d'un rôle particulier (animateur, porte-parole, illustrateur et scrutateur).	
Responsabilité	**Responsabilité individuelle :** La situation permet à chaque élève d'enrichir son vocabulaire et de faire valoir ses idées originales. **Responsabilité collective :** La situation incite chaque élève à partager ses connaissances pour permettre aux membres de l'équipe de créer une nouvelle histoire.	
Moment de l'activité	Peu importe.	
Durée approximative	2 à 3 périodes de 30 minutes.	*(suite p. 80)*

* Ces compétences sont présentes dans la démarche à trois temps afin de démontrer de quelle façon les élèves les développeront dans la situation d'apprentissage.

PRÉPARATION AUX APPRENTISSAGES

Rôle de l'enseignant	Rôle des élèves
Élément déclencheur • L'enseignant raconte une histoire drôle qu'il a déjà entendue.	• Les élèves écoutent attentivement l'histoire et tentent de l'imaginer dans leur tête (**CP4**).
Rappel des connaissances antérieures • Il demande aux élèves quelles sont les composantes importantes d'une histoire. • Il demande aux élèves comment, selon eux, on arrive à créer des histoires drôles.	• Ils explorent les conventions propres à l'écrit en nommant les différentes composantes ou les différents éléments d'une histoire (**CP5**). • Ils disent, selon eux, comment on arrive à faire des histoires drôles.
Explication de la tâche • Il explique aux élèves qu'ils devront, en équipes de 4, inventer des histoires drôles en ajoutant et en modifiant les composantes des histoires racontées par les enfants.	• Ils rappellent les étapes de l'activité et expliquent ce qu'ils auront à faire (**CP5**).

Annonce des compétences visées
• Il explique aux élèves quelles compétences seront développées au cours de la situation d'apprentissage :
  – Communiquer leurs idées (leurs histoires).
  – Interagir de façon harmonieuse (compléter les histoires).
	• Ils portent une attention particulière au message de l'enseignant et expriment leur compréhension de l'information reçue (**CP5**).

• Il présente l'habileté sociale « apprendre à faire des choix ». • Il utilise la technique du tableau en « T » pour expliquer l'habileté sociale aux élèves. • Il propose quelques exercices aux élèves.	• Ils prennent connaissance de l'habileté sociale sur laquelle ils devront porter particulièrement attention au cours de la situation d'apprentissage. • Ils expérimentent différentes façons de faire des choix en équipe.
• Il invite les élèves à former des équipes de 4 à partir du critère suivant : « Quelqu'un à qui on parle moins souvent. »	• Ils participent à la formation des équipes en respectant le critère demandé.
• Il demande à chaque groupe de se trouver un nom d'équipe qui a rapport au thème des histoires afin de créer un climat de cohésion au sein des équipes.	• Ils réfléchissent individuellement à un nom d'équipe. • À tour de rôle, chaque membre du groupe exprime son idée. Chaque membre partage ensuite sa préférence par rapport aux idées proposées (**CP4**). • Ensemble, ils votent pour un nom d'équipe.
• Il présente et explique aux élèves les rôles qui seront utilisés dans la situation d'apprentissage et donne des exemples pour chacun d'entre eux.	• Ils prennent connaissance des rôles et s'assurent de comprendre la responsabilité reliée à chacun d'eux.

(suite p. 81)

RÉALISATION DES APPRENTISSAGES

Rôle de l'enseignant	Rôle des élèves
• L'enseignant invite les élèves à dessiner, individuellement, différents éléments d'une histoire sur des petits cartons blancs. À cet effet, il distribue 3 ou 4 cartons par élève.	• Les élèves dessinent des personnages, des lieux, des objets, etc. Ils tournent les cartons afin de ne pas les voir pendant qu'ils racontent et écoutent les histoires.
• Il invite les élèves à raconter une histoire, à tour de rôle, aux autres membres de leur équipe.	• À tour de rôle, ils organisent leurs idées afin de raconter leur histoire aux autres (**CP5**).
• Il demande aux élèves de choisir une seule histoire qu'ils pourraient modifier afin de la rendre encore plus drôle.	• Ensemble, ils participent au processus de décision afin d'identifier quelle histoire ils auront à transformer (**CP4-CP5**).
• Il invite l'élève dont l'histoire a été choisie à la raconter à nouveau très lentement.	• Ils placent les dessins des cartons devant eux afin de bien les voir et écoutent attentivement l'histoire choisie.
• Il encourage les autres élèves à modifier l'histoire en suggérant des éléments qu'ils ont dessinés préalablement.	• Au fur et à mesure de l'histoire, ils tentent de maintenir un contact avec l'élève qui raconte, lèvent leur carton et suggèrent de remplacer un élément de l'histoire par un autre.
• Il rappelle les règles pour se mettre d'accord sur un choix.	• Ils votent et se mettent d'accord sur l'élément à choisir (**CP4**).
• Lorsque l'histoire transformée est terminée, il invite les élèves à la présenter à la classe.	• Ils poursuivent leur travail ainsi jusqu'à la fin de l'histoire, l'enregistrent ou la dessinent pour la raconter à la classe.

(suite p. 82)

Démarche d'enseignement (suite)

INTÉGRATION DES APPRENTISSAGES

Rôle de l'enseignant	Rôle des élèves
Réflexion et objectivation des élèves sur leur travail d'équipe **Objectivation** *Retour sur les compétences visées par l'activité* • L'enseignant anime une discussion avec les élèves sur les compétences développées au cours de l'activité. • Il demande, entre autres, aux élèves, si le travail en coopération les a aidés à développer les compétences liées à la communication, à l'interaction sociale. • Il revient sur l'habileté sociale travaillée : « faire des choix et les respecter ». *Retour sur les retombées de l'activité* • L'enseignant invite les élèves à faire des liens entre cette situation d'apprentissage et le métier d'auteur ou de créateur.	• Les élèves partagent leur opinion concernant le développement des compétences visées (**CP4**). • Ils échangent sur leur expérience de travail en coopération ainsi que sur l'habileté sociale travaillée (**CP4**). • Ils expliquent ce qu'ils savent du métier d'auteur ou de créateur et font des liens avec ce qu'ils viennent de vivre (**CP5**).
Retour sur les apprentissages réalisés • Il demande aux élèves de réfléchir aux apprentissages qu'ils ont réalisés au cours de la situation d'apprentissage par rapport à la création d'histoires drôles. • Il leur demande ensuite de partager leurs apprentissages avec l'ensemble de la classe.	• Ils réfléchissent aux apprentissages qu'ils ont réalisés. • Ils partagent les nouvelles connaissances avec la classe.
Retour sur les difficultés rencontrées • Il demande aux élèves de réfléchir aux difficultés qu'ils ont rencontrées au cours de la situation d'apprentissage par rapport à la tâche, aux rôles, à l'habileté sociale ou au travail d'équipe.	• Ils réfléchissent aux difficultés qu'ils ont rencontrées au cours de la situation d'apprentissage.
Évaluation • Il réalise une évaluation formative collective des compétences « communiquer » et « interagir de façon harmonieuse » à l'aide d'une fiche conçue à cet effet (voir tableau 4.2 ci-dessous).	• Avec l'aide de l'enseignant qui lit les énoncés de la grille de coévaluation, les élèves réalisent, avec leurs pairs, une autoévaluation du travail d'équipe et évaluent la participation de chacun des membres (**CP4**).
Réinvestissement • Il invite les élèves à proposer d'autres projets ou activités pour donner suite à ce qu'ils viennent de faire et d'apprendre.	• Ils suggèrent quelques projets tels que faire un livre, une pièce de théâtre, un spectacle d'humour, etc.

TABLEAU 4.2

Fiche d'évaluation formative collective

Nom de l'équipe : _____	Critères d'évaluation		
	☺	😐	☹
Nous avons été capables de faire des choix et de respecter ceux de la majorité.	☐	☐	☐
Nous avons été capables de trouver des idées originales et drôles.	☐	☐	☐
Nous avons été capables de communiquer clairement nos idées.	☐	☐	☐

Tableau-synthèse

Titre de la situation d'apprentissage	Le goûter coopératif			
Domaines généraux de formation	**Santé et bien-être :** conscience des conséquences sur sa santé et son bien-être de ses choix personnels. **Vivre-ensemble et citoyenneté :** engagement dans l'action dans un esprit de coopération et de solidarité.			

Compétences transversales	D'ordre intellectuel ☐	**(CT5)** D'ordre méthodologique ☑ Se donner des méthodes de travail efficaces.	**(CT8)** D'ordre personnel et social ☑ Coopérer.	D'ordre de la communication ☐

Domaines d'apprentissage et compétences disciplinaires	Langues ☑ **(CD-L1)** Lire des textes variés.	Mathématique, science et technologie **(CD-M2)** ☑ Raisonner à l'aide de concepts et de processus mathématiques.	Univers social ☐	Arts ☐	Développement personnel ☐

Intention d'apprentissage	**Objectif général :** Préparer un goûter pour un événement spécial (par exemple, la fête des finissants). **Objectifs spécifiques :** • Développer de saines habitudes de vie au plan de l'alimentation. • Collaborer à la réalisation d'un événement collectif.
Matériel nécessaire	Selon le choix de recettes des élèves (four, frigo, lavabo, etc.).

Particularités de la démarche		
	Regroupement des élèves	Les élèves sont regroupés par intérêt en équipes de 4.
	Habileté sociale visée	Suggérer des moyens de travailler le plus efficacement possible. Encourager les autres.
	Interdépendance positive	**Liée aux objectifs :** Chaque membre du groupe contribue à l'atteinte d'un objectif commun : la préparation d'une recette. **Liée aux ressources :** Les membres de chaque équipe doivent se partager la responsabilité d'apporter les ingrédients et le matériel (ustensiles, bol, etc.). **Liée à la tâche :** Chaque membre du groupe est responsable de réaliser une étape de la recette. **Liée aux rôles :** Durant chacune des étapes de la situation d'apprentissage, chaque membre du groupe est responsable d'un rôle particulier (lecteur, gestionnaire du temps, responsable du maintien de la propreté, vérificateur de l'encouragement).
	Responsabilité	**Responsabilité individuelle :** La situation permet à chaque élève de prendre la responsabilité d'une partie du matériel et d'une étape de la réalisation de la recette. **Responsabilité collective :** La situation incite chaque élève à réaliser avec soin sa partie de la recette pour permettre aux membres de l'équipe de réussir la recette.

Moment de l'activité	Peu importe (selon l'événement spécial).
Durée approximative	3 à 4 périodes de 30 minutes.

(suite p. 84)

PRÉPARATION AUX APPRENTISSAGES

Rôle de l'enseignant	Rôle des élèves
Élément déclencheur • L'enseignant accueille l'idée d'un élève.	• Un élève propose au groupe-classe de préparer un goûter pour la fête de la fin de l'année.
Rappel des connaissances antérieures • Il demande aux élèves de partager leurs idées sur un menu possible pour le goûter. • Il demande aux élèves ce qu'est un « choix santé » et quels mets pourraient être sains pour la santé tout en étant attrayants pour eux.	• Les élèves expriment leurs idées sur un menu possible. • Ils expriment leurs idées sur ce qu'est un « choix santé » et proposent des idées de mets santé (**CT8**).
Explication de la tâche • Il explique aux élèves qu'ils devront, en équipes de 4, trouver et préparer un mets santé.	• Ils expliquent ce qu'ils auront à faire et réfléchissent afin de trouver la meilleure façon d'agir (**CT5**).

Annonce des compétences visées
• Il explique aux élèves quelles compétences transversales et disciplinaires seront développées au cours de la situation d'apprentissage.
• Il présente les habiletés sociales à développer : « suggérer des moyens de travailler le plus efficacement possible » et « encourager les autres » :
  – utilise la technique du tableau en « T » pour revoir l'habileté sociale « encourager les autres » avec les élèves.
  – propose aux élèves d'improviser en équipe et de présenter une saynète de 30 secondes qui illustre un moyen inefficace, suivi d'un moyen plus efficace de réaliser une recette.
	• Ils portent une attention particulière au message de l'enseignant et expriment leur compréhension de l'information reçue. Ils partagent des exemples qui illustrent leur compréhension de chacune des compétences (**CT8**).
	• Ils prennent connaissance des habiletés sociales sur lesquelles ils devront porter particulièrement attention au cours de la situation d'apprentissage.
	• Ils partagent leurs idées pour compléter collectivement le tableau en « T ».
	• Ils improvisent et présentent leur saynète.

• Il invite les élèves à former des équipes de 4 en fonction de leur préférence pour l'une des propositions de mets santé.	• Ils participent à la formation des équipes en fonction de leur préférence pour l'un des mets proposés (**CT8**).
• Il présente et explique aux élèves les rôles qui seront utilisés dans la situation d'apprentissage et donne des exemples pour chacun d'entre eux.	• Ils prennent connaissance des rôles et s'assurent de comprendre la responsabilité reliée à chacun d'eux. • Ils accomplissent la tâche en respectant les règles établies (**CT8**). *(suite p. 85)*

RÉALISATION DES APPRENTISSAGES

Rôle de l'enseignant	Rôle des élèves
• L'enseignant invite les élèves à se répartir la responsabilité d'apporter les ingrédients et le matériel nécessaire.	• Les élèves lisent la recette et se répartissent équitablement les ingrédients et le matériel à apporter. Ils inscrivent le tout à leur agenda.
La sélection de la recette [1]	**La sélection de la recette**
• Il demande à chaque équipe de trouver une recette pour leur mets santé et favorise ainsi la création d'un climat de cohésion au sein des équipes. • Il circule, aide les élèves dans leurs recherches, les questionne sur la faisabilité des recettes et approuve leur choix de recette.	• Ils consultent des sites Internet ou des livres de recettes et réfléchissent individuellement à une recette possible (simple). • À tour de rôle, chaque membre du groupe présente sa proposition de recette. Chaque membre partage ensuite sa préférence par rapport aux idées proposées. • Ensemble, ils votent pour une recette.
• Il discute avec les élèves de la structure du texte propre aux recettes, des éléments qui composent ce type de texte et des mots qui y sont davantage utilisés. • Il rappelle quelques règles de base régissant la notion d'unités de mesure des ingrédients (volume, capacité, masse) et de l'équivalence des fractions (3e cycle) en proposant une activité de vérification de connaissances. • Il pose des questions fermées sur le sujet et demande aux élèves de se consulter pour y répondre. Par exemple, vrai ou faux : ½ tasse = 250 ml.	• Les élèves nomment ce qu'ils connaissent de ce type de texte et sur les informations qu'on y trouve. Ils parlent aussi des abréviations utilisées pour indiquer les quantités et les mesures (**CD-L1**).
	• Les élèves se donnent un numéro de 1 à 4 et se consultent pour répondre à chaque question. • Après un moment de consultation, le responsable du consensus, tourne une roulette ou lance un dé pour déterminer quel élève donnera une réponse définitive.
• Il vérifie les réponses à la fin de l'activité afin de s'assurer que les notions sont bien comprises.	• Les élèves prennent bonne note de ces notions afin de réaliser leur recette avec succès (**CD-M2**).
Le jour de la réalisation de la recette	**Le jour de la réalisation de la recette**
• Il rappelle les rôles à distribuer et les habiletés sociales à travailler. Il invite les élèves à se distribuer les rôles. • Il invite les élèves à se regrouper dans un coin de la classe, à relire la recette, à vérifier qu'ils ont tous les ingrédients. • Lorsque toutes les équipes sont prêtes, il invite les élèves à réaliser leur recette. • Il circule, observe et questionne les élèves par rapport aux habiletés sociales et à la démarche.	• Ils sont attentifs aux explications et procèdent ensuite au partage des rôles. • Ils s'installent dans un coin de la classe en équipes et apportent tout le matériel. Ils gèrent le matériel et le temps nécessaires à la lecture (**CT5**). • Le lecteur fait la lecture de la recette et, à tour de rôle, les élèves montrent les ingrédients et le matériel apportés pour chacune des étapes. • Ils réalisent la recette en respectant les règles et en adaptant leur comportement à celui des autres (**CT8**).

(suite p. 86)

1. Activité inspirée de Howden J. et H. Martin (1997). *La coopération au fil des jours*, Montréal : Chenelière Éducation, p. 110.

INTÉGRATION DES APPRENTISSAGES

Réflexion et objectivation des élèves sur leur travail d'équipe **Objectivation** *Retour sur les compétences visées par l'activité* • L'enseignant anime une discussion avec les élèves sur les compétences transversales et disciplinaires développées au cours de l'activité. • Il revient sur les habiletés sociales travaillées. *Retour sur les retombées de l'activité* • Il invite les élèves à faire des liens avec cette situation d'apprentissage et le rôle qu'ils jouent ou pourraient jouer dans la préparation de repas santé à la maison.	• Les élèves partagent leur opinion concernant le développement des compétences transversales et disciplinaires visées. • Ils échangent sur leur expérience de travail en coopération ainsi que sur les habiletés sociales travaillées (**CT8**). • Ils discutent de leur participation réelle et possible dans le choix et la préparation de repas à la maison.
Retour sur les apprentissages réalisés • Il demande aux élèves de réfléchir aux apprentissages qu'ils ont réalisés au cours de la situation d'apprentissage par rapport à la planification et à la préparation de mets santé et par rapport à la collaboration à un projet collectif. • Il leur demande ensuite de partager leurs apprentissages avec l'ensemble de la classe.	• Ils réfléchissent aux apprentissages réalisés et prennent conscience de la satisfaction liée au travail achevé et bien fait (**CT5**). • Ils partagent leurs nouvelles connaissances avec la classe.
Retour sur les difficultés éprouvées • Il demande aux élèves de réfléchir aux difficultés qu'ils ont éprouvées au cours de la situation d'apprentissage par rapport à la tâche, aux rôles, aux habiletés sociales ou au travail d'équipe.	• Ils réfléchissent aux difficultés éprouvées et reconnaissent les tâches les plus efficaces dans un travail collectif (**CT8**).
Évaluation • Il réalise une évaluation formative collective des compétences à l'aide d'une fiche conçue à cet effet.	• Ils réalisent, avec leurs pairs, une autoévaluation du travail d'équipe et évaluent la participation de chacun des membres.
Réinvestissement • Il invite les élèves à proposer d'autres projets ou activités pour donner suite à ce qu'ils viennent de faire et d'apprendre.	• Ils suggèrent, par exemple, de faire un livre de recettes en souvenir de cette activité.

Quand y recourir en classe ?

Les tâches coopératives sont utiles pour le développement d'habiletés cognitives et sociales. Elles peuvent donc être utilisées régulièrement dans diverses situations qui ont différents objectifs. Plus les élèves auront l'occasion de vivre des situations de coopération, plus ils deviendront habiles et plus les apprentissages qu'ils feront seront significatifs. Les enfants sont aptes à coopérer dès le préscolaire. Ils sont capables de considérer le point de vue des autres et de participer à des activités coopératives simples (Chambers *et al.*, 1997). Selon une étude de Burchfield (1999, cité dans Howden et Laurendeau, 2005), la coopération et la pédagogie du projet sont les deux modèles d'enseignement qui correspondent le mieux au niveau de développement des élèves d'âge préscolaire. Il est donc recommandé d'initier les élèves aux valeurs et aux principes de l'apprentissage coopératif dès le début du préscolaire en proposant des tâches simples et en formant de petits groupes (de deux ou de trois élèves). La taille des groupes et le degré de difficulté de la tâche peuvent être augmentés graduellement.

L'apprentissage coopératif peut également être bénéfique au primaire et au secondaire. Les programmes de formation privilégient le développement de la compétence transversale « coopérer », qui met de l'avant la contribution de chacun au travail coopératif, la promotion de relations interpersonnelles harmonieuses et de valeurs d'entraide de même que la construction des connaissances par le biais d'interactions et la confrontation des points de vue. Par ailleurs, une étude menée par Newmann et Thompson (1987, cités dans Abrami *et al.*, 1996) souligne les bienfaits de l'apprentissage coopératif sur la performance des élèves du secondaire.

Howden et Kopiec (2000) discutent du point de vue de plusieurs auteurs sur la pédagogie de la coopération au niveau collégial. La plupart des auteurs soutiennent que l'apprentissage coopératif a des effets positifs sur les étudiants, tant sur leur réussite scolaire que sur leurs relations interpersonnelles. L'apprentissage coopératif est aussi bénéfique à la population adulte de l'éducation permanente, de même que l'apprentissage de la communication écrite en entreprise.

On peut faire appel à l'apprentissage coopératif pour la majorité des disciplines scolaires, si les tâches sont structurées de manière adéquate. Il doit permettre une contribution équitable de chaque membre de l'équipe et favoriser l'interdépendance positive, la responsabilisation et le développement d'habiletés sociales et cognitives. Il doit être mis en place de façon à ce qu'un élève à lui seul ne puisse pas réaliser les tâches demandées. Plusieurs études d'ailleurs soulignent l'efficacité de l'apprentissage coopératif dans diverses disciplines scolaires et auprès de différents groupes d'élèves (Cohen, 1994 ; Slavin, 1991).

EN CONCLUSION

Après avoir défini ce qu'est l'apprentissage coopératif, le présent chapitre a décrit différentes modalités d'organisation ainsi que les grands principes de ce modèle. Les situations d'apprentissage ainsi que la pratique d'apprentissage proposées révèlent que l'on peut y faire appel dans tous les ordres d'enseignement. Une grande force de l'apprentissage coopératif est, qu'en plus de développer les compétences liées à la coopération, il favorise le développement de nombreuses compétences transversales.

INTÉGRATION DES APPRENTISSAGES

 1. À tour de rôle et en respectant les rôles établis, placez les idées principales de la théorie d'apprentissage (pages 69 à 78) dans un tableau comme celui ci-dessous.

Ce qu'est l'apprentissage coopératif	Ce que n'est pas l'apprentissage coopératif

 2. Pour garder en tête les nouvelles notions acquises, faites un bilan des savoirs (voir ci-dessous) et une synthèse que vous placerez ensuite dans votre dossier professionnel.

Bilan des savoirs	Oui, beaucoup mieux.	Non, je m'interroge encore.
Je sais faire la différence entre le travail d'équipe et le travail coopératif.	☐	☐
Je peux décrire dans mes mots ce qu'est l'apprentissage coopératif.	☐	☐
Je connais les principes propres à l'apprentissage coopératif.	☐	☐
Je peux nommer des méthodes et des techniques utilisées en apprentissage coopératif.	☐	☐
Je peux nommer les avantages et les désavantages de l'apprentissage coopératif.	☐	☐

Pour en savoir plus

Abrami, Philip C., Bette Chambers, Catherine Poulsen, Christina De Simone, Sylvia D'Apollonia et James Howden. 1996. *L'apprentissage coopératif : Théories, méthodes, activités*. Montréal : Éditions de la Chenelière, 233 p.

Chambers, Bette, Margaret H. Patten, Jenny Schaeff et Donna Wilson Mau. 1997. *Découvrir la coopération*. Montréal : Éditions de la Chenelière, 174 p.

Clair, Micheline, Julie Gendron, André Lapointe, Michèle Girard et Liette M. Demanche. 2003. « Trousse pédagogique de l'apprentissage coopératif ». In SNAPS. En ligne. <http://www.csdeschenes.qc.ca/snaps/trousseapp.htm>. Consulté le 31 juillet 2011.

Commission scolaire de la Riveraine. (s.d.). *Apprentissage coopératif*. En ligne. <http://weco.csriveraine.qc.ca/cemis/LIENS/ENSEIGNANTS/COMPETEN.HTM#ap_coop>. Consulté le 31 juillet 2011.

Gamble, Joan. 2002. « Pour une pédagogie de la coopération ». *Éducation et francophonie*, vol. 30, nᵒ 2 (automne), 24 p. En ligne. <http://www.acelf.ca/c/revue/revuehtml/30-2/07-gamble.html>. Consulté le 31 juillet 2011.

Gaudet, Denise, Diane Jacques, Bibiane Lachance, Catherine Lebossé, Carole Morelli, Michel Pagé, Geneviève Robert, Monika Thomas-Petit et Teresa Walenta. 1998. *La coopération en classe : guide pratique appliqué dans l'enseignement quotidien*. Montréal : Chenelière / McGraw-Hill, 220 p.

Howden, Jim et France Laurendeau. 2005. *La coopération : un jeu d'enfant*. Montréal : Chenelière Éducation, 139 p.

TéléApprentissage communautaire et transformatif (TACT). (s.d.). « Les activités coopératives ». In *Apprentissage coopératif*. En ligne. <http://www.tact.fse.ulaval.ca/fr/html/coop/5act/cadre5.htm>. Consulté le 31 juillet 2011.

Documents audiovisuels

Beaulieu, Claude, Michel Belleau, André Paré et Michel Pichette. 1992. *Enseignement coopératif : une pédagogie prometteuse*. Sainte-Foy : Centrale de l'enseignement du Québec. Vidéocassette, VHS, 28 min., son, couleur.

Goupil, Georgette, Guy Lusignan, Monique Doyon et Martine Sabourin. 1994. *L'apprentissage coopératif*. Montréal : Université du Québec à Montréal, Service de l'audiovisuel. Vidéocassette VHS, 34 min., son, couleur.

Gréco, Pierre, Michel Pichette, Guy Brouillette., Jacques Keable et Jocelyne Gauvin.1995. *L'éducation à la coopération : de l'école au travail*. Sainte-Foy : Centrale de l'enseignement du Québec. Vidéocassette VHS, 28 min., son, couleur.

CHAPITRE 5

Apprentissage par problèmes

Louise Ménard

PRÉPARATION AUX APPRENTISSAGES

Portrait des savoirs	Non, pas vraiment.	Oui, je fais une hypothèse.
Je peux faire la distinction entre problème, démarche de résolution de problèmes et situation-problème.	☐	☐
Je connais les avantages de l'apprentissage par problèmes pour les élèves.	☐	☐
Je peux nommer des contextes d'utilisation de l'apprentissage par problèmes.	☐	☐
Je peux distinguer un vrai problème d'un problème qui ne l'est pas.	☐	☐

Ce chapitre présente l'apprentissage par problèmes (APP) comme modèle d'enseignement inspiré du courant socioconstructiviste. La pratique d'apprentissage permet en premier lieu de faire appel à ses connaissances actuelles sur le sujet. En deuxième lieu, la théorie d'apprentissage apporte un éclairage sur ce qu'est l'apprentissage par problèmes et ses origines. Il est également question de son application en classe (le pourquoi, le comment et le quand). Enfin, un questionnement à la fin de ce chapitre permet l'intégration des apprentissages.

Historique

Au Québec, l'apprentissage par problèmes a d'abord été utilisé en médecine[1] et a par la suite été adopté pour l'enseignement de nombreuses disciplines, tant au niveau universitaire (génie, sciences infirmières, pharmacie, biologie, éducation, etc.) qu'au niveau collégial (technologie de laboratoire médical, soins infirmiers, sciences de la nature, etc.). Cette approche est ensuite apparue au primaire et au secondaire, grâce aux nouveaux programmes de formation. On retrouve aujourd'hui de nombreux ouvrages et sites Internet décrivant la démarche de l'apprentissage par problèmes et proposant des situations-problèmes pouvant inspirer les enseignantes, de tous les ordres d'enseignement, désireuses de l'utiliser de façon sporadique ou régulière.

RÉALISATION DES APPRENTISSAGES

PRATIQUE D'APPRENTISSAGE

En équipe, suggérez une solution aux problèmes proposés dans le document 5.1. Présentez-la ensuite aux autres participants. Pour résoudre ces problèmes selon la démarche de l'apprentissage par problèmes, vous devez :

- trouver des textes pertinents sur l'apprentissage par problèmes ;
- suivre la démarche proposée (document 5.1) et remplir le journal de bord ;
- analyser les situations-problèmes élaborées à l'intention des élèves.

THÉORIE D'APPRENTISSAGE

Qu'est-ce que l'apprentissage par problèmes ?

L'apprentissage par problèmes est une approche centrée sur les élèves. Ceux-ci, regroupés en équipes, travaillent à résoudre une situation-problème plus ou moins complexe pour laquelle ils n'ont reçu aucune formation au préalable. La situation-problème sert de prétexte à l'apprentissage de nouvelles connaissances. Cette manière de faire contraste avec les méthodes pédagogiques traditionnelles où les notions sont d'abord présentées, puis appliquées dans le cadre de problèmes (Boud et Feletti, 1991). L'apprentissage par problèmes sert également au développement des habiletés de résolution de problèmes (Guilbert et Ouellet, 1997). La démarche compte ici davantage que la résolution des problèmes comme telle. En fait, l'accent n'est pas mis sur le fait de trouver la solution, car à la limite les élèves peuvent en générer plusieurs (Dumais et Des Marchais, 1996).

---

1. Son implantation au Québec remonte à 1987 à la Faculté de médecine de l'Université de Sherbrooke (Des Marchais, Dumais et Pigeon, 1988a, 1988b).

Pourquoi y faire appel en classe ?

L'enseignante choisit l'apprentissage par problèmes lorsqu'elle veut :

- engager activement les élèves dans leur apprentissage ;
- améliorer les habiletés de collaboration entre les pairs ;
- développer l'autonomie des élèves ;
- soutenir l'utilisation des habiletés de haut niveau (application, analyse, synthèse et évaluation) ;
- favoriser l'intégration des connaissances et leur transfert.

L'apprentissage par problèmes mène au développement de stratégies cognitives (émission d'hypothèses qui reposent sur les connaissances antérieures, résolution de problèmes) et métacognitives (capacité de recherche, identification des forces et des faiblesses) et permet d'améliorer les habiletés interpersonnelles (capacité à communiquer avec les autres). Finalement, il motive les élèves à apprendre, car ils ont à résoudre des problèmes en lien avec des situations réelles ou réalistes.

Comment l'intégrer à sa pratique ?

Un apprentissage par problèmes se réalise généralement en équipes supervisées par un tuteur. Les élèves se rencontrent de trois à six heures chaque semaine pour travailler sur un problème (c'est ce que l'on appelle « rencontres tutoriales »). Le rôle du tuteur est d'aider les élèves dans leur démarche d'apprentissage, que ce soit dans l'atteinte des objectifs académiques ou dans l'atteinte des objectifs relevant de l'interaction entre les élèves. Hors des rencontres tutoriales, les élèves travaillent de façon autonome.

Si l'apprentissage par problèmes se déroule sur plusieurs jours, les élèves sont invités à faire leur recherche à la bibliothèque ou à l'aide d'Internet. Le tuteur peut aussi concevoir ce que Guilbert et Ouellet (1997) nomment des « APP micro », c'est-à-dire des apprentissages par problèmes qui sont effectués à petite échelle à l'intérieur d'un cours (de une à trois périodes). Dans ce cas, le tuteur rend tout le matériel nécessaire disponible sur place.

Il existe plusieurs modèles d'apprentissage par problèmes. Bien que les étapes qu'ils proposent soient différentes, ces modèles comportent tout de même de grandes similitudes :

- Certaines étapes sont réalisées individuellement, d'autres en équipes.
- La démarche n'est jamais linéaire. Des retours sont toujours possibles et souhaitables.

- Certaines étapes font appel à la pensée convergente, d'autres, à la pensée divergente.
- Le travail d'analyse et de synthèse est omniprésent au cours de la démarche.

Les étapes présentées ci-dessous et utilisées dans la démarche d'apprentissage (voir page 96) répondent à ces caractéristiques. La figure 5.1 et la description qui suit expliquent de façon plus détaillée les étapes de réalisation d'un apprentissage par problèmes (Dumais et Des Marchais, 1996 ; Guilbert et Ouellet, 1997).

FIGURE 5.1

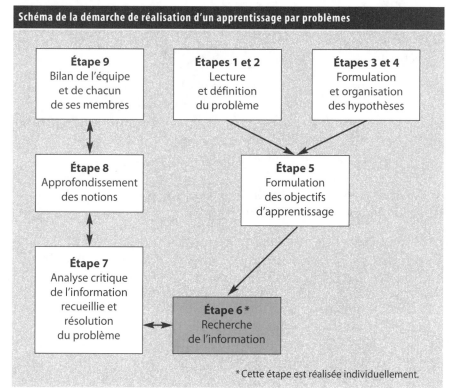

Schéma de la démarche de réalisation d'un apprentissage par problèmes

Étape 9
Bilan de l'équipe et de chacun de ses membres

Étapes 1 et 2
Lecture et définition du problème

Étapes 3 et 4
Formulation et organisation des hypothèses

Étape 8
Approfondissement des notions

Étape 5
Formulation des objectifs d'apprentissage

Étape 7
Analyse critique de l'information recueillie et résolution du problème

Étape 6*
Recherche de l'information

* Cette étape est réalisée individuellement.

Étapes 1 à 5, réalisées en équipes

1. Lecture du problème

Objectif : identifier tous les indices du problème et utiliser la terminologie appropriée.

Durant la lecture du problème, les élèves relèvent tous les indices pouvant être utiles à sa résolution. Ils vérifient, dans un dictionnaire ou un ouvrage de référence, le sens des termes nouveaux et des notions présentées.

Composantes d'un réseau de concepts (Bégin, 2005)

Un réseau est constitué de nœuds qui correspondent aux concepts (ou idées). Chaque concept est relié par une flèche à au moins un autre concept. Chaque flèche correspond à une relation entre deux concepts. Le sens de la flèche est déterminé par le sens de la relation entre les concepts. La relation est habituellement exprimée par un verbe. Il est possible qu'une relation corresponde à un qualificatif qui exprime une caractéristique d'un concept par rapport à l'autre. Un concept ne doit apparaître qu'une seule fois dans le réseau, peu importe s'il est relié, dans un sens ou l'autre, à plus d'un concept.

2. Définition du problème
Objectif : identifier les caractéristiques du problème.

Les élèves, après avoir effectué une analyse des indices, tentent de définir le problème en identifiant ses caractéristiques. Il faut alors départager ce qui est en lien avec le problème de ce qui est accessoire au problème.

3. Formulation des hypothèses
Objectif : formuler des hypothèses explicatives.

Les élèves ont pour tâche de formuler toutes les hypothèses explicatives possibles en se basant sur leurs connaissances antérieures et leur intuition.

4. Organisation des hypothèses
Objectif : hiérarchiser les hypothèses.

Les élèves effectuent un retour sur les hypothèses formulées afin d'établir une hiérarchie entre elles, allant de celle qui est la plus valable à celle qui est la moins valable. Ils tentent ensuite de schématiser le problème de manière à en faciliter l'étude. Le réseau de concepts est souvent privilégié pour réaliser cette schématisation.

5. Formulation des objectifs d'apprentissage
Objectif : élaborer un plan d'étude.

Les hypothèses et les questions qu'elles soulèvent amènent les équipes à préciser les objectifs d'apprentissage et à se tracer un plan d'étude qui énumère les renseignements dont elles ont besoin.

Les étapes 1 à 5 s'effectuent lors de la première rencontre tutoriale et visent généralement à élaborer un réseau de concepts.

Étape 6, réalisée individuellement

6. Recherche de l'information
Chaque élève consulte des ressources documentaires ou humaines afin de trouver les renseignements nécessaires à la résolution du problème. Cette étape est réalisée individuellement entre deux rencontres tutoriales.

Étapes 7 à 8, réalisées en équipes

7. Analyse critique de l'information recueillie et résolution du problème
Objectif : analyser l'information obtenue et tenter de résoudre le problème.

Les élèves d'une équipe mettent en commun les renseignements recueillis et évaluent leur pertinence et leur validité (toutes les sources d'information n'ayant pas la même valeur). Ensuite, ils reprennent l'analyse du problème pour vérifier si la nouvelle information obtenue permet de le résoudre. Parfois de nouvelles hypothèses ou de nouvelles questions émergent. Les élèves peuvent être amenés à dégager des généralisations. À cette étape, le tuteur doit s'assurer que chaque membre de l'équipe a bien assimilé les différents éléments d'information.

8. Approfondissement des notions
Objectif : identifier des notions à approfondir.

Les élèves identifient des notions ou des questions qu'ils aimeraient approfondir à la suite de leurs nouvelles découvertes.

Étape 9, réalisée individuellement et en équipes

9. Bilan de l'équipe et de chacun de ses membres
Objectif : analyser son fonctionnement à l'intérieur de l'équipe et établir l'état de ses connaissances.

Chaque élève, à l'aide d'outils d'autoévaluation, effectue son bilan personnel en tant que membre de l'équipe et participant au processus de résolution de problèmes. Il fait le bilan des connaissances acquises et des habiletés développées. Ensuite, les membres de l'équipe analysent la dynamique du groupe et l'efficacité de son processus de résolution de problèmes. Pour ce faire, ils discutent des difficultés rencontrées et des améliorations à apporter.

Les exemples suivants illustrent une démarche d'apprentissage par problèmes au primaire et au secondaire.

Démarche d'apprentissage par problèmes au primaire

Titre de la situation d'apprentissage	Nouveau Dewey [1]	
Domaines généraux de formation	**Orientation et entrepreneuriat :** Conscience de soi, de son potentiel et de ses modes d'actualisation (connaissance des ressources du milieu scolaire, des voies d'apprentissage et de leurs exigences ainsi que des enjeux liés à la réussite dans les disciplines scolaires).	
Compétences transversales	**D'ordre intellectuel** ☑ Résoudre des problèmes **(CT2)** [2]	**D'ordre méthodologique** ☑ Se donner des méthodes de travail efficaces **(CT5)**
But de la tâche	Élaborer un nouveau classement des livres pour les élèves de 1re année.	
Domaines d'apprentissage et compétences disciplinaires	**Langues** ☑ Lire des textes variés **(CD-L1)**	**Mathématique, science et technologie** ☑ Raisonner à l'aide de concepts et de processus mathématiques **(CD-M2)**
Matériel nécessaire	Manuel de français et de mathématique des élèves de 1re année du primaire. Accès à la bibliothèque et à la banque de livres à classer : http://www.ebsi.umontreal.ca/jetrouve/biblio/rayons.htm#adresse http://www.mels.gouv.qc.ca/lecture/index.asp?page=systemeClassification http://www.banq.qc.ca/portail_jeunes/tout_savoir/collections_gouts_ages/abc_organisation_collections.jsp	
Particularités de la démarche — **Regroupement des élèves**	En équipes de 3 ou de 4. L'hétérogénéité des équipes est préconisée. Les équipes doivent être déterminées en fonction des compétences à lire des élèves et de leur capacité à résoudre des problèmes.	
Énoncé de la situation-problème	La bibliothèque scolaire a décidé de réserver un coin particulier pour les élèves de 1re année, afin de faciliter le repérage des livres. Les bibliothécaires sont d'avis que le système de classement Dewey est trop complexe pour eux. On vous demande de les aider en leur proposant un système sans chiffre qui serait adapté à leurs compétences et à leur niveau de compréhension. Que pourriez-vous leur proposer ?	
Rupture (conflit cognitif)	Les élèves doivent comprendre quelques principes de classement importants pour pouvoir proposer un système fonctionnel et adéquat : • types de livres : périodiques, livres de fiction, livres documentaires, ouvrages de référence ; • principes du système décimal ; • cotes ; • ordre alphabétique.	
Moment de l'activité	Vers le mois de janvier, au moment où les élèves de 1re année commencent à être plus autonomes en lecture.	
Durée approximative	5 à 6 périodes de 60 minutes.	
Niveau	Primaire, 2e ou 3e cycle	

(suite p. 97)

1. Les auteures remercient Danielle Perreault, la bibliothécaire de l'UQÀM, pour la validation de cette activité.

2. Les composantes des compétences « Résoudre des problèmes » **(CT2)** et « Se donner des méthodes de travail efficaces » **(CT5)** sont intégrées dans le texte. Il en est de même des compétences disciplinaires en langues **(CD-L1)** et en mathématique **(CD-M2)**.

	Rôle de l'enseignante	Rôle des élèves

Préparation aux apprentissages (étapes 1 à 5)	**Lecture et présentation du problème, clarification des termes peu familiers et identification du problème**
	• L'enseignante présente le problème aux élèves : « La bibliothèque scolaire a décidé de réserver un coin particulier pour les élèves de 1re année, afin de faciliter le repérage des livres. Les bibliothécaires sont d'avis que le système de classement Dewey est trop complexe pour eux. On vous demande de les aider en leur proposant un système sans chiffre qui serait adapté à leurs compétences et à leur niveau de compréhension. Que pourriez-vous leur proposer ? »
	
	Formulation et hiérarchisation d'hypothèses
	• Elle invite les élèves à formuler quelques hypothèses de départ.
	
	Formulation des objectifs d'apprentissage et organisation du travail d'équipe
	• Elle annonce les compétences visées par la situation-problème (voir tableau-synthèse à la page 96).
	• Elle laisse du temps aux élèves pour identifier les éléments qui pourraient faire partie de la démarche de collecte d'information.
		• Les élèves écoutent et réfléchissent individuellement au problème ; ils notent leurs idées au besoin.
		• Ils discutent en équipe du problème suggéré par l'enseignante et font des liens avec ce qu'ils connaissent sur :
		  – le système de classement des livres ;
		  – le niveau de lecture et de compréhension des concepts mathématiques des élèves de 1re année.
		• Ils analysent le problème afin d'en cerner les grands thèmes (**CT2**).
		• Ils se posent des questions afin de clarifier certains éléments du problème à résoudre et de situer le contexte particulier des élèves de 1re année (**CT5**).
		
		• Ils formulent quelques hypothèses à partir des données de départ de leurs connaissances antérieures et de leur intuition.
		• Ils prennent conscience des compétences visées par la démarche et les objectifs à atteindre (**CT5**).
		• Ils discutent du rôle et des ressources de chacun afin de se répartir les tâches au sein de l'équipe.
		• Ils élaborent une liste de ressources pertinentes pour résoudre le problème :
		  – rencontre avec les élèves de 1re année ;
		  – rencontre avec une bibliothécaire ;
		  – visites de sites Internet ;
		  – discussion avec les enseignantes de 1re année.

Réalisation des apprentissages (étapes 6 à 8)	**Recherche de l'information** • Elle propose aux élèves d'entamer leurs recherches personnelles. Elle les invite à demander l'aide d'un tuteur (si nécessaire). **Analyse critique de l'information et résolution du problème** • Elle encourage les élèves à se regrouper afin de mettre en commun l'information recueillie et les solutions proposées. • Elle circule dans les équipes afin d'encourager les discussions, le partage équitable des idées et les opinions de chacun.	• Ils entreprennent des recherches individuelles en fonction des éléments du problème à résoudre. • Ils lisent des textes sur le sujet (**CD-L1**). • Ils consultent des sites Internet (**CD-L1**). • Ils explorent le matériel pédagogique à l'intention des élèves du 1er cycle dans le but de mieux cerner le niveau d'apprentissage de ces élèves. • Ils s'informent à propos des divers genres littéraires et des types d'écrits (**CD-L1**). • Ils se remémorent les principes des décimales ainsi que l'ordre et la représentation des nombres entiers (**CD-M2**). • Ils se réunissent régulièrement entre leurs recherches afin de générer et d'inventorier des pistes de solution (**CT2**). • Ils visualisent la situation résolue (**CT2**) et font appel à la créativité (**CT5**). • Ils mettent en commun de l'information et anticipent sur les exigences de la solution retenue (**CT5**).

(suite p. 98)

	Rôle de l'enseignante	Rôle des élèves

Réalisation des apprentissages (étapes 6 à 8) (suite)	• L'enseignante propose des activités ou des rencontres pouvant alimenter le processus de décision des élèves à l'égard du problème soulevé et leur permettant d'approfondir certaines notions.
	• Elle encourage les élèves à élaborer un plan d'action réaliste et fidèle aux données de départ.
	• Elle les invite à amorcer l'application du plan d'action en présentant leurs solutions aux intervenants concernés :
	  – enseignantes ;
	  – bibliothécaires ;
	  – élèves.
		• Les élèves participent à certaines activités communes afin d'approfondir des notions liées à la problématique.
		• Ils élaborent un plan d'action à partir de la synthèse de l'information obtenue, afin de répondre à la consigne de départ : concevoir un nouveau classement des livres pour les élèves de 1re année.
		• Ils mettent en pratique la piste de solution retenue et jugent de son efficacité (**CT2**).
		• Ils présentent la solution de leur équipe aux enseignantes et à la responsable de la bibliothèque.
		• Ils prennent connaissance de la proposition retenue. L'équipe dont la proposition a été retenue fait les ajustements nécessaires et modifie la solution au besoin.
		• Ils rencontrent les élèves de 1re année afin de leur expliquer le fonctionnement de leur système.

Intégration des apprentissages (étape 9)	**Retour : bilan de l'équipe et de chacun des membres**
	• Elle fait un retour sur les compétences visées par l'activité avec les élèves.
	• Elle les amène à identifier les apprentissages réalisés et les difficultés rencontrées.
	• Elle invite la classe et le comité d'évaluation des projets à commenter les solutions de chaque équipe.
	• Elle encourage les élèves à évaluer leur démarche de résolution de problèmes :
	  – en équipe ;
	  – individuellement.
		• Ils prennent conscience de la pertinence de cette activité pour eux et pour les élèves de 1re année. Ils font des liens avec l'importance des ressources du milieu pour réaliser des apprentissages.
		• Ils dégagent les éléments de réussite et analysent les difficultés éprouvées dans la résolution du problème (**CT2**).
		• Ils évaluent les limites et l'efficacité de leur démarche et en dégagent des leçons (**CT5**).
		• Ils effectuent un retour sur les étapes franchies (**CT2**).

Tableau-synthèse

Titre de la situation d'apprentissage	Liberté pour tous [1]
Domaines généraux de formation	**Vivre-ensemble et citoyenneté :** valorisation des règles de vie en société et des institutions démocratiques (processus démocratique d'élaboration des règles de la vie scolaire, municipale, nationale ou internationale ; principes de la démocratie ; chartes et lois fondamentales ; acteurs de la vie démocratique et valorisation des rôles de chacun ; droits et responsabilités liés aux institutions démocratiques).

Compétences transversales	**D'ordre intellectuel** ✓ Résoudre des problèmes (**CT2**)	**D'ordre personnel et social** ✓ Actualiser son potentiel (**CT7**)

But de la tâche	Le concours « Liberté pour tous » invite les participants à élaborer un projet de promotion à la liberté pour tous dans l'école.

Domaines d'apprentissage et compétences disciplinaires	**Langues** ✓ Lire et apprécier des textes variés (**CD-L1**)	**Développement personnel** ✓ Se positionner, de façon réfléchie, sur des enjeux éthiques (**CD-EM2**) Pratiquer le dialogue dans la perspective du vivre-ensemble (**CD-EM3**)

Matériel nécessaire	**Sites Internet :** <www.amnistie.ca>, <www.unicef.org>, <http://lois.justice.gc.ca/fr/charte/index.html> **Textes philosophiques :** <http://fr.wikipedia.org/wiki/Friedrich_Nietzsche> <http://www.cvm.qc.ca/ccollin/portraits/marx.htm>, <http://fr.wikipedia.org/wiki/Karl_Marx> **Film :** *Jonathan Livingston* **Textes littéraires :** des poèmes de Victor Hugo <http://poesie.webnet.fr/poemes/France/hugo/2.html> et de Paul Éluard **Romans :** *La chèvre de monsieur Séguin*, *Alexis d'Haïti* **Chansons sur le thème de la liberté :** Serge Reggiani : *Ma liberté* sur *Les loups sont entrés dans Paris* (1967) ; Michel Fugain : *La liberté, demandez-la* sur *Un café et l'addition* (1988) ; Pierre Perret : *Amour Liberté Vérité* dans *Pierrot la Révolte* (1994) ; Mano Solo : *La Liberté* sur *Je sais pas trop* (1997) ; Florent Pagny : *Ma liberté de penser* sur *Ailleurs Land* (2003) ; Jean-Pascal : *Rue de la liberté* sur *Jean-Pascal, qui es-tu ?* (1997) ; Lady Alyass : *Profite de ta liberté* (années 2000).

Particularités de la démarche	**Regroupement des élèves**	En équipes de 3 ou de 4 élèves.
	Énoncé de la situation-problème	Qui bénéficie d'une plus grande liberté ? Un prisonnier condamné à vie, le président d'une multinationale ou l'élève dans sa classe ?
	Rupture (conflit cognitif)	La liberté est souvent associée aux déplacements, aux agissements, à l'expression, à l'autonomie et, parfois même, à la richesse. Mais la liberté est surtout celle de l'âme, de la pensée et de la conscience. L'adolescent revendique souvent son droit à la liberté. Il en est de même pour les plus démunis, les plus riches, les gens les plus admirés sur la planète. Y a-t-il une liberté pour tous ?

Moment de l'activité	Tout au long de l'année, lors d'événements médiatisés, s'il y a lieu.
Durée approximative	5 ou 6 périodes de 60 minutes.
Niveau	Secondaire, 1er ou 2e cycle.

(suite p. 100)

1. Les auteures remercient Nathalie Bedwani, enseignante à l'école secondaire Cap-Jeunesse (CSRN), pour la validation de cette activité.

	Rôle de l'enseignante	Rôle des élèves
Préparation aux apprentissages (étapes 1 à 5)	**Lecture et définition du problème** • L'enseignante présente le problème aux élèves : « Qui bénéficie d'une plus grande liberté ? Un prisonnier condamné à vie, le président d'une multinationale ou l'élève dans sa classe ? » Vous avez décidé de participer au concours « Liberté pour tous » dans lequel on invite les participants à élaborer un projet de promotion de la liberté pour tous dans l'école. **Formulation et organisation des hypothèses** • Elle invite les élèves à formuler quelques hypothèses de départ. **Formulation des objectifs d'apprentissage et organisation du travail d'équipe** • Elle annonce les compétences visées par la situation-problème (voir tableau-synthèse, p. 99) et invite les élèves à se fixer des buts, individuellement et en équipe, en lien avec ces compétences. • Elle laisse du temps aux élèves pour identifier les éléments qui pourraient faire partie de la démarche de collecte d'information et établir un plan d'étude.	• Les élèves écoutent et réfléchissent individuellement au problème ; ils notent leurs idées sur une feuille. • Ils discutent ensuite en équipe du problème apporté par l'enseignante et font des liens avec leur propre réalité. Ils cernent la question, l'objet de réflexion. • Ils analysent le problème afin d'en cerner les enjeux et les concepts principaux. • Ils font des liens entre des situations significatives et les valeurs de chacun par rapport au problème soulevé (**CD-EM2**). • Ils cernent le contexte du problème, en prenant conscience de ses éléments déterminants et des liens qui les unissent. • Ils formulent quelques hypothèses à partir des données de départ, de leurs connaissances antérieures et de leur intuition. • Ils prennent conscience des compétences visées par la démarche. • Ils se fixent des buts à court et à long termes (**CT7**). • Ils discutent du rôle et des ressources de chacun afin de se répartir les tâches au sein de l'équipe.
Réalisation des apprentissages (étapes 6 à 8)	**Recherche de l'information** • Elle propose aux élèves d'entamer leurs recherches personnelles. Elle les invite à demander l'aide d'un tuteur (si nécessaire).	• Ils entreprennent des recherches individuelles en fonction des éléments du problème à résoudre et de la répartition des tâches. • Ils lisent des textes documentaires disponibles sur Internet et évaluent la véracité du contenu (**CD-L1**). • Ils lisent et apprécient des œuvres littéraires dans lesquelles les auteurs s'expriment sur la liberté (**CD-L1**). *(suite p. 101)*

	Rôle de l'enseignante	Rôle des élèves
Réalisation des apprentissages (étapes 6 à 8) (suite)	**Analyse critique de l'information et résolution du problème en équipe** • L'enseignante encourage les élèves à se regrouper afin de mettre en commun l'information recueillie et les solutions proposées. • Elle circule dans les équipes afin d'encourager les discussions, le partage équitable des idées et les opinions de chacun. • Elle propose des activités ou des rencontres pouvant alimenter le processus de décision des élèves à l'égard du problème soulevé et leur permettant d'approfondir certaines notions. • Elle encourage les élèves à élaborer un plan d'action réaliste et fidèle aux données de départ. • Elle les invite à amorcer l'application du plan d'action qui sera présenté au comité d'évaluation des projets.	• Les élèves se réunissent régulièrement entre les recherches afin de générer et d'inventorier des pistes de solutions. • Ils expriment leurs opinions et affirment leurs choix (**CT7**). • Ils confrontent leurs points de vue (**CD-EM2**). • Ils mettent en commun de l'information et dégagent des différences et des ressemblances entre différentes opinions et divers points de vue en tenant compte de la situation (**CD-EM2**). • Ils participent à certaines activités communes afin d'approfondir des notions liées à la problématique. • Ils élaborent un plan d'action à partir de la synthèse de l'information obtenue afin de répondre à la consigne de départ : concevoir un projet de promotion de la liberté pour tous dans l'école. • Ils transmettent au comité d'évaluation des projets de mise en pratique de leur solution.

Intégration des apprentissages (étape 9)	**Retour : bilan de l'équipe et de chacun des membres**
	• Elle fait un retour sur les compétences visées par l'activité avec les élèves.
	• Elle les amène à identifier les apprentissages réalisés et les difficultés rencontrées en lecture et en développement personnel.
	• Elle invite la classe et le comité d'évaluation des projets à commenter les solutions de chaque équipe.
	• Elle encourage les élèves à évaluer leur démarche de résolution de problèmes :
	  – en équipe ;
	  – individuellement.
	• Elle propose aux élèves de donner suite au projet.
		• Ils prennent conscience de la pertinence de cette activité pour eux et considèrent les retombées de différentes visions de l'être humain sur le vivre-ensemble (**CD-EM2**).
		• Ils dégagent les éléments de réussite et analysent les difficultés éprouvées dans la résolution du problème (**CT2**) (**CD-L1**).
		• Ils évaluent leurs réalisations (**CT7**).
		• Ils effectuent un retour sur les étapes franchies (**CT2**).
		• Ils reconnaissent les conséquences de leurs actions sur leurs succès et leurs difficultés (**CT7**).
		
		• Ils proposent d'autres idées de projets en lien avec le thème de la liberté.

Quels rôles y joue le tuteur ?

Pour le tuteur, l'apprentissage par problèmes est un défi à bien des égards. Il doit choisir ce qui est essentiel à apprendre, planifier l'ensemble du processus ainsi que l'évaluation des différents apprentissages, développer du matériel pertinent et abandonner son rôle de transmetteur des connaissances.

Identifier l'essentiel

Le tuteur en apprentissage par problèmes doit, dans un premier temps, cerner les objectifs essentiels à atteindre dans le cours. Tous les contenus habituels ne peuvent être couverts en apprentissage par problèmes. Il faut savoir choisir.

Se constituer une banque de problèmes

Il faut du même coup choisir les problèmes qui permettront l'atteinte des objectifs visés. Plus ces derniers simulent la réalité de la pratique, plus ils sont intéressants pour les élèves (Soucisse, Mauffette et Kandlbinder, 2003). Pour construire une banque de problèmes, le tuteur observe des situations, des phénomènes qui posent problèmes aux élèves ou réalise des entrevues auprès des professionnels du milieu.

Rédiger la situation-problème

Lorsque l'on rédige une situation-problème à partir d'une situation réelle, il faut d'abord la mettre en contexte, puis la décrire sans prendre position. Ce travail de rédaction devrait idéalement être réalisé en équipe supervisée par un tuteur. La situation-problème doit mener à une activité de résolution de problèmes à l'aide de questions posées à l'élève, questions qui visent à l'orienter vers les nouvelles connaissances à acquérir. Elle peut même comporter des enjeux éthiques ou moraux. La situation-problème doit toujours être adaptée en fonction des connaissances antérieures de l'élève. Elle doit se situer dans ce que Vygotski (1985) nomme la « zone de développement proximal ».

Barrows (1986) identifie quatre catégories de problèmes pouvant guider la rédaction de situations-problèmes :

- les problèmes de base qui permettent aux élèves de se familiariser avec un éventail de connaissances larges ;
- les problèmes incontournables qui font partie des problèmes les plus fréquemment éprouvés ;
- les problèmes graves qui peuvent avoir d'importantes conséquences s'ils ne sont pas résolus correctement ;
- les problèmes comportant des enjeux sociaux et économiques qui peuvent donner lieu à des situations-problèmes intéressantes à aborder.

Une fois la situation-problème rédigée, le tuteur cerne les questions soulevées qui sont restées sans réponses et produit un réseau intégrateur de concepts (Cantin, Lacasse et Roy, 1996). Ensuite, il doit évidemment s'assurer que les ouvrages de référence et les ouvrages complémentaires lui sont disponibles et que les ressources nécessaires sont accessibles aux élèves. Si l'apprentissage par problèmes se déroule sur plusieurs jours, les élèves sont invités à faire leur recherche à la bibliothèque ; s'il s'agit d'un APP micro, il est préférable de fournir les ressources en classe.

Changer de rôle

Pour que tout cela soit possible, il faut évidemment que le tuteur accepte de guider l'élève dans la construction de son savoir. Il ne s'agit pas pour le tuteur d'assumer un rôle de transmetteur de savoirs (Barrows, 1996 ; Major, 1998). Pour parvenir à cette fin, il peut avoir recours au questionnement auprès des élèves et mettre en œuvre une nouvelle forme de collaboration entre eux.

Évaluer dans le cadre de l'apprentissage par problèmes

Le tuteur fait appel aux évaluations formatives et sommatives pour vérifier :

* les connaissances acquises ;
* les aptitudes de résolution de problèmes développées ;
* l'atteinte des objectifs d'autonomie et d'autoapprentissage ;
* la collaboration entre les élèves.

Quel rôle y joue l'élève ?

Dans le cadre de l'apprentissage par problèmes, les élèves recourent à l'autoquestionnement et au processus de résolution de problèmes, avec le soutien du tuteur. Ils travaillent, hors des rencontres tutoriales, de façon autonome en utilisant les ressources mises à leur disposition ou en consultant les personnes ressources désignées. L'apprentissage par problèmes peut être particulièrement difficile à vivre pour certains élèves. Il peut, par exemple, demander beaucoup d'énergie à l'élève qui a de la difficulté à travailler en groupe ou laisser dans l'incertitude celui qui a besoin que le tuteur lui dise ce qu'il doit retenir ou ce qu'il doit faire.

Chaque élève joue un rôle dans l'équipe : il peut jouer le rôle de l'animateur, du secrétaire, du scribe ou encore du gestionnaire. L'animateur s'assure que l'équipe réalise toutes les étapes du travail. Il anime la discussion sur la situation-problème et amène l'équipe à clarifier ses idées en faisant au besoin une synthèse. Il suscite la participation de chacun des membres de l'équipe ; il aura donc, selon les circonstances, à freiner les interventions de certains élèves pour donner la chance à chacun de s'exprimer, ou encore, à en inciter d'autres moins à l'aise en groupe à intervenir. Le secrétaire note au tableau les propos des coéquipiers durant le travail et s'assure de leur clarté. Il ne doit pas censurer les propos ; il doit essayer de rendre avec exactitude les échanges de l'équipe en les résumant. Le scribe note sur papier les éléments importants inscrits au tableau et distribue à chaque membre de l'équipe une copie. Ainsi, les membres de l'équipe n'ont pas besoin de prendre des notes pendant les échanges. Le gestionnaire s'assure que l'équipe respecte le temps alloué pour réaliser le travail. Il voit aussi à établir le pont entre les membres de l'équipe et le tuteur et à gérer la distribution du matériel aux coéquipiers. Chaque fois que l'équipe amorce un nouvel apprentissage par problèmes, les rôles sont redistribués pour la durée de l'activité.

EN CONCLUSION

L'apprentissage par problèmes répond à l'ensemble des principes pédagogiques sur lesquels reposent les programmes qui ont été développés dans les courants socioconstructiviste et cognitiviste. Il peut être utilisé à tous les ordres d'enseignement et dans toutes les disciplines qui mettent en jeu des situations plus ou moins complexes de résolution de problèmes.

INTÉGRATION DES APPRENTISSAGES

 1. Le Ministère de l'Éducation, du Loisir et du Sport (MÉLS) vous donne le mandat d'élaborer en équipe 2 problèmes ouverts qui permettraient aux élèves de mobiliser les savoirs essentiels des programmes de formation. Ces problèmes doivent :

- présenter un défi par l'utilisation de différents processus d'analyse et de résolution de problèmes ;
- viser des objectifs précisés par les programmes de formation ;
- être adaptés aux élèves ;
- être réels ou authentiques (dans la mesure du possible) ;
- être complexes et aller au-delà de l'application ou de la révision ;
- être rédigés dans un langage clair et être adaptés aux groupes d'élèves ;
- être validés par des experts ou des collègues de travail et des enseignantes du milieu.

 2. Pour garder en tête les nouvelles notions acquises, faites un bilan des savoirs (voir p. 105) et une synthèse que vous placerez ensuite dans votre dossier professionnel.

Bilan des savoirs	Oui, beaucoup mieux.	Non, je m'interroge encore.
Je peux faire la distinction entre problème, démarche de résolution de problèmes et situation-problème.	☐	☐
Je connais les avantages de l'apprentissage par problèmes pour les élèves.	☐	☐
Je peux nommer des contextes d'utilisation de l'apprentissage par problèmes.	☐	☐
Je peux distinguer un vrai problème d'un problème qui ne l'est pas.	☐	☐

Pour en savoir plus

De Vecchi, Gérard et Nicole Carmona-Magnaldi. 2002. *Faire vivre de véritables situations problèmes*. Paris : Hachette Éducation, 251 p.

Guilbert, Louise et Lise Ouellet. 1997. *Études de cas : Apprentissage par problèmes*. Sainte-Foy (Québec) : Presses de l'Université du Québec, 136 p.

Pruneau, Diane et Claire Lapointe. 2002. « Un, deux, trois, nous irons aux bois ». *Éducation et francophonie*. Vol. XXX, n° 2 (automne), p. 257-272. En ligne. <http://www.acelf.ca/c/revue/pdf/XXX_2_241.pdf>. Consulté le 31 juillet 2011.

Distinction entre l'APP et d'autres modèles d'enseignement

Edutechwiki. 2007. « Apprentissage par projet et apprentissage par problème : identiques ou différents ? » In *Edutechwiki*. En ligne. <http://edutechwiki.unige.ch/fr/Apprentissage_par_projet_et_apprentissage_par_probl%C3%A8me_:_identiques_ou_diff%C3%A9rents%3F>. Consulté le 31 juillet 2011.

Saut quantique. 2007. « L'APP en détail ». In *Le Saut quantique*. En ligne. <http://www.apsq.org/sautquantique/doss/d-appdetail.html>. Consulté le 31 juillet 2011.

Woods, Don. (s.d.). *Problem-Based Learning, especially in the context of large classes*. En ligne. <http://chemeng.mcmaster.ca/pbl/pbl.htm>. Consulté le 31 juillet 2011.

APP et situations-problèmes au secondaire

Université Laval. 2006. *Pistes*. En ligne. <http://www.pistes.fse.ulaval.ca/frames.php?url=accueil.php>. Consulté le 31 juillet 2011.

(suite p. 106)

Pour en savoir plus (suite)

APP et situations-problèmes au collégial

Cégep de Sainte-Foy. 2005. *Guide d'appropriation de l'apprentissage par problèmes*. En ligne. <http://app.cegep-ste-foy.qc.ca/index.php?id=605>. Consulté le 31 juillet 2011.

Saut quantique. 2006. « L'APP en détail ». In *Le Saut quantique*. En ligne. <http://www.apsq.org/sautquantique/doss/d-appdetail.html>. Consulté le 31 juillet 2011.

APP et situations-problèmes à l'université

Queen's University, Faculty of Health Sciences. 2007. *Problem-Based Learning Home Page*. En ligne. <http://www.qub.ac.uk/sites/CentreforExcellenceinActiveandInteractiveLearning/BiosciencesProject/ActiveandInteractiveLearning/NonTechnologyAssistedAILExercises/ProblemBasedLearning/>. Consulté le 2 août 2011.

Université de Genève, Faculté de médecine. 2004. *Formats d'apprentissage : APP*. En ligne. <http://www.unige.ch/medecine/enseignement/formationsDeBase/medecineHumaine/formatsApprentissage/app.html>. Consulté le 31 juillet 2011.

University of Delaware. 2006. *Problem-Based Learning*. En ligne. <http://www.udel.edu/pbl/>. Consulté le 31 juillet 2011.

Illinois Mathematics and Science Academy. 2006. *Problem-Based Learning*. En ligne. <http://www2.imsa.edu/programs/pbln/>. Consulté le 31 juillet 2011.

Apprentissage expérientiel

Louise Ménard

PRÉPARATION AUX APPRENTISSAGES

Portrait des savoirs	Non, pas vraiment.	Oui, je fais une hypothèse.
Je connais le modèle de l'apprentissage expérientiel et je peux l'expliquer dans mes mots.	☐	☐
Je peux nommer les avantages et les limites du modèle d'apprentissage expérientiel.	☐	☐
Je peux expliquer pourquoi ce modèle est un modèle d'apprentissage et non un modèle d'enseignement.	☐	☐
Je sais comment l'intégrer à ma pratique en donnant des exemples.	☐	☐
Je peux faire des liens entre les programmes de formation actuels et l'apprentissage expérientiel.	☐	☐

Ce chapitre présente l'apprentissage expérientiel comme modèle d'enseignement inspiré du courant socioconstructiviste. La pratique d'apprentissage permet en premier lieu de faire appel à ses connaissances actuelles sur le sujet. En deuxième lieu, la théorie d'apprentissage apporte un éclairage sur ce qu'est l'apprentissage expérientiel et ses origines. Il est également question de son application en classe (le pourquoi et le comment). Enfin, un questionnement à la fin de ce chapitre permet l'intégration des apprentissages.

RÉALISATION DES APPRENTISSAGES

PRATIQUE D'APPRENTISSAGE

Expérience concrète

 1. Lisez le texte sur l'apprentissage expérientiel proposé au site suivant : http://www.pedagonet.com/other/STRTGIE.htm. Essayez de répondre aux questions suivantes :

- Quel est le but de l'apprentissage expérientiel ?
- Que pensez-vous de ce modèle ?
- Selon vous, ce modèle permet-il à l'élève d'être actif dans ses apprentissages ?
- Donnez 3 exemples d'activités découlant de ce modèle.

Observation réfléchie

Que pensez-vous des réponses que vous avez données aux différentes questions ? En quoi les réponses sont-elles différentes ? Selon vous, comment peut-on expliquer ces différences ? Existe-t-il des questions plus utiles que d'autres ? Qu'est-ce qu'une bonne question ? Comment rédige-t-on de bonnes questions ?

Conceptualisation abstraite

Il n'y a pas de bonnes ou de mauvaises questions, mais des questions mieux adaptées aux contextes ou aux situations. En général, on s'entend pour dire qu'il y a deux grands types de questions et cinq ou six niveaux de questionnements.

Des questions fermées (courtes) et des questions ouvertes (à développement). Les questions fermées se divisent en deux : les questions oui / non et les questions à réponses courtes. Les questions à développement commencent souvent par des mots interrogatifs tels que « pourquoi », « comment » ou par des expressions comme « qu'en pensez-vous ? ».

Voici des exemples de types de questions :

- Es-tu d'accord avec cet énoncé ?
- Pourquoi l'auteur s'exprime-t-il de cette façon ?

- Quelle est ta perception maintenant ?
- Qui est l'auteur du texte ?

La taxonomie de Bloom a longtemps dicté les démarches de questionnements en enseignement. Selon sa taxonomie, il y a six niveaux de questionnements :

- Des questions littérales qui demandent d'énumérer, de mémoriser des noms ou des dates, de nommer des choses. Par exemple : « En quelle année le ministère de l'Éducation a-t-il été mis en place ? »
- Des questions de compréhension qui exigent la reformulation, la description ou l'explication. Par exemple : « Pourquoi le ministère de l'Éducation a-t-il été créé ? »
- Des questions d'application qui permettent entre autres de résoudre des problèmes concrets. Par exemple : « Que faut-il faire pour mettre en place un comité d'études efficace ? »
- Des questions d'analyse qui facilitent l'exploration et la comparaison. Par exemple : « Quelles distinctions faites-vous entre un programme d'enseignement et un programme d'apprentissage ? »
- Des questions synthèses qui amènent l'apprenant à produire quelque chose ou à proposer des solutions. Par exemple : « Quel serait votre projet final pour l'intégration des élèves en difficulté dans votre classe ? »
- Des questions d'évaluation qui permettent de juger de la valeur d'une idée ou d'une proposition à l'aide de critères précis. Par exemple : « En tenant compte des écrits sur la mise en place des nouveaux programmes de formation, quelle est votre opinion personnelle à ce sujet ? »

Les questions varient selon les contextes et les besoins. Par exemple, pour réaliser une recette, il faut se questionner sur les aliments disponibles. De bonnes questions seraient donc : « Qu'est-ce qu'il me manque pour faire cette recette ? ; « Quelle quantité dois-je utiliser ? » Ce genre de questions n'est pas très utile lors de la lecture d'un texte documentaire ou d'opinion. En effet, pour analyser un texte ou comprendre certaines théories, la meilleure catégorie de questions serait les questions à développement. Les cinq derniers niveaux de la taxonomie de Bloom correspondent à ce genre de questions.

Expérimentation active

2. Lisez un texte qui traite de la nature de l'apprentissage expérientiel. Élaborez 3 questions à développement pour un test de compréhension du modèle d'apprentissage expérientiel destiné aux enseignants, en formation ou en exercice. Vous pouvez consulter la section intitulée « Nature de l'apprentissage expérientiel » du texte disponible à l'adresse suivante : http://assoreveil.org/peda_actu_9.html.

THÉORIE D'APPRENTISSAGE

Qu'est-ce que l'apprentissage expérientiel ?

L'apprentissage expérientiel, ou l'apprentissage par l'expérience, n'est pas une approche nouvelle en éducation. Dewey (1933, 1938) mentionne cette approche explicitement dès ses premières publications. L'apprentissage expérientiel occupe une place importante dans le milieu de l'éducation au Québec, que ce soit en classe, en laboratoire ou en stage, du primaire à l'université. Ce chapitre présente l'apprentissage expérientiel en s'appuyant sur le modèle de Kolb (1984) et la perspective réflexive de Boud, Keogh et Walker (1985).

Plusieurs auteurs se sont intéressés à l'apprentissage expérientiel (Balleux, 2000). Certains chercheurs ont traité de l'apprentissage expérientiel à l'intérieur de la classe ; d'autres, à l'extérieur de la classe. En ce qui concerne l'apprentissage expérientiel en dehors de la classe, plusieurs travaux ont été publiés sur le sujet de l'éducation des adultes dans un cadre informel ou en milieu de travail. Bien que des révisions aient été apportées au modèle de Kolb (1984) par plusieurs auteurs, les caractéristiques suivantes sont généralement attribuées à l'apprentissage expérientiel :

* l'apprentissage expérientiel est centré sur la personne ;
* il résulte d'une démarche inductive dont l'expérience est le point de départ ;
* il s'intéresse au processus d'apprentissage et au produit de cet apprentissage.

En tenant compte du milieu scolaire et du fait que le modèle de Kolb (1984) et celui de Boud, Keogh et Walker (1985) sont les modèles adoptés ici, la définition suivante de l'apprentissage expérientiel est retenue : « [...] une démarche de connaissances lucide, continue et progressive, qui associe étroitement la réflexion et l'action en faisant d'eux des partenaires tout à fait indissociables. L'action nourrit la réflexion et la réflexion guide l'action. » (Cyr, 1981, p. 21). Il faut rappeler ici que, dans les modèles de l'apprentissage expérientiel, l'« expérientiel » réfère à l'expérience et n'implique pas nécessairement le recours à l'expérimentation scientifique. Il peut s'agir de l'expérience vécue par une personne en lien avec une autre personne, un objet, un événement, une situation ou un phénomène.

Il y a deux principes fondamentaux qui guident l'apprentissage expérientiel : le principe de continuité et le principe d'interaction (Dewey, 1938).

* Le premier, le principe de continuité, réfère à l'idée que l'expérience présente s'appuie sur les expériences antérieures et modifie les expériences futures. Par exemple, un enseignant fait une promenade

Tête chercheuse

Dewey (1933, 1938) identifie deux types de démarches expérientielles pouvant mener à l'apprentissage. Une première démarche essai-erreur est liée à une situation spécifique qui comporte une période d'expérimentation plus ou moins longue et n'est pas toujours garante d'un résultat. Il ne suffit pas de faire pour apprendre. Une deuxième démarche réflexive implique une activité qui permet la mise en relation des différents volets de l'expérimentation. Cette démarche réduit l'écart entre la pratique et la théorie en permettant d'en dépasser les limites.

en forêt avec des élèves issus d'un milieu urbain dans le but de les amener à identifier les conséquences que la déforestation peut avoir sur chacun d'eux. Cette expérience aura certainement un impact sur les perceptions futures que les élèves auront de la situation. Ainsi, il se pourrait qu'un élève développe un intérêt à ce sujet, qui pourra se manifester par des actions concrètes, comme la plantation d'arbres en ville.

- Le second principe, le principe d'interaction, correspond à l'idée que toute expérience résulte de l'interaction entre la subjectivité de la personne qui vit l'expérience et les conditions objectives de l'environnement physique et social dans lequel a lieu l'expérience. Par exemple, des élèves dont le gagne-pain familial provient de la coupe du bois font la même expérience de promenade en forêt. Dans ce cas, les élèves vivraient cette expérience, subjectivement et objectivement, de manière très différente que des élèves qui demeurent en ville et dont le gagne-pain familial ne provient pas de la forêt.

Selon les deux principes de l'apprentissage expérientiel, l'expérience possède un caractère cumulatif et évolutif. Par contre, un troisième principe, qui stipule que le lien entre la réflexion et l'expérience est au cœur de l'apprentissage expérientiel, devrait être formulé. Ainsi, il est nécessaire de réfléchir à ses expériences pour apprendre et trouver des réponses à ses questions. Selon Boud, Keogh et Walker (1985), les enseignants considèrent souvent que les élèves réfléchissent naturellement à leurs expériences. Or, selon ces chercheurs, la dimension de l'apprentissage expérientiel qui est la plus difficile pour les élèves est la réflexion. Ils ajoutent que la réflexion est un processus intentionnel et actif d'exploration et de découverte et que, par conséquent, elle s'exerce volontairement. Si ces chercheurs sont convaincus de l'importance de prendre en compte l'expérience des élèves et de leur donner l'occasion de s'engager activement dans leurs apprentissages par la réflexion, ils admettent qu'il est souvent nécessaire de les encadrer pour qu'un apprentissage ait lieu.

Pourquoi y faire appel en classe ?

La démarche de l'apprentissage expérientiel est essentiellement une démarche socioconstructiviste, car elle s'appuie sur l'expérience, donne du sens aux connaissances, permet l'organisation des savoirs et implique un engagement actif de la part des élèves. Il s'agit d'une démarche socioconstructiviste surtout parce que les savoirs se construisent à l'aide de l'interprétation que fait l'élève de son expérience. L'enseignant recourt plus spécifiquement à l'apprentissage expérientiel lorsqu'il veut permettre aux élèves d'intégrer leurs savoirs cognitifs et affectifs ou leurs savoirs théoriques et pratiques, et favoriser l'émergence de leur intuition et le développement de leur capacité réflexive. En fait, il est recommandé d'avoir recours à

Historique

Le concept d'apprentissage expérientiel prend de l'importance à la fin des années 1960. Cependant, ce concept est déjà bien défini dans les travaux de Dewey (1933, 1938). Ce n'est qu'en 1975 que le premier modèle d'apprentissage expérientiel est proposé, soit celui de Kolb et Fry. En 1984, Kolb élabore ce modèle et justifie sa pertinence. En 1985, Boud, Keogh et Walker discutent de l'importance pour les élèves de réfléchir à l'expérience. Ils intègrent cette notion dans le cycle d'apprentissage (Boud, Keogh et Walker, 1985).

l'apprentissage expérientiel chaque fois que l'expérience sera plus valable pour l'apprentissage que les exposés magistraux et les démonstrations de l'enseignant. Par exemple, n'est-il pas préférable de faire une promenade en forêt pour se sensibiliser à certains aspects de l'environnement et en apprendre sur le sujet de la pollution que d'obtenir uniquement cette information lors d'un exposé magistral ?

L'apprentissage expérientiel comporte plusieurs avantages. Pruneau et Lapointe (2002) traitent de trois études qui décrivent les bienfaits de l'apprentissage expérientiel. Elles discutent d'abord de l'étude de Conrad et Hedin (1995), qui ont interrogé 4000 élèves inscrits dans des programmes d'apprentissage expérientiel. Selon cette étude, de tels programmes ont un impact positif sur le développement psychologique, intellectuel et social des élèves. Les auteurs notent une amélioration de l'estime de soi, une augmentation de l'intérêt pour l'école, une autonomie accrue et une plus grande capacité à raisonner moralement, une perception d'avoir davantage appris et de posséder de plus grandes habiletés à résoudre des problèmes, un sentiment d'être plus compétent socialement et un désir de s'impliquer. Ces aspects s'apparentent à certaines compétences transversales telles que structurer son identité, exercer son jugement critique, coopérer et communiquer de façon appropriée.

Pruneau et Lapointe (2002) décrivent aussi les résultats des recherches de Druian, Owens et Owen (1995) et de Bisson et Luckner (1996). Druian, Owens et Owen (1995) mettent l'accent sur les effets psychologiques et sociaux des programmes d'apprentissage expérientiel, alors que Bisson et Luckner (1996) s'attardent davantage au plaisir que retirent les élèves lorsqu'ils font une expérience concrète, à l'ouverture à l'expérience, à la motivation à apprendre et à la baisse du stress social.

Comment l'intégrer à sa pratique ?

Kolb (1984) affirme que l'apprenant doit développer quatre habiletés, chacune d'entre elles correspondant à l'une des quatre phases de son modèle de l'apprentissage expérientiel : l'habileté à vivre une expérience concrète, l'habileté à observer et à analyser de façon réflexive, l'habileté à abstraire des concepts d'une situation et l'habileté à les réinvestir de façon active dans des situations nouvelles. Le cycle d'apprentissage de Kolb (1984) est présenté à la figure 6.1 [1]. Chacune des phases du cycle d'apprentissage est décrite en détail dans cette figure.

---

1. Mandeville (1998) affirme que la schématisation des phases du modèle vient originalement de Lewin (1948), pas de Kolb (1984).

FIGURE 6.1

Les quatre phases de l'apprentissage expérientiel, selon Kolb (1984)

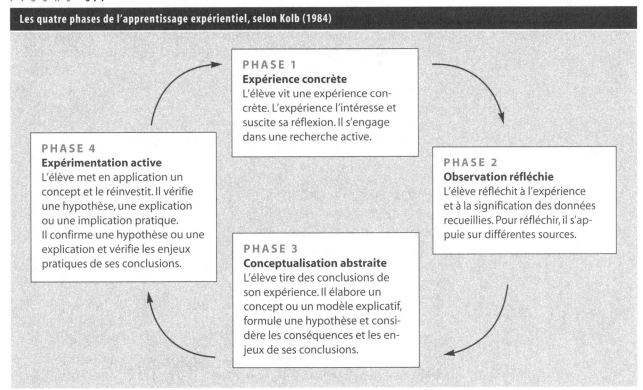

PHASE 1
Expérience concrète
L'élève vit une expérience concrète. L'expérience l'intéresse et suscite sa réflexion. Il s'engage dans une recherche active.

PHASE 4
Expérimentation active
L'élève met en application un concept et le réinvestit. Il vérifie une hypothèse, une explication ou une implication pratique. Il confirme une hypothèse ou une explication et vérifie les enjeux pratiques de ses conclusions.

PHASE 2
Observation réfléchie
L'élève réfléchit à l'expérience et à la signification des données recueillies. Pour réfléchir, il s'appuie sur différentes sources.

PHASE 3
Conceptualisation abstraite
L'élève tire des conclusions de son expérience. Il élabore un concept ou un modèle explicatif, formule une hypothèse et considère les conséquences et les enjeux de ses conclusions.

Phase 1 : expérience concrète

L'élève amorce l'expérience concrète et tente de la relier à ses expériences antérieures. Pour qu'il soit interpellé, il faut qu'il s'intéresse personnellement à l'expérience et qu'il s'engage individuellement ou en groupe à la vivre.

Phase 2 : observation réfléchie

L'élève retient un certain nombre d'observations, d'éléments d'information et d'émotions qui l'amènent à réfléchir à l'expérience immédiate et à la décrire. Il doit relier ses observations à ses acquis antérieurs (ce qui est semblable et ce qui est différent) et prendre en compte différentes sources (témoignages, conférences, lectures, reportages, banques de données, etc.). Au cours de cette phase ainsi qu'à toutes les autres phases du cycle d'apprentissage, l'élève est en mode réflexif.

Plusieurs outils sont suggérés pour soutenir la réflexion. On peut recourir à l'échange verbal ou à l'écriture. Bruner (1971) et Luria et Yudovich (1971) sont de l'avis que l'écriture offre à l'individu une occasion intéressante de réfléchir à son expérience et de la revoir, car les mots écrits sont liés au contexte linguistique plutôt qu'à l'objet qu'ils représentent ou à l'interlocuteur à qui ils s'adressent. L'écriture accorde donc à l'individu toute la liberté nécessaire pour réfléchir. Emig (1977) ajoute que le caractère permanent de l'écriture joue un rôle important, car ce qui est écrit est disponible en tout temps. L'écriture donne donc à l'apprenant la possibilité de formuler son expérience de la réalité, puis de la réexaminer et de la questionner, ce qui lui permet de mieux la comprendre et de la dépasser. Plusieurs auteurs recommandent que les élèves, peu importe leur ordre d'enseignement, tiennent un journal de bord, ce qui favorise leur réflexion au cours de leur expérience (Ménard, 1997, 2005).

Phase 3 : conceptualisation abstraite

En réfléchissant, l'élève établit des liens entre l'expérience et le sens qu'il a donné à l'expérience, puis il élabore un concept, un modèle explicatif, formule une hypothèse et considère les conséquences ou les enjeux des conclusions auxquelles il est arrivé.

Phase 4 : expérimentation active

Lors de la quatrième phase, l'élève valide ou invalide une hypothèse. Il confirme ou infirme l'explication qu'il a retenue. La validation doit être faite avec rigueur et honnêteté. Ce qui est confirmé ou infirmé constitue dès lors un savoir qui peut être réutilisé dans le cadre de nouvelles expériences.

Boud, Keogh et Walker (1985) abordent l'apprentissage expérientiel en mettant l'accent sur l'importance de réfléchir durant tout le cycle d'apprentissage, pas seulement durant la deuxième phase du cycle. L'élève est invité à réfléchir tout au long de son expérience, c'est-à-dire lors des différentes phases qui composent l'expérience :

- au début, pour anticiper l'expérience ;
- pendant, pour gérer les éléments d'information reçus et les stimuli ainsi que pour comprendre les émotions et les sentiments qui influencent la perception qu'il a de son apprentissage ;
- après, pour consolider l'apprentissage, c'est-à-dire assimiler les nouveaux concepts et l'explication retenue et envisager les enjeux des conclusions qu'il a tirées.

À la page 115, des exemples d'utilisation de l'apprentissage expérientiel sont proposés.

Des exemples d'utilisation de l'apprentissage expérientiel

3e cycle du primaire, science et technologie

Objectif : identifier des moyens de réduire les polluants les plus répandus dans le quartier.

L'enseignant invite les élèves, en dyades, à identifier des substances toxiques polluant l'air, le sol et l'eau dans leur quartier. Il leur demande ensuite de former trois équipes, de mettre en commun leurs résultats et de comparer leurs observations (ces substances polluent-elles vraiment ?). Les élèves amorcent ensuite une discussion sur les moyens de réduire ces sources de pollution. Une recherche leur permettra de vérifier l'efficacité des moyens identifiés. L'enseignant incite les élèves à organiser une activité visant à faire prendre conscience aux gens du quartier de la présence de ces substances toxiques et des moyens permettant de les réduire.

Au secondaire, en univers social (sciences humaines)

Objectif : reconnaître l'impact de la publicité visuelle et auditive sur son mode de vie.

L'enseignant demande à chacun des élèves de prendre en note les annonces publicitaires qui l'interpellent le plus, de les décrire et de réfléchir sur l'impact qu'elles ont sur ses pensées, ses décisions et son image. En équipes de trois ou de quatre personnes, les élèves sont invités à partager leurs constats et à tirer des conclusions sur les effets positifs et négatifs de la publicité. Chaque équipe conçoit un sondage qu'elle mènera auprès des élèves de l'école, des membres de la famille ou des amis. Ce sondage permettra de vérifier si les constats sur la publicité sont partagés par d'autres que soi et si la publicité a les mêmes effets chez d'autres personnes.

Au collégial ou à l'université

Objectif : établir des liens entre la théorie et la pratique (en stage).

L'enseignant propose aux étudiants de tenir un journal de bord lors de leurs stages en milieu de travail. Chaque semaine, l'étudiant écrit au sujet des situations qui lui ont fait plaisir, qui l'ont troublé, qui l'ont déstabilisé, etc. Il décrit d'abord la situation dans le journal de bord, puis procède à son analyse en donnant les raisons qui ont fait en sorte qu'il l'a vécue de telle manière. L'étudiant met alors en relation son vécu avec ses expériences antérieures, l'expérience des autres et la théorie vue en classe. L'enseignant fait des commentaires dans le journal, permettant ainsi à l'étudiant d'aller plus loin dans sa démarche réflexive. L'étudiant tente finalement de dégager des leçons de son expérience afin de réinvestir ce qu'il a appris lors d'expériences semblables au cours du même stage ou lors d'un autre stage.

Quels rôles y jouent l'enseignant et l'élève ?

Selon Kolb (1984), à chacune des quatre phases du cycle de l'apprentissage expérientiel correspond un mode d'apprentissage particulier. Kolb met en opposition ces quatre modes d'apprentissage, mais d'autres chercheurs affirment qu'ils sont dépendants les uns des autres (Fortin, Chevrier, Leblanc et Théberge, 2000).

Comme mentionné ci-dessus, il ne suffit pas que l'élève fasse une expérience concrète pour apprendre ; son engagement de même que le soutien de l'enseignant sont nécessaires (Ménard, 1997). Pour que le cycle d'apprentissage soit complet, l'élève (Chevrier et Charbonneau, 2000) et l'enseignant (Pruneau et Lapointe, 2002) doivent exécuter certaines tâches telles que présentées dans le tableau 6.1.

Tâches de l'élève et de l'enseignant

	Phase 1 Expérience concrète	Phase 2 Observation réfléchie	Phase 3 Conceptualisation abstraite	Phase 4 Expérimentation active
Élève	• Faire un geste concret, par exemple une construction, des jeux de rôle, des simulations, la visualisation, un jeu, une excursion dans la nature, une expérience de laboratoire, une activité artistique, une visite scientifique, un voyage, une séance d'observation, un sondage, une maquette, un stage, etc. • Porter une attention particulière à la situation et aux sentiments qu'elle provoque. • Recueillir de l'information sur la situation vécue.	• Se placer en mode réflexif. • Devenir un observateur de ce qui est vécu. • Comparer la situation à d'autres expériences, à d'autres points de vue. • Tenter de comprendre en décrivant, en analysant et en interprétant la situation.	• Se placer en mode abstractif et dégager certains éléments qui permettent d'élargir sa compréhension de la situation et de la transposer dans un contexte plus général. • Réorganiser ses connaissances et établir des liens entre elles.	• Chercher à vérifier dans la réalité sa nouvelle conception de la situation. • Formuler une hypothèse. • Planifier une expérience. • Anticiper des résultats. • Observer les conséquences et les pratiques. • Reformuler, confirmer ou infirmer l'hypothèse. • Adopter une attitude critique face à sa démarche et à ses conséquences.
Enseignant	• Identifier des expériences concrètes qui permettent à l'élève d'acquérir les connaissances, de développer les habiletés ou les attitudes visées par les programmes de formation, et qui représentent des défis. • Susciter l'implication personnelle de l'élève. • Offrir à l'élève des occasions d'interagir avec les autres qui ont des connaissances, des habiletés et des attitudes différentes de lui. • Permettre à l'élève d'expérimenter différents rôles tels que les rôles d'observateur, de leader, d'animateur, de journaliste, etc.	• Aider l'élève à dégager les constats, les éléments d'information et les émotions. • Engager l'élève dans la réflexion et soutenir cette réflexion à l'aide de la discussion et de la réflexion guidée orale ou écrite.	• Stimuler l'élève, à l'aide de rétroactions, de discussions ou de questions afin qu'il puisse confirmer ou infirmer une hypothèse ou une explication et vérifier les enjeux de ses conclusions.	• Créer des occasions réelles d'expérimentation et de réinvestissement des nouveaux savoirs. • Suggérer à l'élève d'imaginer ce qui pourrait faire l'objet d'une nouvelle expérimentation.

EN CONCLUSION

L'apprentissage expérientiel est une approche socioconstructiviste qui met en jeu action et réflexion chez l'élève. Toutefois, pour que cela soit possible, l'expérience doit être signifiante pour l'élève et susciter son engagement actif. On comprend que, pour ce faire, l'enseignant doit choisir et planifier minutieusement l'expérience à vivre et offrir un accompagnement soutenu et réfléchi favorisant la réflexion chez l'élève.

INTÉGRATION DES APPRENTISSAGES

 1. Voici deux exemples de pratiques pédagogiques sur le même thème. Lequel s'apparente à l'apprentissage expérientiel ? Pourquoi ? Justifiez votre réponse en vous basant sur les caractéristiques du modèle présenté dans ce chapitre.

Thème : une visite au musée Armand-Frappier
www.musee-afrappier.qc.ca

Exemple 1

Vous voulez que les élèves en apprennent davantage sur la biotechnologie et les micro-organismes utilisés pour fabriquer des aliments. Pour ce faire, vous amenez les élèves au musée Armand-Frappier. Dans un premier temps, vous laissez les élèves se déplacer d'une zone à l'autre et s'informer au sujet de différentes biotechnologies. Vous demandez ensuite aux élèves de se regrouper en équipes afin de sélectionner un domaine qui leur convient et qui les intéresse particulièrement. Vous encouragez la discussion afin que les membres d'une équipe construisent leur opinion personnelle sur le sujet. Par la suite, vous les invitez à identifier une question ou une problématique qu'ils devront approfondir en retournant visiter le musée et à construire une vision commune de la situation dans leur vie quotidienne. Enfin, vous leur demandez d'établir un protocole expérimental qui permettrait aux membres de l'équipe et aux autres élèves d'utiliser les micro-organismes afin de produire un aliment. Ainsi, les élèves seraient en mesure de mieux comprendre les processus de croissance microbienne et de fermentation impliqués en biotechnologie.

Exemple 2

À l'aide d'un article de journal portant sur les bactéries utilisées pour faire le yogourt, vous invitez les élèves à identifier ce qu'ils aimeraient connaître davantage sur le sujet. Vous leur proposez de faire des équipes regroupées autour d'un même sujet et d'établir une procédure et un plan pour la suite du travail. Par la suite, vous invitez les élèves à entamer une première collecte de données en allant entre autres à la bibliothèque de l'école. Vous organisez ensuite une visite au musée Armand-Frappier où ils en apprendront davantage sur le processus de fermentation lactique impliqué dans la transformation du lait en yogourt. Après avoir consulté différents ouvrages et des spécialistes sur le sujet, vous leur laissez quelques périodes de travail afin qu'ils procèdent à une synthèse de l'information et qu'ils préparent une présentation originale de leur travail. Après les présentations, vous invitez les élèves à évaluer leur démarche individuellement et en équipe.

 2. Pour garder en tête les nouvelles notions acquises, faites un bilan des savoirs (voir page 118) et une synthèse que vous placerez ensuite dans votre dossier professionnel.

Bilan des savoirs	Oui, beaucoup mieux.	Non, je m'interroge encore.
Je connais le modèle de l'apprentissage expérientiel et je peux l'expliquer dans mes mots.	☐	☐
Je peux nommer les avantages et les limites du modèle d'apprentissage expérientiel.	☐	☐
Je peux expliquer pourquoi ce modèle est un modèle d'apprentissage et non un modèle d'enseignement.	☐	☐
Je sais comment l'intégrer à ma pratique en donnant des exemples.	☐	☐
Je peux faire des liens avec les programmes de formation actuels et l'apprentissage expérientiel.	☐	☐

Pour en savoir plus

Balleux, André. 2000. « Évolution de la notion d'apprentissage expérientiel en éducation des adultes : vingt-cinq ans de recherche ». *Revue des sciences de l'éducation*, vol. XXVI, n° 2, p. 263-285.

Cyr, Jean-Marc. 1981. « L'apprentissage expérientiel : concept et processus ». In *L'apprentissage expérientiel*, sous la dir. de Huguette Bernard, Jean-Marc Cyr et France Fontaine, p. 13-40. Montréal : Université de Montréal. Service pédagogique.

Situations-problèmes au primaire et au secondaire

2e cycle du primaire, éducation relative à l'environnement

Pruneau, Diane et Claire Lapointe. 2002. « Un, deux, trois, nous irons aux bois ». *Éducation et francophonie*. Vol. XXX, n° 2 (automne), p. 257-272. En ligne. <http://www.acelf.ca/c/revue/pdf/XXX_2_241.pdf>. Consulté le 31 juillet 2011.

3e cycle du primaire et 1er cycle du secondaire, différentes disciplines

Manitoba, ministère de l'éducation. 2006. « Directives pour la mise en œuvre de la subvention destinées à l'apprentissage expérientiel à l'intention des niveaux intermédiaires ». 20 p. En ligne. <http://www.edu.gov.mb.ca/frpub/ped/gen/app_exp/guide_complet.pdf>. Consulté le 31 juillet 2011.

Méthodes et techniques à réaliser en salle de classe et à l'extérieur de la classe

Lee, Patty et Rosemary S. Caffarella. 1994. « Methods and Techniques for Engaging Learners in Experiential Learning Activities ». *New Directions for Adult and Continuing Education*, n° 64 (été), p. 43-54.

Simons, Germain. 1999. « La classe de langues comme observatoire et laboratoire d'un apprentissage expérientiel des langues étrangères à travers la pédagogie par projet. » Études et travaux–Institut des langues vivantes et de phonétique. n° 3, p. 67-84.

Synthèse sur le socioconstructivisme

Annie Charron et Carole Raby

PRÉPARATION AUX APPRENTISSAGES

Portrait des savoirs	Non, pas vraiment.	Oui, je fais une hypothèse.
Je connais les chercheurs à l'origine du courant socioconstructiviste.	☐	☐
Je connais quelques modèles d'enseignement qui s'inspirent de ce courant.	☐	☐
J'ai une idée des principes et des valeurs prônés par ce courant.	☐	☐
J'ai une idée de la conception de l'enseignement et de l'apprentissage propre à ce courant.	☐	☐

Le courant socioconstructiviste n'est pas né d'hier. En effet, ses origines remontent au début du 20ᵉ siècle. Au cours de ce même siècle, de nombreux auteurs ont contribué à en établir les fondements, alors que d'autres ont adopté sa philosophie pour développer différentes approches pédagogiques.

Ce chapitre présente une synthèse du socioconstructivisme, ses origines, ses fondements, ses principes et ses valeurs. La conception particulière de l'enseignement et de l'apprentissage de ce courant est aussi décrite. Ainsi, ce chapitre fait ressortir divers points de convergence entre les modèles d'enseignement présentés dans les quatre chapitres précédents qui portent respectivement sur l'apprentissage par projets, l'apprentissage coopératif, l'apprentissage par problèmes et l'apprentissage expérientiel.

RÉALISATION DES APPRENTISSAGES : THÉORIE D'APPRENTISSAGE

DÉFINITION DU SOCIOCONSTRUCTIVISME

Il importe d'abord de définir le courant constructiviste dont le courant socioconstructiviste est issu. « Le constructivisme peut être considéré comme une théorie de l'apprentissage qui décrit le processus de la connaissance comme une construction qu'effectue l'apprenant [élève] de façon active. » (Boutin et Julien, 2000, p. 13) Tout comme le constructivisme, le sociocontructivisme est une théorie de l'apprentissage qui privilégie le rôle actif de l'apprenant dans le processus de construction de ses connaissances. Toutefois, selon plusieurs auteurs, tels que Legendre (2005), le socioconstructivisme se distingue du constructivisme par une dimension, soit les interactions entre le sujet et son environnement. Ainsi, il définit le socioconstructivisme comme « une théorie de l'apprentissage qui insiste sur le rôle des interactions entre le Sujet et son environnement dans un processus actif qui lui permet de développer des connaissances sur le monde » (Legendre, 2005, p. 1245). Pour leur part, Lafortune et Deaudelin (2001), qui discutent des caractéristiques du socioconstructivisme, en plus de faire ressortir la dimension des échanges avec les autres, soulignent l'importance des conflits sociocognitifs dans le processus de construction des savoirs chez l'apprenant. Elles précisent que les « interactions contribuent à ébranler les conceptions, à susciter des conflits sociocognitifs et à amener à justifier les interprétations » (Lafortune et Deaudelin, 2001, p. 206).

Jonnaert et Masciotra (2007, p. 56-57) soutiennent, quant à eux, que « le socioconstructivisme renvoie à la construction de connaissances par la personne en situation dans un contexte social déterminé ». Ils ajoutent que « l'apprentissage en action, en situation et en contexte permet à l'apprenant de construire lui-même ses propres connaissances et ses compétences, tout en interagissant avec les autres et en adaptant ce qu'il connaît déjà aux exigences de la situation » (Jonnaert et Masciotra, 2007, p. 57). Ces auteurs discutent du fait que, selon l'approche socioconstructiviste, l'apprenant est en action ; il construit lui-même ses connaissances et ses compétences ; il part de ce qu'il connaît déjà ; il apprend en situation et en contact avec les autres.

Ainsi, il appert que le socioconstructivisme est une théorie de l'apprentissage qui postule que l'apprenant construit activement ses savoirs et développe ses compétences en s'appuyant sur ses connaissances antérieures et en résolvant des conflits sociocognitifs, et ce, en interaction avec les autres et son environnement.

FONDEMENTS THÉORIQUES

Pour bien comprendre le courant socioconstructiviste, il est important de dire quelques mots sur ses fondements théoriques, plus particulièrement sur les travaux de deux grands penseurs : Piaget (l'approche constructiviste) et Vygotski[1] (l'approche socioconstructiviste).

La théorie constructiviste de Piaget

Les travaux de Piaget s'inscrivent au carrefour du courant cognitiviste[2] et du courant constructiviste. En effet, Piaget est souvent considéré à la fois comme le père du cognitivisme développemental outre-Atlantique, mais comme la figure principale du courant constructiviste en Europe. À ce sujet, Tobias (1991) précise que le constructivisme peut être vu comme le prolongement naturel et logique de l'approche cognitiviste. Piaget est présenté dans ce chapitre comme un constructiviste puisqu'il est, comme le souligne Vienneau (2005, p. 156), « résolument constructiviste dans son approche de l'apprentissage ».

Plusieurs recherches de Piaget portent sur le développement de l'intelligence chez l'enfant. La conception piagétienne veut que l'enfant construise ses connaissances grâce à l'interaction qu'il a avec son environnement. Selon Piaget, l'intelligence repose principalement sur deux grands principes : l'organisation et l'adaptation.

Tête chercheuse

Jean William Fritz Piaget (1896-1980), psychologue suisse, a été professeur à plusieurs universités (l'Université de Neuchâtel, l'Université de Genève, l'Université de Lausanne et l'Université de la Sorbonne), où il a enseigné la psychologie, la sociologie et la philosophie[3]. Son ouvrage *Le langage et la pensée chez l'enfant*, publié en 1923, est sans doute celui qui l'a fait connaître. Ses nombreux travaux (plus de 700 selon certains), traduits en plusieurs langues, ont eu une influence remarquable autant en psychologie qu'en éducation.

---

1. Il est à noter que l'on écrit plutôt « Vygotsky » en anglais.
2. Le courant cognitiviste est le sujet du prochain chapitre synthèse.
3. Ces renseignements sont puisés du site à l'adresse suivante : http://www.unige.ch/piaget/biographies/biof.html.

Le premier principe : l'organisation

En cherchant à comprendre et à caractériser le développement de l'intelligence chez l'enfant à l'aide de sa méthode d'observation active, Piaget parvient à décrire quatre stades de développement, auxquels sont associés des âges particuliers. Selon Piaget, la naissance et l'âge adulte sont identifiés comme « les limites à l'intérieur desquelles se produit le développement » (Cloutier et Renaud, 1990, p. 192). Pour chacun des stades, Piaget fournit des renseignements sur différents aspects intellectuels, tels que le langage, le raisonnement, la représentation du monde et le jugement moral. Pour lui, tous les enfants passent successivement par ces stades. Toutefois, il précise que le rythme auquel l'enfant passe d'un stade à un autre peut varier selon ses caractéristiques personnelles, la stimulation du milieu dans lequel il vit et ses traits cognitifs, c'est-à-dire « toutes les activités d'ordre essentiellement mental ou intellectuel » (Gérard, 2000, p. 3).

Il y a **quatre stades de développement** dans la théorie piagétienne. Le premier stade est appelé le « stade sensori-moteur ». Il s'étend de la naissance à l'âge de 2 ans. Comme son nom l'indique, ce stade renvoie à l'acquisition de schèmes sensori-moteurs ; l'enfant fait l'apprentissage de la coordination de ses mouvements. À ce stade, les schèmes verbaux sont pratiquement inexistants.

Le deuxième stade est celui de la pensée préopératoire qui se divise en deux grandes périodes : la période de la pensée symbolique, de l'âge de 2 à 5 ans, et la période de la pensée intuitive, de l'âge de 5 à 7 ans. À ce stade, la pensée de l'enfant est considérée comme étant essentiellement égocentrique ; elle se limite à une activité symbolique et à des images mentales.

Le troisième stade, celui des opérations concrètes, caractérise le développement de l'enfant de l'âge de 7-8 ans jusqu'à l'âge de 11-12 ans. À ce stade, l'enfant, grâce à ses représentations mentales suffisamment élaborées, est capable d'exécuter de nombreuses opérations mentales portant sur des objets concrets. Par exemple, il peut réaliser une épreuve de sériation, c'est-à-dire qu'il peut ordonner des objets de différentes grandeurs dans un ordre croissant.

Le quatrième stade, qui débute à l'âge de 11-12 ans, est celui de la pensée hypothético-déductive ou des opérations formelles. À ce stade, l'enfant est en mesure d'émettre des hypothèses et il est aussi capable de raisonnement abstrait.

Pour Piaget, le développement de l'enfant peut se caractériser par la transition d'un stade à un autre. Il est important de rappeler que ces stades sont atteints de façon successive ; les acquis de l'enfant à un stade donné permettent les acquis au stade suivant. Comment l'enfant passe-t-il d'un stade à un autre ? Selon Piaget, quatre facteurs développementaux peuvent expliquer le développement progressif de l'intelligence chez l'enfant : la maturation de l'organisme ; l'expérience avec l'environnement physique ; l'influence du milieu social ; et l'équilibration.

Le développement de l'intelligence dépend de la maturation physique de l'organisme, de l'expérience avec l'environnement physique et des interventions éducatives extérieures (milieu social). Par contre, Piaget précise que ces trois facteurs ne sont pas suffisants à eux seuls et qu'il faut donc un quatrième facteur, soit celui de l'équilibration. L'équilibration permet d'autoréguler l'organisme, c'est-à-dire qu'il permet un équilibre entre les éléments du milieu et ses propres structures cognitives (assimilation) et les modifications et les ajustements de ses structures cognitives aux besoins du milieu (accommodation).

Le deuxième principe : l'adaptation

Selon la théorie piagétienne, chacun des stades correspond « à un palier d'équilibre qui intègre les acquis des stades antérieurs dans une nouvelle organisation plus souple » (Cloutier et Renaud, 1990, p. 195). Cela permet une meilleure adaptation. Pour Piaget, l'adaptation comprend deux processus qui contribuent à la construction des structures cognitives (les schèmes) et qui mènent à une équilibration. Ces processus sont l'assimilation et l'accommodation.

Le premier processus, l'assimilation, correspond à l'intégration de nouvelles connaissances aux schèmes déjà construits chez l'enfant. L'enfant s'appuie sur son milieu et des situations extérieures nouvelles pour intégrer de nouvelles structures à celles qui sont déjà existantes (innées ou acquises).

Le deuxième processus, l'accommodation, renvoie à l'ajustement ou à la modification de schèmes déjà construits chez l'enfant ou à la construction de nouveaux schèmes. Lors de l'accommodation, l'enfant peut vérifier ses structures cognitives et les adapter au milieu au besoin. Il est important de préciser que l'accommodation ne peut avoir lieu sans le processus d'assimilation.

L'exemple suivant permet d'illustrer ces deux processus. Un élève de 1er cycle écrit, en s'appuyant sur ses connaissances antérieures sur le principe alphabétique (correspondance phonème-graphème), le mot « oto » dans son journal. En faisant la lecture d'un grand livre, l'enseignante lui présente la norme orthographique en précisant que le phonème [o] peut aussi s'écrire « au » et « eau ». L'élève intègre d'abord ces nouvelles connaissances à celles qu'il possède déjà (assimilation). Ensuite, il ajuste ses connaissances (accommodation). L'élève sait désormais que trois graphies différentes, « o », « au » et « eau », peuvent correspondre au phonème [o]. Il sera amené à vérifier ses structures cognitives lorsqu'il écrira de nouveaux mots contenant ce phonème.

Lorsque les processus d'assimilation et d'accommodation atteignent un équilibre, il y a adaptation. L'équilibration se veut constante tout au long du développement et « ne s'achève que lorsqu'un système stable d'adaptation est constitué » (Cloutier et Renaud, 1990, p. 194). Pour qu'il y ait adaptation, il est nécessaire que l'enfant se questionne. Les situations de conflits cognitifs peuvent justement amener l'enfant à cette action.

Le conflit cognitif

Selon Piaget, un conflit cognitif renvoie à un déséquilibre qui survient lorsqu'un nouveau schème s'oppose à un schème mentalement constitué (une structure cognitive déjà en place) ou lorsqu'une nouvelle situation fait appel à des schèmes qui ne sont pas encore construits chez l'enfant. Un conflit cognitif place donc l'enfant dans une situation de déséquilibre cognitif. Pour arriver à un équilibre, l'enfant doit passer par les processus d'assimilation et d'accommodation. Il pourra ainsi effectuer une réorganisation de ses structures cognitives, ce qui lui permettra de résoudre son conflit. Piaget croit que l'enfant apprend grâce aux conflits cognitifs.

En effet, lorsque l'on place l'apprenant dans des situations d'apprentissage où, d'une part, un conflit cognitif survient et où, d'autre part, ce conflit cognitif est suivi d'une clarification de ses conceptions erronées, l'apprenant a plus de chances de construire ses connaissances de façon viable. Comme le soulignent Jonnaert et Vander Borght (1999), plus grande est la viabilité de la construction, plus celle-ci permettra à l'apprenant de comprendre et d'expliquer les situations qui lui sont reliées.

En somme, le courant constructiviste est fortement représenté par Piaget. Pour lui, l'enfant est perçu comme un agent actif qui construit ses apprentissages et qui se développe selon un modèle binaire, c'est-à-dire selon les interactions entre lui et le monde qui l'entoure. Piaget pense que l'enfant se développe en passant par différents stades dont l'ordre est fixe, stades pendant lesquels « l'enfant construit des opérations par intériorisation de ses actions et réflexion sur ces opérations » (Gaonac'h et Golder, 1995, p. 401). Selon Piaget, les conflits cognitifs sont nécessaires pour que l'enfant puisse passer par les processus d'assimilation et d'accommodation, qui eux, une fois équilibrés, lui permettront de passer au stade suivant. Les premiers travaux de Piaget sur la pensée enfantine remontent aux années 1920, mais le constructivisme est un courant qui est encore privilégié dans plusieurs systèmes éducatifs aujourd'hui, y compris le système éducatif du Québec.

La théorie socioconstructiviste de Vygotski

Le sociocontructivisme est fortement représenté par Vygotski, mais il a aussi été influencé par les travaux de Piaget[4]. Effectivement, ce courant renvoie à la théorie de Piaget, mais il renforce l'aspect plutôt faible de son modèle, soit la dimension sociale. L'originalité du grand chercheur russe, Vygotski, fondateur de la conception historicoculturelle[5], réside justement dans cette dimension sociale. Il propose que, pour se développer, l'enfant doit progressivement s'approprier la culture de son milieu à l'aide des interactions sociales et que, pour développer son intelligence, il a recours à une interaction de facteurs externe (interpsychique) et interne (intrapsychique). En effet, Vygotski soutient que chacune des fonctions reliées au développement culturel de l'enfant se produit en deux temps : d'abord au niveau social (interpsychique), et ensuite, au niveau individuel (intrapsychique) (Vygotski, 1934 / 1997).

Dans ses recherches, Vygotski montre comment l'enfant s'approprie le monde pour se développer. Pour lui, le développement résulte de l'interaction entre l'apprenant, l'objet et le contexte social (modèle ternaire). Pour se développer et s'approprier de nouvelles connaissances, l'enfant puise dans son environnement (parents, pairs) ; il peut procéder par imitation pour apprendre.

Le développement par imitation

Selon Vygotski, dès sa naissance, l'enfant est un être socialisé. En effet, pour lui, « la sociabilité de l'enfant est le point de départ de ses interactions sociales avec son entourage » (Ivic, 1994, p. 3).

Selon certaines croyances (encore véhiculées dans notre société aujourd'hui), « l'imitation est une activité purement mécanique » (Vygotski, 1934 / 1997, p. 352), c'est-à-dire qu'il est possible d'imiter n'importe quelle action, n'importe quel geste. Toutefois, cette conception est erronée. En fait, maintes recherches indiquent que « l'enfant est capable d'imiter seulement ce qui est dans la zone de ses propres possibilités intellectuelles » (Vygotski, 1934 / 1997, p. 352).

Vygotski (1934 / 1997) précise que l'imitation ne se résume pas à « copier » les faits et gestes des autres. En fait, un élève procède par imitation lorsqu'il réutilise dans un nouveau contexte des stratégies qu'il a apprises d'un autre élève avec qui il a travaillé en collaboration. Comme l'affirme Vygotski (1934 / 1997, p. 355), « ce que l'enfant sait faire aujourd'hui en collaboration, il saura le faire tout seul demain ».

Tête chercheuse

Lev Semionovitch Vygotski (1896-1934), psychologue russe, a été professeur à l'Institut de psychologie de l'Université de Moscou. Vygotski, victime de censure sous le régime stalinien, est une figure majeure de la psychologie et de la pédagogie[6]. Son dernier et plus important ouvrage *Myslenie i rec'*, paru en 1934 et traduit en plusieurs langues (dont en anglais en 1956, *Language and Thoughts,* et en français en 1985, *Pensée et langage*), a eu une influence considérable dans le domaine de l'éducation.

---

4. Vygotski a été influencé par les travaux de Piaget. Dans son livre *Pensée et langage*, Vygotski fait référence aux ouvrages de Piaget *Le langage et la pensée chez l'enfant* (1923) et *Le jugement et le raisonnement chez l'enfant* (1924).
5. La conception historicoculturelle explique le développement des humains en ayant recours à leur histoire biologique et héréditaire, mais surtout à leur environnement (la culture).
6. Source : http://fr.wikipedia.org/wiki/Lev_Vygotski.

Les connaissances interindividuelles correspondent aux connaissances apprises en groupe et partagées par le groupe, tandis que les connaissances intraindividuelles correspondent aux connaissances que les élèves assimilent seuls par la suite. En d'autres mots, lorsque l'apprenant cherche à comprendre un nouvel objet, il passe dans un premier temps par une période dite interindividuelle, période pendant laquelle il discute de l'objet avec d'autres individus. Ensuite, pendant la période intraindividuelle, il s'approprie seul ce nouvel objet, au regard du travail réalisé lors de la période interindividuelle. Il est nécessaire de proposer des situations de travail collaboratif qui mettent en jeu les périodes interindividuelle et intraindividuelle. En collaboration avec ses pairs ou son enseignante, « l'enfant peut toujours faire plus et résoudre des problèmes plus difficiles que lorsqu'il agit tout seul » (Vygotski, 1934/1997, p. 352).

Blaye (1989) a effectué des recherches qui portent sur le travail en collaboration. Les résultats de ses recherches indiquent qu'un travail à deux, sous certaines conditions, favorise davantage l'acquisition de connaissances qu'un travail individuel. Ces recherches corroborent les travaux de Vygotski sur le concept de la zone prochaine de développement.

La zone prochaine de développement[7]

Le concept de zone prochaine de développement tire son origine dans l'œuvre de Vygotski. Ce concept se définit comme « la distance entre deux niveaux : celui du développement actuel, mesuré par la capacité qu'a un enfant de résoudre seul des problèmes, et le niveau de développement mesuré par la capacité qu'a l'enfant de résoudre des problèmes lorsqu'il est aidé par quelqu'un » (Bertrand, 1998, p. 145). Vygotski ajoute que « le niveau actuel mesure le développement passé pendant que la zone prochaine de développement mesure le potentiel de développement ou l'état des processus en maturation » (Bertrand, 1998, p. 145). En une phrase, la zone prochaine de développement renvoie à ce que « l'enfant sait faire avec l'aide d'autrui et ce qu'il ne sait pas faire tout seul » (Vergnaud, 2000, p. 22). Selon Vygotski (1934/1997, p. 351), la zone prochaine de développement se détermine par la « disparité entre le niveau présent de développement [...] et le niveau qu'atteint l'enfant lorsqu'il résout des problèmes en collaboration ».

Le niveau présent de développement se détermine, d'une part, par l'utilisation de problèmes que l'élève doit résoudre seul et, d'autre part, par des problèmes qui sont en lien avec les fonctions cognitives

---

7. Dans la traduction française, *Pensée et langage* (Vygotski, 1934/1997), l'expression « zone prochaine de développement » est utilisée au lieu de « zone proximale de développement ». Il est à noter que les deux expressions sont équivalentes.

qui sont rendues à maturité chez lui et celles qui sont au stade de la maturation.

FIGURE 1

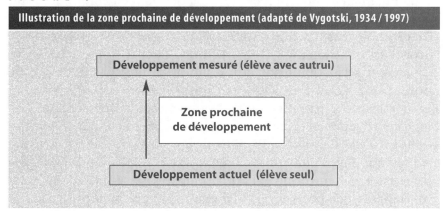

Illustration de la zone prochaine de développement (adapté de Vygotski, 1934 / 1997)

La zone prochaine de développement fait donc référence à la zone d'apprentissage optimal pour l'élève, c'est-à-dire à la zone qui est parfaitement adéquate pour qu'il y ait apprentissage chez l'élève. Les notions qui seront enseignées à l'élève ne seront donc ni trop faciles ni trop difficiles pour lui. Selon Vygotski (1934 / 1997, p. 352), la zone prochaine de développement a « une signification plus directe pour la dynamique du développement intellectuel et la réussite de l'apprentissage », comparativement au niveau présent de développement, soit le développement actuel. À ce sujet, Vygotski précise que « l'apprentissage n'est valable que s'il devance le développement » (Vygotski, 1934 / 1997, p. 358).

Pour rendre optimal l'apprentissage, il est très important que l'enseignante connaisse la zone prochaine de développement des élèves. Comme le mentionne Lefebvre-Pinard (1989), lorsque l'enseignante connaît cette zone, elle peut élaborer des tâches plus facilement, lesquelles correspondent aux besoins spécifiques de chacun des élèves. Il est également important de préciser que la zone prochaine de développement ne s'avère pas être seulement un lieu de construction et d'actualisation de compétences ; elle est également un lieu social où les individus interagissent et se construisent des identités (Besse, 1993). En fait, cette zone « fait la synthèse entre la conception du développement comme appropriation et intériorisation d'instruments fournis par des agents culturels d'interaction » (Rivière, 1990, p. 94). Il importe de mentionner que le concept de zone prochaine de développement est essentiel pour analyser le rôle de l'imitation et celui du jeu dans le développement de l'enfant. En effet, l'imitation permettrait de transformer le développement potentiel en développement actuel ; le jeu, quant à lui, permettrait la création d'une zone prochaine de développement chez l'enfant (Rivière, 1990).

Vygotski, en proposant le concept de zone prochaine de développement, a offert une autre façon de concevoir le processus de développement de l'enfant. À l'époque de Vygotski, et même après, l'idée prédominante en éducation était que le développement venait avant l'enseignement. Vygotski a osé affirmer le contraire en soutenant que « le véritable enseignement précède toujours le développement » (Bronckart et Schneuwly, 1985, p. 110). Pour lui, le véritable enseignement se justifiait par la formation de la zone prochaine de développement qui active les mécanismes internes du développement. Lorsque l'élève apprend certaines notions, celles-ci lui sont accessibles d'abord grâce aux échanges et aux discussions avec un expert (un adulte ou un élève avancé). Ensuite, il en vient à pouvoir comprendre seul les notions. Pour Vygotski, apprendre grâce à l'influence des autres est le facteur principal du développement (Rivière, 1990). De plus, dans la perspective vygotskienne, « l'apprentissage serait une condition nécessaire au développement » (Rivière, 1990, p. 92).

Le courant socioconstructiviste considère que l'apprentissage est le résultat d'une intériorisation d'expériences d'interactions sociales vécues par l'apprenant. Il soutient que le développement cognitif est possible grâce aux expériences d'interactions sociales. De ce fait, après avoir bénéficié d'interactions sociales lors d'une activité cognitive, l'apprenant est à même d'utiliser un langage intérieur. Par ses expériences, surtout vécues lors d'échanges avec les autres, il en vient à les intérioriser, à les transformer, à les ajuster et à les intégrer à ses connaissances antérieures.

Pour favoriser cette intériorisation, il s'avère primordial de proposer aux élèves des tâches qui sont adaptées à leur niveau. Par exemple, si une enseignante regroupe en équipe des élèves dont le niveau de développement est trop différent et si la tâche proposée est trop difficile pour les élèves « faibles », ils ne pourront pas la réaliser, seuls ou en collaboration (Vygotski, 1934/1997). La tâche doit donc correspondre au niveau de tous les membres de l'équipe.

Le concept de zone prochaine de développement de Vygotski rappelle l'importance du rôle de l'enseignante dans le processus de développement de l'enfant, c'est-à-dire son rôle d'accompagnement adapté à chacun des élèves. Le soutien peut être accordé à un élève par l'enseignante ou d'autres élèves. L'apprentissage par tutelle permet à l'élève de résoudre un problème avec un adulte ou un pair, un problème qu'il n'aurait pas pu résoudre par lui-même. Bruner (1983) propose le concept d'étayage, inspiré du concept vygotskien de zone prochaine de développement, pour définir ce guidage apporté à l'enfant lorsqu'il est placé en situation d'apprentissage. Le processus d'étayage consiste « à rendre l'apprenant capable de résoudre un problème [...] qui aurait été, sans cette assistance, au-delà de ses possibilités »

(Bruner, 1983, p. 263). Le processus d'étayage a pour but d'aider initialement l'apprenant dans une situation de résolution de problèmes afin qu'il puisse se débrouiller seul plus tard. « Ce soutien consiste essentiellement pour l'adulte à "prendre en main" ceux des éléments de la tâche qui excèdent initialement les capacités du débutant » (Bruner, 1983, p. 263). De cette façon, l'apprenant se permet de centraliser ses efforts sur les éléments de la tâche où il demeure compétent et, ainsi, de réussir à les mener à terme.

Le conflit sociocognitif

L'origine du concept de conflit sociocognitif provient de la psychologie sociale génétique du courant néopiagétien (Blaye, 1989). Un conflit sociocognitif résulte d'une confrontation d'idées divergentes entre partenaires. Carugati et Mugny (1985, p. 61) mentionnent qu'un conflit sociocognitif a lieu lors d'une confrontation de « réponses hétérogènes socialement et logiquement incompatibles ».

Le conflit sociocognitif est à la source de l'apprentissage. Selon Doise et Mugny (1981) et Rémigny (1998), l'enfant doit vivre des conflits sociocognitifs pour apprendre, car cela stimule sa pensée. Vygotski croit d'ailleurs que les enfants, dès un jeune âge, sont aptes à communiquer donc à interagir socialement et psychologiquement dans différentes situations qui leur permettront de vivre des conflits sociocognitifs qui les feront progresser.

À ce propos, Lefebvre-Pinard (1989, p. 142) affirme que « c'est probablement dans la mesure où une situation de conflit sociocognitif amène l'individu à réfléchir sur ses règles et sur ses stratégies cognitives qu'il finira par pouvoir y recourir systématiquement dans un nombre grandissant de situations où elles sont requises ».

Toutefois, pour que le conflit sociocognitif fasse progresser l'élève, il faut qu'il accepte de confronter ses réponses avec celles des autres. Certains chercheurs (Gilly, 1995 ; Perret-Clermont et Nicolet, 2001) rapportent que des études démontrent que certaines conditions doivent être respectées pour qu'un conflit sociocognitif soit bénéfique. En effet, il faut que l'élève s'engage activement dans le conflit sociocognitif, qu'il veuille confronter ses réponses qui sont divergentes avec celles des autres et qu'il ajuste son point de vue.

Contrairement aux conflits cognitifs qui provoquent chez l'apprenant un déséquilibre intraindividuel, les conflits sociocognitifs peuvent provoquer un double déséquilibre cognitif. En effet, lorsque l'apprenant réalise une tâche, il peut subir, d'une part, un déséquilibre interindividuel, c'est-à-dire que ses réponses s'opposent à celles des autres et, d'autre part, un déséquilibre intraindividuel, ce qui signifie que l'apprenant prend conscience d'une réponse distincte de la sienne, ce qui le conduit à douter de sa propre réponse.

L'apprenant subit d'abord un déséquilibre interindividuel et, ensuite, un déséquilibre intraindividuel. Lors d'un déséquilibre intraindividuel, l'apprenant doute de sa structure cognitive, se questionne à propos de celle-ci, se l'approprie, la modifie ou la change. L'apprentissage de nouvelles notions peut très bien se réaliser en interaction sociale, car l'apprenant découvre, partage et consolide ces notions. Selon Gaonac'h et Golder (1995), l'apprenant peut réutiliser ce qu'il a retenu lors de son déséquilibre intraindividuel dans des situations de travail individuel ou dans d'autres situations collectives.

Piaget a décrit avant Vygotski la notion de déséquilibre. Pour lui, (1967, p. 141) « le développement de l'intelligence ou du raisonnement se fait par stades à partir d'une situation nouvelle qui vient bouleverser le champ actuel, créant ainsi un déséquilibre que le sujet devra compenser par une adaptation ». Toutefois, Piaget n'accordait pas autant d'importance que Vygotski à l'aspect social de ce déséquilibre.

Les conflits sociocognitifs entre les membres d'une même équipe de travail peuvent être bénéfiques pour les élèves. En effet, plusieurs chercheurs (Bertrand, 1998 ; Doise et Mugny, 1981 ; Perret-Clermont et Nicolet, 2001) présentent les nombreux avantages des conflits sociocognitifs. Bertrand (1998), qui résume et regroupe les propos d'un bon nombre de chercheurs en ce qui concerne ce sujet, souligne que :

1. « Le conflit sociocognitif permet à [l'apprenant] de prendre conscience de réponses autres que les siennes et de comparer la diversité des points de vue ; cela l'oblige à se décentrer par rapport à sa réponse initiale ;
2. Le conflit augmente la probabilité que [l'apprenant] soit actif cognitivement puisqu'il y a une certaine nécessité de régulations sociales, voire d'une coordination dans les actions exigées par une situation donnée ;
3. [L'apprenant] apprend à découvrir des informations (intéressantes, imprévues, connues, rassurantes, fausses, peu importe) dans les réponses des autres qui lui seront utiles dans la construction de sa connaissance ;
4. Le conflit peut amener [l'apprenant] à accepter d'être en situation de changement et à coopérer pour la résolution de problèmes ». (Bertrand, 1998, p. 143-144)

L'exemple d'une équipe de travail qui ne s'entend pas sur le processus de résolution d'un problème mathématique donné peut servir à illustrer le concept de conflit sociocognitif. Dans un premier temps, l'enseignante propose aux élèves de justifier à tour de rôle leur façon de faire. Ainsi, les élèves peuvent comparer leur démarche de résolution de problèmes à celle des autres. Dans un deuxième temps, durant le conflit sociocognitif, les élèves demeurent actifs afin de connaître les stratégies cognitives des autres (« comment es-tu parvenu à cette réponse ? ») et la justification de leur processus (« qu'est-ce qui te fait croire que cette démarche permet de résoudre le problème ? »). Dans un troisième temps, à partir des explications fournies par chacun des membres de l'équipe, les élèves sont amenés à réfléchir au meilleur processus pour résoudre le problème. Dans un dernier temps, les membres de l'équipe en viennent à choisir un seul processus de résolution de problèmes. Le processus de résolution de problèmes retenu peut être la proposition d'un élève (dans ce cas-ci, les autres élèves doivent accepter de modifier leur réponse initiale) ; il peut aussi s'agir d'une nouvelle proposition qui résulte d'un travail de coopération entre les membres de l'équipe.

En résumé, Vygotski soutient que l'élève doit s'approprier le monde pour se développer. Pour lui, l'individu se développe grâce à ses interactions avec son entourage social, ce qui lui permet de passer du niveau interpsychologique au niveau intrapsychologique. Selon lui, l'apprentissage par imitation permet à l'élève de se développer ; il importe de respecter la zone prochaine de développement lors de ses apprentissages. Par ailleurs, Vygotski accorde également une grande importance aux apprentissages par tutelle et aux contextes d'apprentissage qui permettent aux élèves de vivre des conflits sociocognitifs, qui, selon lui, favorisent l'apprentissage.

PRINCIPES ET VALEURS

L'étude des fondements théoriques du socioconstructivisme permet de dégager trois grands principes de ce courant : la construction des apprentissages, l'apprentissage actif et l'interaction avec les autres et l'environnement.

L'apprenant construit ses apprentissages

C'est en s'appuyant sur ses connaissances antérieures que l'apprenant est confronté à un conflit cognitif, qui est à la source de ses futurs apprentissages. En effet, lorsque l'apprenant est confronté à des éléments qui ne concordent pas avec ses connaissances antérieures, il vit un déséquilibre cognitif qui l'amène à se questionner, à remettre en question ses schèmes intérieurs et à construire de nouvelles connaissances. En fait, lors de cette remise en question, l'apprenant restructure ses connaissances en tenant compte des nouveaux éléments. Ainsi, selon le socioconstructivisme, la connaissance est construite par l'apprenant lui-même ; elle n'est pas transmise par l'enseignante.

L'apprenant est actif dans son apprentissage

Selon le constructivisme et le socioconstructivisme, l'apprenant est actif dans son apprentissage. Il n'est pas l'élève passif du courant béhavioriste. Il est amené à agir, à interagir et à réfléchir. Ainsi, il s'implique et participe à son propre processus de construction des connaissances et des compétences. Il observe, se questionne, discute, expérimente, manipule, collabore, réfléchit, recherche, analyse, synthétise, etc. Il joue un rôle actif dans la situation pédagogique. Il est un acteur essentiel du modèle SOMA (sujet-objet-milieu-agent). Plusieurs auteurs parlent alors d'une approche centrée sur l'élève (*student centered approach*) ou du paradigme de l'apprentissage (dont Tardif, 2000, cité dans Gauthier, 2003) par opposition au paradigme de l'enseignement.

L'apprenant apprend en interaction avec les autres et son environnement

Selon Jonnaert et Vander Borght (1999, p. 30), « les interactions sociales constituent une composante essentielle de l'apprentissage ». L'élève construit lui-même ses connaissances à partir de ses interactions avec les autres élèves ou avec l'enseignante, et aussi à partir des « échanges [qu'il] établit avec le milieu » (Jonnaert et Vander Borght, 1999, p. 30). En effet, l'élève apprend par ses interactions et ses échanges avec ses pairs et son environnement. Le socioconstructivisme met en évidence l'importance des interactions et également celle du langage, outil de médiation entre les apprenants. Jonnaert et Vander Borght (1999) emploient l'expression « zones et espaces de dialogue » et soulignent que ces zones constituent des endroits privilégiés d'interactions facilitant les apprentissages.

Ainsi, certains auteurs (Perrenoud, 2003b) parlent d'un processus d'autosocioconstruction des savoirs en référence au fait que l'apprentissage n'est pas transmis, mais construit activement (construction) par l'apprenant lui-même (auto) au contact des autres, et ce, dans un environnement donné (socio).

CONCEPTION DE L'ENSEIGNEMENT ET DE L'APPRENTISSAGE

L'approche socioconstructiviste véhicule une conception particulière de l'apprentissage qui influence les pratiques pédagogiques des enseignantes. Selon cette approche, l'apprentissage est un processus de coconstruction ou de construction collective de la réalité (Vienneau, 2005). En effet, selon Boutin et Julien (2000), alors que le constructivisme met l'accent sur l'individu (l'apprenant), le socioconstructivisme souligne plutôt l'importance de la collectivité (la classe). Ainsi, dans l'approche socioconstructiviste, les interactions, les échanges et les conflits cognitifs sont au cœur de la dynamique de la classe. L'enseignante qui adopte une telle philosophie de l'apprentissage met en place et laisse émerger des situations permettant aux apprenants de coconstruire leurs savoirs. L'enseignante est un guide, une accompagnatrice et une médiatrice de ce processus de coconstruction, son principal outil d'intervention étant le questionnement ouvert. Selon Lafortune et Deaudelin (2001, p. 27), « l'accompagnement socioconstructiviste renvoie donc au soutien apporté à des personnes en situation d'apprentissage pour qu'elles puissent cheminer dans la construction de leurs connaissances ». Ces auteures précisent que, pour y arriver, l'enseignante doit aider l'élève à activer ses connaissances antérieures et à établir des liens avec ses nouvelles connaissances pour ainsi transférer ses nouveaux apprentissages en situation réelle. Ceci présuppose une interaction entre l'enseignante et l'élève (Lafortune et Deaudelin, 2001).

EN CONCLUSION

Dans l'approche socioconstructiviste, l'enseignante occupe une place très importante dans le processus d'apprentissage. Sa place ne se situe toutefois pas à l'avant-plan. C'est l'élève lui-même, en interaction avec ses pairs, qui est au cœur de ses apprentissages. L'enseignante le guide et l'accompagne dans ce processus stimulant et enrichissant.

INTÉGRATION DES APPRENTISSAGES

 Pour garder en tête les nouvelles notions acquises, faites un bilan des savoirs (voir ci-dessous) et une synthèse que vous placerez ensuite dans votre dossier professionnel.

Bilan des savoirs	Oui, beaucoup mieux.	Non, je m'interroge encore.
Je connais les chercheurs à l'origine du courant socioconstructiviste.	☐	☐
Je connais quelques modèles d'enseignement qui s'inspirent de ce courant.	☐	☐
J'ai une idée des principes et des valeurs prônés par ce courant.	☐	☐
J'ai une idée de la conception de l'enseignement et de l'apprentissage propre à ce courant.	☐	☐

Pour en savoir plus

Ivic, Ivan. 1994. « Lev S. Vygotsky ». *Perspectives : revue trimestrielle d'éducation comparée*, vol. XXIV, n° 3/4, p. 793-820. En ligne. <http://www.ibe.unesco.org/publications/ThinkersPdf/vygotskf.pdf>. Consulté le 31 juillet 2011.

Jonnaert, Phillipe et Cécile Vander Borght. 1999. *Créer des conditions d'apprentissage : un cadre de référence socioconstructiviste pour une formation didactique des enseignants*. Bruxelles : De Boeck-Wesmael, 431 p.

SECTION ②
Le cognitivisme

Enseignement et apprentissage stratégiques

Sylvie Viola

PRÉPARATION AUX APPRENTISSAGES

Portrait des savoirs	Non, pas vraiment.	Oui, je fais une hypothèse.
Je peux dire ce qu'est l'enseignement et l'apprentissage stratégiques.	☐	☐
Je connais l'impact que peut avoir ce modèle sur ma pratique et sur l'apprentissage des élèves.	☐	☐
Je peux expliquer les rôles des élèves et de l'enseignant dans ce modèle.	☐	☐
Je peux appliquer les étapes de l'enseignement stratégique dans une classe.	☐	☐
Je sais comment élaborer des situations d'apprentissage selon la démarche de ce modèle.	☐	☐

Ce chapitre présente l'enseignement stratégique comme modèle d'enseignement et d'apprentissage inspiré du courant cognitiviste. La pratique d'apprentissage permet en premier lieu de faire appel à ses connaissances actuelles sur le sujet. En deuxième lieu, la théorie d'apprentissage apporte un éclairage sur ce qu'est l'enseignement et l'apprentissage stratégiques, ses origines, ses principes, ses particularités, ses avantages et ses limites. Il est également question de son application en classe (le pourquoi, le quand et le comment). Enfin, un questionnement à la fin de ce chapitre permet l'intégration des apprentissages.

RÉALISATION DES APPRENTISSAGES

PRATIQUE D'APPRENTISSAGE

 La situation d'apprentissage présentée dans le document 7.1 est inspirée des principes de l'enseignement et de l'apprentissage stratégiques. Elle permet de bien comprendre les concepts relatifs à ce modèle. Après en avoir pris connaissance, organisez des équipes de travail et effectuez la démarche proposée.

THÉORIE D'APPRENTISSAGE

Qu'est-ce que l'enseignement et l'apprentissage stratégiques ?
Le modèle de l'enseignement et de l'apprentissage stratégiques a été développé dans les années 1980. Il est mis de l'avant par les programmes de formation en raison de la place qu'il accorde aux processus mentaux des élèves. Ce modèle accorde une place importante aux interventions de l'enseignant auprès des élèves.

Selon Tardif (1992), l'enseignement stratégique tient compte de la capacité de l'enseignant à fixer des buts bien délimités, à recourir à son répertoire de stratégies pour atteindre ces buts, à anticiper les problèmes, à gérer le processus de planification et d'enseignement, à revoir sa planification et ses stratégies au besoin et à évaluer le processus de planification et d'enseignement à la fin d'une tâche. Dans la définition de Tardif (1992), l'accent est mis sur le pôle « enseignement ». L'enseignement occupe d'ailleurs une place importante dans ce modèle. Comme le soutient Presseau (2004), en enseignement stratégique, l'enseignant joue un rôle primordial dans les apprentissages de l'élève ; toutefois, il ne faut pas minimiser l'apport du travail de l'élève. C'est pourquoi on fait autant référence à l'enseignement stratégique qu'à l'apprentissage stratégique. Lorsque l'on se préoccupe du pôle « enseignement », on tient compte des stratégies utilisées par l'enseignant pour aider l'élève à devenir un apprenant stratégique. On s'intéresse aussi aux rôles que l'enseignant joue dans ce modèle.

Lorsque l'on met l'accent sur le pôle « apprentissage », on s'intéresse davantage à ce que fait l'élève pour apprendre : la mobilisation des stratégies cognitives et métacognitives, le traitement de l'information et l'utilisation de la mémoire, l'activation des connaissances antérieures, etc.

Le modèle d'enseignement et d'apprentissage stratégiques s'inspire largement des recherches en psychologie cognitive et s'intéresse particulièrement aux aspects suivants :

- les connaissances antérieures de l'élève qui permettent l'ancrage de la nouvelle information ;
- l'utilisation de la mémoire pour assurer l'efficacité et le transfert des apprentissages ;
- la considération des variables affectives qui jouent un rôle important dans la motivation à apprendre ;
- l'enseignement des trois types de connaissances (les connaissances déclaratives, les connaissances procédurales et les connaissances conditionnelles) ;
- l'enseignement et l'utilisation des stratégies ;
- le transfert des apprentissages.

Connaissances antérieures

En enseignement stratégique, une grande importance est accordée aux connaissances antérieures de l'élève, soit aux connaissances qui sont emmagasinées en mémoire par l'apprenant. Le traitement de l'information par l'élève est fortement influencé par les interventions de l'enseignant, peu importe si l'information est traitée par la mémoire à court terme ou par la mémoire à long terme. L'enseignant doit s'assurer que l'élève active régulièrement ses connaissances antérieures, ce qui lui permettra de faire de nouveaux apprentissages. Le chapitre 8, qui porte sur le traitement de l'information, traite aussi de cette question.

Variables affectives

Le modèle de l'enseignement et de l'apprentissage stratégiques considère que les variables affectives jouent un rôle important dans la motivation à apprendre. Les variables affectives de l'élève sont aussi essentielles à ses apprentissages que ses aspects cognitifs. L'affectivité comprend deux systèmes : le système de perceptions et le système de conceptions. De façon générale, le système de perceptions concerne la valeur accordée à la tâche. Ainsi, l'élève s'engage, participe et persiste différemment dans la tâche s'il reconnaît sa pertinence et son pouvoir face à cette tâche, et s'il est capable d'y répondre. De même, la notion d'effort prendra un sens différent. Le système de conceptions est aussi constitué de deux groupes : la conception des

Astuce

Faire un plan
L'élaboration d'un plan est une étape essentielle à la rédaction d'un texte. Pour faire un plan, il faut d'abord identifier le sujet principal du texte. On doit faire ensuite de même avec chacun des paragraphes, car ils constituent des sous-thèmes. Chaque thème peut ensuite être précisé de nouveau. Le système Dewey, utilisé dans le classement des livres dans les bibliothèques, s'inspire de cette procédure en attribuant une cote aux livres. Pour que la hiérarchie des titres soit bien représentée dans un plan, on fait souvent appel à la numérotation pour mettre en évidence les thèmes et les sous-thèmes, par exemple : 1., 1.1, 1.1.1, etc.

buts poursuivis par l'école et la conception de l'intelligence. Si l'élève constate que les buts poursuivis par l'école sont ceux de l'apprentissage, il développera les compétences nécessaires pour apprendre et l'école reconnaîtra son niveau de développement. Si, au contraire, les buts poursuivis par l'école sont reliés à l'évaluation, l'élève tentera continuellement de faire valider ses compétences. La conception que se fait l'élève des buts poursuivis par l'école a donc une grande influence sur ses comportements en classe. Il en va de même de la conception de l'intelligence. Bref, les systèmes de conceptions et de perceptions de l'élève vis-à-vis de l'école doivent être pris en considération lors de la planification de l'enseignant puisqu'ils feront l'objet d'interventions pédagogiques particulières.

Types de connaissances

Le présent modèle met aussi l'accent sur les différents types de connaissances. En général, les recherches en sciences cognitives appliquées à l'éducation distinguent trois types de connaissances : les connaissances déclaratives, les connaissances procédurales et les connaissances conditionnelles (Presseau, 2004 ; Tardif, 1992). Le rôle de l'enseignant est entre autres d'informer l'élève à propos de ces trois types de connaissances.

Enseignement explicite des stratégies

Pour faire des apprentissages signifiants, l'élève doit connaître les stratégies qui sont efficaces. L'efficacité des stratégies dépend des connaissances que l'élève possède de celles-ci et des contextes d'apprentissage dans lesquels il les utilise. En général, les stratégies sont divisées en quatre classes : les stratégies métacognitives, les stratégies cognitives, les stratégies affectives et les stratégies de soutien (Peters et Viola, 2003).

Transfert des apprentissages

Le transfert des apprentissages est aussi au cœur de l'enseignement et de l'apprentissage stratégiques. Ce sujet est encore très peu documenté. Toutefois, les pédagogues et les chercheurs s'entendent pour dire que, pour être efficaces, les élèves doivent pouvoir utiliser leurs acquis dans des contextes variés (Presseau, 2000). L'enseignant doit donc s'assurer de proposer aux élèves des tâches différentes ou encore des tâches qui permettent d'acquérir des connaissances de façon progressive. Selon les programmes de formation actuels, les nouveaux apprentissages doivent pouvoir être transférés dans la vie quotidienne. Mais, pour certains chercheurs, le concept de transfert ne fait pas allusion à ce type de réutilisation des connaissances. Ainsi, selon Tardif (1999, p. 58), le transfert est un « mécanisme cognitif qui consiste à utiliser dans une tâche cible une connaissance construite ou une compétence développée dans une tâche source ». Cette définition correspond à celle proposée par Presseau (2000) qui se base sur les recherches de Tardif et Meirieu (1996). Selon ces auteurs, le transfert des apprentissages comprend trois étapes : la contextualisation, la recontextualisation et la décontextualisation. Le transfert des apprentissages a lieu lorsque ces trois étapes sont respectées dans l'ordre.

1. On place l'élève dans un contexte particulier (contextualisation).
2. On le place ensuite dans des situations similaires dans d'autres contextes (recontextualisation).
3. On place l'élève dans une nouvelle situation d'apprentissage afin qu'il puisse en saisir le sens et la portée (décontextualisation).

Les chercheurs ne s'entendent pas tous sur ce qu'est le transfert des apprentissages et ses diverses étapes. C'est sans doute l'une des raisons pour lesquelles les effets du transfert des connaissances en classe n'ont pas encore été clairement démontrés. Il faut, entre autres, faire une distinction entre les concepts d'application, de généralisation et de transfert. Selon Samson (2002), l'application est la réutilisation d'une connaissance dans un contexte identique à celui où elle a été acquise. La généralisation est la capacité de saisir des ressemblances entre deux situations. Le transfert, quant à lui, est la réutilisation d'une solution connue dans une situation nouvelle ou inhabituelle (Morissette, 2002). Selon Bissonnette et Richard (2001), pour que l'élève puisse transférer des connaissances, il doit avoir en tête l'expérience d'une très grande quantité de tâches similaires. Pour Meirieu (1996) et Barth (1993), cités dans Morissette (2002), l'application est un transfert « bas de gamme », car il requiert de l'apprenant peu d'efforts mentaux. Seuls les transferts requérant de l'apprenant des efforts mentaux suffisamment importants peuvent être considérés comme des transferts « hauts de gamme ». Le modèle d'enseignement et d'apprentissage stratégiques s'intéresse particulièrement à ce type de transferts. Ainsi, l'enseignant est encouragé à mettre en place des conditions pour maximiser la fréquence des transferts, à intervenir explicitement dans les situations de transferts et à exiger des élèves qu'ils s'engagent activement dans leurs apprentissages. Le tableau 7.1 présente des conditions et des actions qui sont nuisibles ou favorables au transfert des apprentissages.

Tête chercheuse

Jacques Tardif a donné le coup d'envoi à l'enseignement stratégique au Québec. Professeur au Département de pédagogie de la Faculté d'éducation de l'Université de Sherbrooke, Jacques Tardif est un spécialiste de la formation en enseignement supérieur. Il est l'auteur de plusieurs livres portant sur les pratiques pédagogiques en enseignement stratégique, dont *Pour un enseignement stratégique : l'apport de la psychologie cognitive* (1992) et *Le transfert des apprentissages* (1999).

TABLEAU 7.1

Conditions et actions défavorables ou favorables au transfert des apprentissages

Conditions défavorables au transfert	Conditions favorables au transfert	Actions de l'enseignant qui favorisent le transfert	Actions de l'élève qui favorisent le transfert
• lacunes dans les stratégies métacognitives de l'élève • morcellement des apprentissages • approche par objectifs • limites de temps pour faire les activités proposées • manque de ressources matérielles	• similitudes entre les tâches sources et les tâches cibles • différences entre les tâches sources et les tâches cibles • représentation qu'a l'élève des tâches proposées • interactions sociales et hétérogénéité des élèves • contextes de résolution de problèmes • climat de confiance • gestion de classe adéquate • contexte d'apprentissage signifiant et pertinent	• provoquer la réflexion métacognitive • encourager l'objectivation • enseigner certains concepts de façon explicite • verbaliser ses processus • multiplier les occasions de faire faire des apprentissages significatifs	• s'engager dans les tâches proposées • verbaliser sa conception de l'apprentissage • rechercher toutes les réponses possibles à une même question • utiliser des stratégies efficaces (plus particulièrement les stratégies de généralisation et de discrimination) • activer régulièrement ses connaissances antérieures au cours de la tâche • vouloir faire un transfert

Pourquoi y faire appel en classe ?

Les interventions privilégiées en enseignement et en apprentissage stratégiques doivent permettre à tous les élèves, particulièrement aux élèves moins habiles, d'acquérir des connaissances et de développer des stratégies de travail efficaces. Ces savoirs sont essentiels à la persévérance des élèves et à leur réussite scolaire. Selon certaines recherches, la qualité, la complexité et la diversité des stratégies connues des élèves sont en lien avec leurs performances en classe (Viola, 1999). Par exemple, la maîtrise des stratégies métacognitives par les élèves est étroitement liée au succès en lecture (Viola, 1999).

L'un des avantages de ce modèle est qu'il peut être facilement utilisé en complément à d'autres modèles d'enseignement. Par exemple, on peut très bien proposer une situation d'enseignement coopératif tout en ayant recours à un enseignement explicite des stratégies sociales. Ce modèle facilite les transferts de connaissances d'une discipline à l'autre. Par exemple, un élève qui a recours à la stratégie de planification « anticipation » en lecture peut très bien la réutiliser dans une discipline sportive ou artistique.

Le modèle de l'enseignement et de l'apprentissage stratégiques amène l'élève à construire du sens et à diriger son attention sur sa façon de penser lorsqu'il exécute des tâches. Il rend l'élève autonome et flexible dans ses différents apprentissages. Il lui donne du pouvoir sur ses apprentissages, car sa perception du succès de la tâche est très fortement associée à l'effort consacré pour y parvenir.

Ce modèle favorise le développement professionnel de l'enseignant puisqu'il a lui aussi un contrôle sur la planification, la mise en œuvre et les ajustements des activités. En ayant une meilleure connaissance des processus cognitifs de l'élève, l'enseignant est davantage en mesure d'intervenir sur ceux-ci. L'enseignant pourra axer ses interventions pédagogiques de manière à proposer plusieurs situations similaires dans différents contextes d'apprentissage. Ainsi, il agira en tant que professionnel « héritier, critique et interprète d'objets de savoirs ou de culture », l'une des compétences professionnelles que l'enseignant doit développer (MÉQ, 2001a, p. 61).

Ce modèle, s'il est utilisé dans toutes les classes d'une école, permet une progression plus rigoureuse des apprentissages à l'intérieur d'un cycle ou d'un cycle à l'autre. Ogle (1988) a mené une étude sur la préparation de séquences de contenus d'apprentissage dans le cadre d'un enseignement stratégique. Cette étude, qui s'est déroulée sur trois ans, a suscité de nombreux échanges et a nécessité plusieurs ajustements. Au cours des échanges, les enseignants devaient élaborer des situations d'apprentissage adaptées aux besoins des élèves des classes d'une école. Ils ont ainsi pu comprendre l'impact que ces situations avaient sur les apprentissages des élèves. En effet, en élaborant eux-mêmes les situations d'apprentissage, les enseignants ont pris conscience de l'importance de bien connaître les élèves, les contenus et les stratégies d'enseignement pour agir en tant qu'enseignants efficaces et stratégiques.

Le modèle de l'enseignement et de l'apprentissage stratégiques constitue un modèle novateur qui a certes de nombreux avantages. Toutefois, il peut être très exigeant pour l'enseignant. L'enseignant doit avoir une bonne connaissance de ce modèle, faire preuve de flexibilité et d'une grande disponibilité. Les enseignants qui désirent adopter ce modèle doivent aussi participer à des formations continues qui sont entrecoupées d'expérimentations et de suivis.

Quand y recourir en classe ?

À ses débuts, le modèle d'enseignement et d'apprentissage stratégiques a surtout été utilisé pour remédier aux difficultés en lecture des élèves du primaire. De nos jours, toutefois, on y a recours dans plusieurs disciplines scolaires et en interdisciplinarité.

Historique

Les recherches sur l'enseignement et l'apprentissage stratégiques ont pris leur essor dans les années 1980. À la suite de la période pendant laquelle on a voué un véritable culte à la pédagogie de la bonne réponse (on s'intéressait davantage au produit de l'apprentissage), on a commencé à porter un intérêt aux processus des élèves. En d'autres termes, on a commencé à questionner les élèves pour savoir ce qui se passait dans leur tête avant qu'ils n'arrivent à une réponse. Comme il est impossible d'avoir directement accès aux processus des élèves, les recherches qui ont été effectuées dans ce domaine ont été menées auprès d'apprenants experts ou d'élèves performants. Des renseignements importants sur leur manière de traiter l'information ont été obtenus en les amenant à verbaliser leurs processus. On est arrivé à la conclusion que, si les élèves performants peuvent devenir efficaces dans leurs apprentissages grâce à un entraînement et à des explications appropriées, il est possible d'aider les élèves moins performants en ayant recours aux mêmes moyens. C'est d'ailleurs le point de départ des recherches bien connues de Jones, Palincsar, Carr et Ogle (1987).

Clic et déclic

Au primaire et au secondaire, l'enseignement des stratégies permet aux élèves d'être plus efficaces en lecture, en écriture, en mathématiques, etc. Pour l'enseignant, cela exige une préparation rigoureuse et des interventions individualisées et différenciées. Il en est de même pour les études post-secondaires où l'utilisation efficiente des stratégies par les étudiants a aussi un impact sur la réussite de leurs études. Le lien suivant en fournit un exemple de même que d'autres ressources intéressantes :

https://oraprdnt.uqtr.uquebec.ca/pls/public/gscw031?owa_no_site=1100&owa_no_fiche=28

La gestion éducative de la classe s'inspire également du modèle d'enseignement et d'apprentissage stratégiques (Archambault et Chouinard, 2003). On enseigne des stratégies de gestion de classe aux élèves en utilisant entre autres le modelage et l'enseignement explicite. Par exemple, si l'on veut faire découvrir la stratégie « demander de l'aide » aux élèves, on les amène d'abord à en discuter ensemble. Par la suite, l'enseignant modélise la stratégie, puis encourage les élèves à le faire aussi entre eux. On termine la séquence d'enseignement par la pratique guidée et autonome et l'affichage de la stratégie.

Au Québec, actuellement, le modèle de l'enseignement et de l'apprentissage stratégiques est surtout utilisé au primaire et au secondaire. Certaines démarches de ce modèle ont été adaptées pour le préscolaire. *Sur les chemins de la connaissance* de Barbeau, Montini et Roy (1997) présente une démarche intéressante qui adopte plusieurs principes de l'enseignement stratégique pour aider les étudiants au collégial à améliorer leurs stratégies. En 1993, la réforme Robillard, qui amorce des travaux de révision des programmes de l'ordre collégial, souligne clairement la nécessité pour les enseignants de s'initier au modèle d'enseignement et d'apprentissage stratégiques.

Comment l'intégrer à sa pratique ?

Le modèle d'enseignement et d'apprentissage stratégiques développé par Jones *et al.* (1987) comprend trois étapes qui décrivent les stratégies et les actions auxquelles l'enseignant devrait avoir recours.

La **première étape** du modèle, la préparation aux apprentissages, comprend quatre sous-étapes : la discussion des objectifs de la tâche ; le survol du matériel ; l'activation des connaissances antérieures ; et la direction de l'attention et de l'intérêt. Selon Tardif (1992, p. 324-325), c'est au cours de la dernière sous-étape que « l'enseignant intervient au regard des composantes de la motivation scolaire de l'élève et qu'il précise explicitement les retombées de la réalisation de cette activité ».

La présentation des contenus, qui est la **deuxième étape** du modèle, comporte trois sous-étapes : le traitement de l'information, l'intégration des connaissances et l'assimilation des connaissances. Lors du traitement de l'information, l'enseignant doit d'abord présenter aux élèves des tâches contextualisées, complexes et authentiques. Par la suite, lors de l'intégration des connaissances, il intervient en leur demandant quelles stratégies ils ont utilisées. C'est aussi à ce moment que l'enseignant encourage les élèves à mettre en application des stratégies cognitives et métacognitives. Il les invite aussi à discuter de l'efficacité des stratégies utilisées. Il présente de nouvelles stratégies au besoin et en fait un modelage. Enfin, il met en place une pratique guidée et autonome des stratégies nouvellement acquises qui serviront entre autres dans la poursuite de l'activité en cours. À ce moment, l'enseignant insiste sur l'intégration des connaissances dans la mémoire à long terme. Au cours de l'assimilation des connaissances, les élèves sont amenés à prendre conscience de leurs nouvelles connaissances et de la nécessité de restructurer leurs connaissances antérieures. Au moyen d'échanges, de discussions ou d'exercices de restructuration des connaissances, les élèves réajustent leur jugement et assimilent les nouvelles connaissances.

La **troisième étape** du modèle, l'application et le transfert des apprentissages, comprend trois sous-étapes : l'évaluation formative et sommative des apprentissages ; l'organisation des connaissances ; et le transfert et l'extension des connaissances. Lors de l'évaluation formative et sommative des apprentissages, l'enseignant invite les élèves à extraire l'information du contexte initial. Lors de l'organisation des connaissances, il aide les élèves à faire un bilan des connaissances qu'ils ont acquises et les aide également à organiser ces connaissances sous différentes formes (schéma, tableau, résumé, réseau de concepts, idées maîtresses, etc.). C'est aussi à ce moment que les élèves sont amenés à déterminer s'ils ont atteint les objectifs fixés. Enfin, lors du transfert et de l'extension des connaissances (ou recontextualisation), les élèves doivent transférer les connaissances acquises et réutiliser les compétences développées dans de nouvelles tâches. L'enseignant doit donc placer les élèves dans différents contextes pour leur permettre de réutiliser les connaissances, les compétences et les stratégies acquises.

Quels rôles y jouent l'enseignant et l'élève

Dans le modèle d'enseignement et d'apprentissage stratégiques, le rôle de l'enseignant est essentiel et très explicite. Selon Tardif (1992, p. 333), « les enseignants sont plus stratégiques dans la mesure où ils ont développé l'habileté à organiser les connaissances de façon interactive ». C'est cette notion d'interaction qui est au cœur même du modèle d'enseignement et d'apprentissage stratégiques. Dans ce modèle, l'enseignant planifie le type d'encadrement qu'il fournira aux élèves pour qu'il puisse intervenir adéquatement sur les contenus, les concepts et les connaissances. Ainsi, selon Tardif (1992), le temps que l'enseignant consacre à la préparation de l'enseignement est important. L'enseignant stratégique a développé une certaine expertise qu'il utilise avant, pendant et après les activités d'enseignement et d'apprentissage en vue de rendre l'élève autonome. Selon Tardif (1992) et Presseau (2004), l'enseignant stratégique peut jouer différents rôles :

- **un preneur de décisions**: il sélectionne le matériel approprié pour maximiser les apprentissages des élèves; il planifie des activités à court terme et à long terme; il choisit les méthodes d'enseignement qu'il utilise en fonction des contenus et des élèves.

- **un penseur**: il évalue ses élèves régulièrement et fait des hypothèses sur leurs capacités à assimiler l'information demandée; il sélectionne les contenus et les savoirs essentiels à privilégier; il prend en compte le degré de difficulté des tâches.

- **un motivateur**: il choisit des tâches motivantes pour les élèves; il explique aux élèves la pertinence et l'importance de l'activité; il intervient au niveau de la perception qu'ont les élèves de leurs compétences.

- **un modèle**: il modélise ses processus d'apprentissage; il donne des exemples sur la démarche à suivre; il fournit des occasions à ses élèves d'observer les actions des autres.

- **un médiateur**: il offre de l'encadrement aux élèves (pratique guidée et autonome); il discute avec les élèves de la perception qu'ils ont de la tâche; il permet aux élèves d'activer leurs connaissances sur le sujet; il invite les élèves à comparer et à partager leurs processus d'apprentissage.

- **un entraîneur**: il propose à ses élèves des tâches signifiantes et complexes dont la portée dépasse le contexte scolaire; il leur soumet des tâches de résolution de problèmes; il s'assure que les savoirs sont enseignés de façon à ce que les élèves puissent les placer dans un contexte plus large.

L'enseignant stratégique joue ces rôles lorsqu'il planifie son enseignement et intervient dans sa classe. Il joue aussi ces rôles lorsqu'il sélectionne (preneur de décisions et penseur), explique (motivateur), utilise (modèle) et soutient (médiateur et entraîneur) différentes méthodes ou techniques. Pour ce faire, il peut faire appel à différentes techniques, telles que celle du SVA+ (KWL+) (Carr et Ogle, 1987), illustré dans le tableau 7.2.

TABLEAU 7.2

SVA+			
S (ce que je sais)	**V** (ce que je veux savoir)	**A** (ce que j'ai appris)	**+** (ce que je veux savoir de plus)

Il peut aussi utiliser un guide de prédictions. Avant de réaliser une tâche, les élèves répondent aux questions du guide de prédictions en s'appuyant uniquement sur leurs connaissances antérieures. Après la tâche, les élèves répondent de nouveau aux mêmes questions, mais, cette fois, en faisant appel aussi aux nouvelles connaissances acquises. Ils apportent les corrections ou les modifications nécessaires.

TABLEAU 7.3

Guide de prédictions

À PROPOS DE _____ (ex. : le réchauffement de la planète)		
Énoncé	**Réponses avant la tâche**	**Réponses après la tâche**
Le réchauffement de la planète est provoqué par le gaz carbonique (CO_2) et d'autres gaz que nous rejetons dans l'environnement.		

D'autres techniques peuvent aussi être utilisées pour activer les connaissances des élèves :

* notes de cours structurées ;
* guide de vocabulaire ;
* représentations sous la forme d'un graphique, d'un schéma, d'un réseau de concepts, etc. ;
* enseignement réciproque ;
* modelage et verbalisation, discussions, questionnement et dialogue pédagogique, enseignement explicite, évaluation des stratégies, affichage des stratégies.

En général, l'enseignant qui adopte le modèle de l'enseignement et de l'apprentissage stratégiques joue un rôle primordial en utilisant différentes méthodes ou techniques d'enseignement. Les élèves apportent également leur contribution dans le cadre de ce modèle : ils sont actifs dans leur démarche d'apprentissage ; ils construisent graduellement leurs savoirs ; ils connaissent les stratégies cognitives et métacognitives efficaces pour réaliser une tâche ; ils sont capables d'utiliser des stratégies et de les évaluer.

Les exemples suivants illustrent en détail des situations d'apprentissage au primaire et au secondaire qui font appel à l'enseignement et à l'apprentissage stratégiques.

Démarche d'enseignement et d'apprentissage stratégiques au primaire
(inspirée de Presseau, 2004)

Tableau-synthèse

INTENTION ÉDUCATIVE

Familiariser les élèves aux étapes d'élaboration d'un projet communautaire axé sur l'environnement et l'esthétique.

TÂCHE

Faire un plan d'aménagement d'un jardin communautaire* et par la suite gérer le projet pour l'ensemble de l'école.

COMPÉTENCES TRANSVERSALES VISÉES

D'ordre intellectuel :

mettre en œuvre sa pensée créatrice (**CT4**).

D'ordre méthodologique :

utiliser des méthodes de travail efficaces (**CT5**).

DOMAINES GÉNÉRAUX DE FORMATION

Orientation et entrepreneuriat :

Appropriation des stratégies liées à un projet : stratégies associées aux diverses facettes de la réalisation d'un projet (information, prise de décisions, planification et réalisation).

Connaissance du monde du travail, des rôles sociaux, des métiers et des professions : nature et exigences des rôles liés aux responsabilités familiales ou communautaires.

Environnement et consommation :

Présence à son milieu : identification des liens entre les éléments propres à un milieu local ou régional, à une saison.

Construction d'un environnement viable dans une perspective de développement durable : lien entre la satisfaction des besoins des membres d'une collectivité et le territoire sur lequel ils évoluent.

DOMAINES D'APPRENTISSAGE ET COMPÉTENCES DISCIPLINAIRES

Domaine des langues : Lire des textes variés, écrire des textes variés (**CD-L1**, **CD-L2**).

Domaine de la mathématique, de la science et de la technologie :

Raisonner à l'aide de concepts et de processus mathématiques (**CD-M2**).

Communiquer à l'aide du langage mathématique (**CD-M3**).

Mettre à profit les outils, les objets et les procédés de la science et de la technologie (**CD-ST2**).

TYPE DE PRODUCTION ATTENDUE

Écrite ☑   Orale ☐   Artistique ☐   Scientifique ☐   Autre ☑ pratique

DÉFIS RAISONNABLES ET UTILES

Savoirs essentiels

En science et en technologie :

Connaissances de l'univers matériel (techniques et instruments) :

- Fabrication (ex. : interprétation de plans, traçage, etc.).
- Utilisation d'instruments de mesure simples (ex. : règles).
- Utilisation d'outils (ex. : pince, tournevis, marteau, etc.).

La terre et l'espace (matière) :

- Propriétés et caractéristiques de la matière terrestre : sol, eau et air.

En mathématique :

Mesure (angles, surfaces et volumes).

Connaissances antérieures :

Besoins et processus de croissance d'une plante.

Lecture et écriture de textes simples.

(suite p. 147)

* Dans cet exemple, compte tenu des contraintes d'espace, la description de la démarche pédagogique ne portera que sur la première partie de la tâche, soit l'élaboration du plan d'aménagement.

Difficultés probables :
Collecte de données sur des sites Internet et dans les livres (ainsi que compréhension de celles-ci), achat et localisation du matériel, communication entre les classes, gestion des différents aspects du projet, utilisation des outils.

Évaluation formative :
Observation et fiche d'autoévaluation.

MOYENS

Types de tâches proposées	Modalités d'enseignement	Outils d'évaluation authentique
Création plastique ☐	Collectif ☐	Grille d'observation et/ou d'évaluation ☑
Étude de cas ☐	Coopératif ☑	Questionnaire oral, en équipe ou ind. ☐
Laboratoire ☐	Enseignement magistral ☐	Questionnaire écrit, en équipe ou ind. ☐
Production écrite ☐	Enseignement par les pairs ☐	Grille d'autoévaluation ☑
Projet ☑	Jeux de rôle ☐	Évaluation par les pairs ☐
Recherche ☐	Laboratoire ☐	Carte notionnelle ☐
Résolution de problèmes ☑	Simulation ☐	Autre : _____ ☐
Débat ou table ronde ☐	Travail d'équipe ☑	
Autre : _____ ☐	Travail individuel ☐	
	Autre : _____ ☐	

Soutien particulier : stratégie de prise de notes.

Matériel : textes documentaires et descriptifs, outils de jardinage, terre, plants et graines.

Niveau scolaire : 2e cycle du primaire. | **Moment et durée de la tâche :** au printemps. Activité échelonnée jusqu'à la fin de l'année scolaire et poursuivie durant l'été.

Démarche d'enseignement

PHASE 1 : PRÉPARATION AUX APPRENTISSAGES	
L'enseignant...	**Les élèves...**
ACTIVATION DES CONNAISSANCES **Activation des connaissances antérieures des élèves** • L'enseignant active collectivement et note les connaissances antérieures des élèves à propos : – des jardins communautaires – de la croissance des plantes et des légumes, etc.	• Les élèves partagent ce qu'ils connaissent des sujets à l'étude.
Mobilisation des compétences transversales et disciplinaires • Il discute avec les élèves des compétences qu'ils possèdent pour mener à terme le projet et de celles qui seront développées au cours de cette tâche.	• Ils prennent connaissance des compétences qu'ils possèdent et de celles à développer dans ce projet ; ils les formulent dans leurs mots.
Conscience du besoin d'en connaître davantage • Il fait ressortir les questionnements des élèves par rapport au sujet à l'étude.	• Ils prennent conscience de leur manque d'information et de connaissances sur certains aspects du sujet à l'étude.

(suite p. 148)

PHASE 1 : PRÉPARATION AUX APPRENTISSAGES (SUITE)

L'enseignant...	Les élèves...
MOTIVATION DES ÉLÈVES **Valeur de la tâche** • L'enseignant explique aux élèves la valeur de la tâche qui est proposée et discute de sa pertinence. • Il encourage les élèves à faire des liens entre ce projet et leurs besoins (retombées personnelles). • Il aide les élèves à découvrir l'importance de ce projet pour l'environnement scolaire, municipal ou mondial (retombées sociales).	• Les élèves écoutent attentivement les consignes de la tâche proposée. • Ils s'approprient les objectifs à atteindre (**CT5**). • Ils expliquent comment ils conçoivent la tâche et les retombées dans leur vie personnelle et sociale.
Contrôle • Il explique aux élèves les choix qu'ils pourront effectuer durant le projet et ce qu'ils possèdent déjà pour bien réaliser cette tâche.	• Ils prennent conscience de leurs choix dans le processus et de ce qu'ils possèdent déjà pour mener à bien ce projet important.
Exigences • Il explique aux élèves qu'ils seront initiés à une stratégie cognitive pour les aider à mener cette tâche à terme. • Il discute avec les élèves du défi / des défis à relever et mentionne les critères d'évaluation et les outils qui seront utilisés pour évaluer la tâche.	• Ils participent à la discussion et prennent connaissance de l'évaluation qui sera effectuée tout au long du projet.

PHASE 2 : RÉALISATION DES APPRENTISSAGES

L'enseignant...	Les élèves...
Pratique • Il invite les élèves à énumérer les différentes tâches à effectuer pour élaborer le plan d'aménagement et les note. • Il invite les élèves à se regrouper en équipes en fonction de leur intérêt pour une tâche en particulier. • Il invite les élèves à se mettre au travail en petites équipes. • Il invite les élèves à chercher de l'information sur des sites Internet et à la bibliothèque. • Il propose aux élèves de lire certains textes sur les jardins communautaires, la planification des jardins, la croissance des plantes, etc.	• Ils partagent et confrontent leurs idées sur les différentes tâches à effectuer. • Ils se regroupent en équipes. • Ils enclenchent activement le processus et entament leur travail d'équipe (**CT4**). • Ils cherchent de l'information en lien avec leur tâche spécifique. • Ils lisent des textes reliés au sujet (**CD-L1**).

(suite p. 149)

PHASE 2 : RÉALISATION DES APPRENTISSAGES (SUITE)

L'enseignant...	Les élèves...

Soutien
• L'enseignant soutient les élèves dans la pratique d'un savoir essentiel ciblé : prendre des notes
• Il fait une discussion métacognitive avec les élèves à propos de la stratégie :
   – qu'est-ce qu'une prise de notes efficace ?
   – comment le fait-on ?
   – pourquoi est-ce important de le faire ?
• Il enseigne la stratégie de façon explicite.
• Il fait un modelage avec un exemple à l'appui.
• Il affiche une procédure pour les élèves.
• Il les invite à faire quelques exercices à deux et en équipe.
• Il encourage l'application de cette démarche dans la tâche.
	• Les élèves disent ce qu'ils connaissent de la stratégie proposée et participent à la démarche préparée par l'enseignant (**CD-L3**).
	• Ils écoutent et participent à la discussion.
	• Ils effectuent les exercices proposés.
	• Ils utilisent la stratégie de prise de notes lors de leurs recherches d'information et lors des discussions avec les élèves des autres classes (**CD-L2**).

Pratique • Il invite les élèves à commencer leur partie du plan. • Il circule dans les équipes pour vérifier l'état d'avancement des travaux. • Il guide les élèves au besoin afin qu'ils fassent des choix réfléchis et qu'ils justifient ces décisions. • Il invite les élèves à consulter les autres élèves de l'école.	• Ils rédigent leur partie du plan d'aménagement du jardin communautaire (**CD-L2**). • Ils évaluent, si là est leur tâche, la dimension du terrain pour faire le jardin et commencent leur plan (**CD-M**). • Ils anticipent les exigences de la méthode retenue et les ressources requises (**CT5**). • Ils mobilisent les ressources requises : personnes, matériel, etc. (**CT5**). • Ils rencontrent des élèves de l'école et leur soumettent leur idée sur leur partie du plan de développement (**CD-M3**). • Ils expriment leurs idées sous diverses formes (**CT4**). • Ils prennent des notes pour retenir l'essentiel de ce qui est proposé. • Ils exploitent de nouvelles idées pour bonifier leur partie du plan d'aménagement.
• Il invite chacune des équipes à présenter sa partie à la classe. • Il anime une discussion qui permet de faire les ajustements pour chacune des parties du plan collectif d'aménagement du jardin communautaire.	• Ils présentent en équipe la partie du plan d'aménagement sur laquelle ils ont travaillé. • Ils partagent et confrontent leurs idées sur les ajustements à effectuer (**CD-M2**, **CD-M3**). • Ils acceptent la critique et reformulent leur partie au besoin. • Ils produisent une version finale du plan d'aménagement.

(suite p. 150)

PHASE 3 : TRANSFERT

L'enseignant...	Les élèves...
Décontextualisation • L'enseignant invite les élèves à prendre conscience des apprentissages réalisés en présentant le plan d'aménagement sous forme schématique.	• Les élèves préparent un schéma du plan d'aménagement.

Recontextualisation
• Il invite les élèves à identifier dans quelles circonstances ils pourraient réutiliser les notions vues dans cette tâche :
  – si vous aviez un autre projet communautaire à faire, comment le planifieriez-vous ?
  – à quoi l'élaboration d'un plan d'aménagement pourrait-elle être utile dans d'autres contextes ?
• Il anime une discussion métacognitive :
  – que comprenez-vous et retenez-vous de la prise de notes ?
	• Ils participent à la discussion en faisant part de leurs idées de réinvestissement.
	• Ils expliquent ce qu'ils retiennent de la stratégie « prise de notes » et disent dans quel contexte ils pourraient la réutiliser.

Clôture • Il invite les élèves à discuter des principales difficultés rencontrées, des défis relevés et des apprentissages effectués en regard de leurs connaissances antérieures. • Il discute des retombées finales de ce projet en lien avec les domaines généraux de formation ciblés. • Il fait un retour sur les compétences visées avec les élèves.	• Ils prennent conscience de l'efficacité et des limites de leur démarche (**CT5**). • Ils font un retour sur les nouvelles connaissances acquises. • Ils parlent des retombées finales du projet réalisé en fonction de l'environnement et de l'entrepreneuriat. • Ils évaluent les compétences développées à l'aide d'une grille de coévaluation.

Démarche d'enseignement et d'apprentissage stratégiques au secondaire
(inspirée de Presseau, 2004)

Tableau-synthèse

INTENTION ÉDUCATIVE

Par des activités de lecture et d'écriture, familiariser les élèves à la vie d'un personnage ou d'un événement historique célèbre afin de mieux cerner les facteurs de réussite ou de développement d'une société.

TÂCHE

Rédiger un article dans *L'Encyclopédie libre Wikipédia* présentant un personnage ou un événement célèbre.

COMPÉTENCES TRANSVERSALES VISÉES

D'ordre intellectuel :
exploiter l'information (**CT1**).

D'ordre méthodologique :
exploiter les TIC (**CT6**).

DOMAINES GÉNÉRAUX DE FORMATION

Orientation et entrepreneuriat :

Conscience de soi, de son potentiel et de ses modes d'actualisation : motivation, goût du défi et sentiment de responsabilité par rapport à ses succès et à ses échecs.

DOMAINES D'APPRENTISSAGE ET COMPÉTENCES DISCIPLINAIRES

Domaine des langues : Lire et apprécier des textes variés, écrire des textes variés (**CD-L1**, **CD-L2**).

Domaine de l'univers social (histoire et éducation à la citoyenneté) :

Interroger les réalités sociales dans une perspective historique (**CD-HEC1**).

TYPE DE PRODUCTION ATTENDUE

Écrite ☑   Orale ☐   Artistique ☐   Scientifique ☐   Autre ☐ _____

DÉFIS RAISONNABLES ET UTILES

Notions et concepts : Discours rapporté (déterminer le caractère plutôt objectif ou plutôt subjectif du point de vue en s'appuyant particulièrement sur le lexique et la syntaxe).

Connaissances antérieures : Rédaction de textes descriptifs.

Difficultés probables : Collecte de données sur des sites Internet ; mise en ligne d'un texte.

Évaluation formative : Grille d'observation, carte conceptuelle.

MOYENS

Types de tâches proposées	Modalités d'enseignement	Outils d'évaluation authentique
Création plastique ☐	Collectif ☐	Grille d'observation et / ou d'évaluation ☐
Étude de cas ☐	Coopératif ☑	Questionnaire oral, en équipe ou ind. ☐
Laboratoire ☐	Enseignement magistral ☐	Questionnaire écrit, en équipe ou ind. ☐
Production écrite ☑	Enseignement par les pairs ☐	Grille d'autoévaluation ☐
Projet ☐	Jeux de rôle ☐	Évaluation par les pairs ☐
Recherche ☐	Laboratoire ☐	Carte notionnelle ☑
Résolution de problèmes ☐	Simulation ☐	Autre : _____ ☐
Débat ou table ronde ☐	Travail d'équipe ☑	
Autre : _____ ☐	Travail individuel ☐	
	Autre : _____ ☐	

Soutien particulier : stratégie de la validation des sources.

Matériel : Textes sur les personnages ou les événements célèbres, revues, ordinateur et sites Internet.

Niveau scolaire : 2e année, 1er cycle du secondaire.   **Moment et durée de la tâche :** 10 périodes de 60 minutes.

(suite p. 152)

Démarche d'enseignement

PHASE 1 : PRÉPARATION AUX APPRENTISSAGES	
L'enseignant...	**Les élèves...**

ACTIVATION DES CONNAISSANCES
Activation des connaissances antérieures des élèves
• L'enseignant active collectivement et note les connaissances antérieures des élèves à propos :
  – de certains personnages et événements célèbres. « Comment peuvent-ils être considérés comme tels ? »
  – du contenu et de l'organisation de l'*Encyclopédie libre Wikipédia*.
	• Les élèves partagent ce qu'ils savent de certains personnages ou événements célèbres et de l'*Encyclopédie libre Wikipédia*.

Mobilisation des compétences transversales et disciplinaires • Il discute avec les élèves des compétences qu'ils possèdent et qui leur seront utiles et de celles qui seront développées au cours de cette tâche.	• Ils prennent connaissance des compétences qu'ils possèdent et de celles à développer dans cette tâche ; ils les formulent dans leurs mots.
Conscience du besoin d'en connaître davantage • Il fait ressortir les oppositions, les questionnements et les lacunes des élèves par rapport au sujet à l'étude.	• Ils prennent conscience de leur manque d'information et de connaissances sur certains aspects du sujet à l'étude.
MOTIVATION DES ÉLÈVES **Valeur de la tâche** • Il explique aux élèves la valeur de la tâche qui est proposée et discute de sa pertinence. • Il encourage les élèves à faire des liens entre la vie des personnages ou des événements célèbres, leur propre vie actuelle et celle de demain (retombées personnelles). • Il fait découvrir aux élèves l'importance de se réaliser soi-même pour contribuer d'une certaine façon à l'évolution de la société (retombées sociales).	• Ils comprennent l'utilité et l'importance de la tâche à court terme et à long terme. • Ils font des liens avec différents éléments de leur quotidien et la notion de célébrité. • Ils prennent conscience que la célébrité a des avantages et des inconvénients.
Contrôle • Il explique aux élèves les choix qu'ils pourront effectuer lors de la réalisation de la tâche et ce qu'ils possèdent déjà pour bien réaliser la nouvelle tâche.	• Ils prennent conscience de leurs choix dans le processus et de ce qu'ils possèdent déjà pour mener à bien ce projet important.
Exigences • Il explique aux élèves qu'ils seront initiés à une stratégie cognitive pour les aider à mener cette tâche à terme. • Il discute avec les élèves des défis à relever et mentionne les critères d'évaluation et les outils qui seront utilisés pour évaluer la tâche.	• Ils prennent note des défis à relever, des critères et des outils d'évaluation.

(suite p. 153)

PHASE 2 : RÉALISATION DES APPRENTISSAGES	
L'enseignant...	**Les élèves...**

Pratique	• Les élèves se regroupent en équipes.
• L'enseignant invite les élèves à se regrouper en équipes en fonction de leur intérêt pour un personnage ou un événement célèbre.	• Ils se répartissent le travail entre chaque membre de l'équipe.
• Il invite les élèves à planifier les différentes étapes pour réaliser la tâche et à se séparer le travail.	• Ils commencent leur travail.
• Il invite les élèves à se mettre au travail.	• Ils cherchent de l'information en lien avec leur personnage ou leur événement et sélectionnent l'information pertinente (**CT1**).
• Il invite les élèves à chercher de l'information sur des sites Internet et à la bibliothèque.	• Ils respectent les codes relatifs à la propriété intellectuelle en notant les sites Internet de façon appropriée (**CT6**).
• Il propose aux élèves de lire certains textes historiques.	• Ils cherchent à comprendre la perspective historique de l'événement ou de la vie du personnage célèbre (**CD-HEC1**) et à cerner les facteurs de réussite ou de développement d'une société.
Soutien	• Ils participent à la discussion en faisant part de ce qu'ils connaissent de la stratégie et participent à la démarche préparée par l'enseignant (**CD-L2**).
• Il soutient les élèves dans la pratique d'une notion ciblée : valider ses sources.	
• Il fait une discussion métacognitive avec les élèves à propos de la stratégie :	
– qu'est-ce que la véracité de l'information ?, la validation des sources ?	
– comment le fait-on ?	
– pourquoi est-ce important de le faire ?	
• Il enseigne la stratégie de façon explicite.	• Ils écoutent et participent.
• Il fait un modelage avec un exemple à l'appui.	• Ils effectuent les exercices proposés pour valider les sources et différencier l'objectif du subjectif (**CD-L2**).
• Il affiche une procédure pour les élèves.	• Ils utilisent la stratégie de validation des sources lors de leurs recherches d'information (**CT1**).
• Il les invite à faire quelques exercices à deux et en équipe.	
• Il encourage l'application de cette démarche dans la tâche.	
Pratique	
• Il invite les élèves à lire des articles sur *Wikipédia* afin d'en explorer le contenu et l'organisation.	• Ils explorent différents articles et en notent les contenus et l'organisation afin de s'en inspirer.
• Il circule dans les équipes pour vérifier l'état d'avancement des travaux.	
• Il guide les élèves au besoin afin qu'ils fassent des choix réfléchis et qu'ils justifient ces décisions.	
Soutien	
• Il présente une mini-leçon sur la rédaction d'un texte informatif.	• Ils partagent ce qu'ils connaissent sur le processus de rédaction d'un texte informatif.
• Il active leurs connaissances antérieures sur la rédaction de ce type de texte.	• Ils écoutent et participent à la discussion.
• Il enseigne les éléments essentiels du processus de rédaction du texte informatif (« marques du discours rapporté »).	• Ils effectuent les exercices proposés.
• Il fait un modelage avec un exemple à l'appui.	
• Il affiche une procédure pour les élèves.	
• Il les invite à faire quelques exercices à deux et en équipe.	

(suite p. 154)

PHASE 2 : RÉALISATION DES APPRENTISSAGES (SUITE)

L'enseignant...	Les élèves...
Pratique • L'enseignant invite chaque équipe à rédiger un texte informatif sur le personnage ou l'événement célèbre sélectionné. • Il invite les élèves à trouver, à valider et à inclure des images représentatives du personnage ou de l'événement. • Il propose aux élèves de mettre en ligne leurs textes. • Il invite les élèves à lire les textes des autres équipes et à les bonifier au besoin.	• Les élèves tentent de discerner l'essentiel de l'accessoire (**CT1**). • Ils rédigent en équipe leur texte informatif (**CD-L2**). • Ils recherchent des images représentatives, valident leur pertinence et les droits d'auteur et les incluent dans leur page en choisissant les outils informatiques appropriés (**CT6**).

PHASE 3 : TRANSFERT

L'enseignant...	Les élèves...

Décontextualisation
• Il invite les élèves à prendre conscience des apprentissages réalisés en réalisant une carte conceptuelle.
 	
Recontextualisation
• Il invite les élèves à identifier dans quelles circonstances ils pourraient réutiliser les notions vues dans cette tâche :
  – à quoi la collaboration à la rédaction d'un texte pourrait-elle être utile dans d'autres contextes ?
  – à quel autre moment serait-il utile de rédiger un texte informatif ?
  – de quelle autre façon pourrait-on découvrir et faire valoir un personnage ou un événement célèbre ?
• Il anime une discussion métacognitive :
  – que comprenez-vous et retenez-vous des notions de « validation des sources » et de « marques du discours rapporté » ?
 	
Clôture
• Il invite les élèves à discuter des principales difficultés éprouvées, des défis relevés et des apprentissages effectués en regard de leurs connaissances antérieures.
• Il discute des retombées finales de cette tâche en lien avec le domaine général de formation ciblé et en lien avec leur sentiment de responsabilité par rapport à leurs succès et à leurs échecs.
• Il fait un retour sur les compétences visées avec les élèves.
	• Ils présentent leurs apprentissages sous forme d'une carte conceptuelle.
	
	• Ils participent à la discussion en faisant part de leurs idées de réinvestissement (**CT1**).
	
	• Ils confrontent leurs façons de faire sur le plan technologique avec les autres (**CT6**).
	• Ils expliquent ce qu'ils retiennent des notions acquises et disent dans quel contexte ils pourraient les réutiliser (**CT1**).
	• Ils prennent conscience de l'efficacité et des limites de leur démarche (**CT5**).
	• Ils reconnaissent leurs réussites et leurs difficultés à utiliser la technologie pour réaliser la tâche (**CT6**).
	• Ils font un retour sur les nouvelles connaissances acquises.
	• Ils parlent des retombées finales de la tâche réalisée en fonction de l'entrepreneuriat et de leur sentiment de responsabilité par rapport à leurs succès et à leurs échecs.
	• Ils évaluent les compétences développées à l'aide d'une grille d'autoévaluation.

EN CONCLUSION

Le modèle de l'enseignement et de l'apprentissage stratégiques est un modèle prometteur qui offre de nombreux avantages aux élèves et à l'enseignant. Bien que ce modèle soit encore peu utilisé en classe, des recherches ont montré qu'il a des effets bénéfiques sur les apprentissages des élèves. Il importe toutefois que l'enseignant soit bien formé pour l'utiliser et intervenir adéquatement auprès de ses élèves.

INTÉGRATION DES APPRENTISSAGES

 Pour garder en tête les nouvelles notions acquises, faites un bilan des savoirs (voir ci-dessous) et une synthèse que vous placerez ensuite dans votre dossier professionnel.

Bilan des savoirs	Oui, beaucoup mieux.	Non, je m'interroge encore.
Je peux dire ce qu'est l'enseignement et l'apprentissage stratégiques.	☐	☐
Je connais l'impact que peut avoir ce modèle sur ma pratique et les apprentissages des élèves.	☐	☐
Je peux expliquer les rôles des élèves et de l'enseignant dans ce modèle.	☐	☐
Je peux appliquer les étapes de l'enseignement stratégique dans une classe.	☐	☐
Je sais comment élaborer des situations d'apprentissage selon la démarche de ce modèle.	☐	☐

Pour en savoir plus

Barrette, Jean-Claude, Madeleine Blais, Thérèse Boivin, Lyse Lapointe, Lucille Robitaille. 1995. *Modèle d'intervention pour l'enseignement et l'apprentissage*. En ligne. <http://www.tact.fse.ulaval.ca/coopere/modele/page1a.htm>. Consulté le 31 juillet 2011.

Presseau, Annie. 2004. *Intégrer l'enseignement stratégique dans sa classe*. Montréal : Chenelière / McGraw-Hill, 250 p.

Tardif, Jacques. 1992. *Pour un enseignement stratégique, l'apport de la psychologie cognitive*. Montréal : Éditions Logiques, 474 p.

Traitement de l'information

Johanne Patry

PRÉPARATION AUX APPRENTISSAGES

Portrait des savoirs	Non, pas vraiment.	Oui, je fais une hypothèse.
Je peux expliquer comment la mémoire à court terme permet de retenir l'information.	☐	☐
Je peux nommer différentes stratégies pour traiter l'information.	☐	☐
Je sais comment intégrer certains principes de ce modèle dans une situation d'apprentissage.	☐	☐

Ce chapitre présente le traitement de l'information comme modèle d'enseignement inspiré du courant cognitiviste. La pratique d'apprentissage permet en premier lieu de faire appel à ses connaissances actuelles sur le sujet. En deuxième lieu, la théorie d'apprentissage apporte un éclairage sur ce qu'est le traitement de l'information et ses origines. Il est également question de son application en classe (le pourquoi, le comment et le quand) et des ordres d'enseignement visés. En outre, la section «Autres approches pour favoriser le développement cognitif chez les élèves» fait un survol des modèles de gestion mentale, de l'actualisation du potentiel intellectuel et de la programmation neurolinguistique. Enfin, un questionnement à la fin de ce chapitre permet l'intégration des apprentissages.

RÉALISATION DES APPRENTISSAGES

PRATIQUE D'APPRENTISSAGE

 1. Vous avez une minute pour mémoriser les expressions de la liste suivante. Comment avez-vous procédé pour mémoriser les expressions ? Quelles stratégies avez-vous utilisées ?

mémoire	mémoire procédurale	répétition
attention	structure	stratégie
modèle API	schéma	interférence
connaissances	sens	vue
mémoire sémantique	modèle PNL	mémoire épisodique
odorat		

 2. En dyade, dictez les mots suivants à votre coéquipier et demandez-lui de les redire en commençant par le dernier. Accordez-lui une minute pour effectuer la tâche. Pendant qu'il travaille, essayez de le déranger en faisant du bruit ou en parlant. Demandez-lui ensuite d'expliquer dans ses mots le phénomène de l'attention et de décrire ce qui a nui à la réalisation de la tâche. Faites des liens entre ce que vous venez de décrire et les éléments clés de la théorie d'apprentissage.

cerveau • climat • mémoire • information • émotion • Bella • chemin • expérience • sommeil

THÉORIE D'APPRENTISSAGE

Qu'est-ce que le traitement de l'information ?

Dans son sens le plus large, le traitement de l'information renvoie à un processus par lequel l'information est utilisée par le cerveau. Dans un sens plus restreint, le traitement de l'information implique la perception externe de l'information, son encodage dans le cerveau et son entreposage pour une récupération ultérieure.

Le chemin que prend l'information dans le cerveau pourrait s'illustrer comme suit. Madame Tremblay, une enseignante du 2ᵉ cycle du primaire, introduit dans sa classe une chienne, nommée Bella, dans le cadre d'une situation d'apprentissage et d'évaluation. Les élèves auront à produire un texte informatif sur Bella et la race canine. À la vue de Bella, les élèves sont curieux et leur cerveau se met en action.

Le traitement de l'information : Bella

L'être humain utilise un système de représentation sensorielle. Dès l'arrivée de Bella, les élèves captent sa présence à l'aide de leurs divers systèmes de représentation sensorielle (visuel, auditif, kinesthésique, olfactif et gustatif) qui sont responsables de la collecte et de l'expression de l'information. L'arrivée de Bella pourrait donc se représenter comme suit : le visuel n'a d'yeux que pour le chiot ; l'auditif n'écoute que les petits gémissements et jappements ; le kinesthésique est attiré par le frétillement de la queue, veut toucher l'animal et pose des questions sur les émotions exprimées par Bella ; l'olfactif sent l'odeur légèrement parfumée de la chienne ; le gustatif demande ce qu'elle mange. L'information se dirigera vers le cerveau des élèves après avoir transité par leurs sens qui la conserveront dans leur mémoire quelques millisecondes. C'est à ce moment que commence le processus de traitement de l'information.

Pourquoi est-il important de comprendre le processus de traitement de l'information ?

Pour mieux comprendre le processus de traitement de l'information, quelques renseignements concernant le fonctionnement du cerveau sont utiles.

Le cerveau humain est le moteur des réflexions et des actions. Il consiste en un système complexe qui permet de communiquer, de réfléchir et d'agir. Le cerveau humain comporte trois parties distinctes et interdépendantes : le cerveau reptilien, le cerveau limbique et le néocortex. De plus, il y a quatre types de mémoires qui s'exercent au sein du cerveau humain : la mémoire sensorielle, la mémoire de travail (MDT) ou la mémoire à court terme (MCT), la mémoire à long terme (MLT) et la mémoire émotionnelle. Chacune de ces mémoires exerce une fonction et a sa place dans le processus de traitement de l'information.

Le **cerveau reptilien** contrôle les fonctions vitales, entre autres la respiration et le rythme cardiaque. Le **cerveau limbique** est le siège des émotions. « C'est le siège de nos jugements de valeur, souvent inconscients, qui exercent une grande influence sur notre comportement. [1] »

Le **néocortex** contient des régions cérébrales associées à l'audition, la vision, la locomotion et la prise de décisions. Le néocortex, comme le cerveau limbique, loge les cellules nerveuses qui encodent l'information.

Pour que toutes les composantes du cerveau et les différentes mémoires fonctionnent adéquatement, les conditions dans lesquelles se déroulent les apprentissages doivent être favorables. Un climat de classe serein constitue un environnement propice à favoriser les apprentissages des élèves. La mémoire à court terme de l'élève est sensible aux perturbations et aux dérangements qui surviennent dans la classe.

Comment fonctionne le traitement de l'information ?

À l'instar de la mémoire vive d'un ordinateur, la mémoire à court terme d'un être humain a une capacité limitée. Entre cinq à neuf unités de mémoire peuvent y transiter ; certaines études récentes montrent que la capacité de la mémoire à court terme serait plus limitée, ne pouvant traiter que trois ou quatre unités de mémoire à la fois. Une unité de mémoire peut être un concept (chien), un ensemble de concepts (canins) ou encore un nombre (l'âge du chien). Les émotions, les préoccupations et les sentiments occupent une ou plusieurs unités de la mémoire à court terme. Ces unités d'information peuvent être transférées dans la mémoire à long terme d'un individu s'il utilise des moyens mnémoniques ou des stimuli de nature physique ou mentale. Les moyens mnémoniques permettent d'emmagasiner et de récupérer de l'information, par exemple en faisant appel à une routine, à une image, à une mélodie, ou encore, en utilisant un surligneur ou d'autres repères.

Chaque fois qu'un élève réalise un apprentissage, les connexions entre les neurones se renforcent, ou les dendrites des neurones se connectent entre elles, ce qui permet l'échange d'information. Ces connexions seront maintenues tant et aussi longtemps que l'information sera utilisée ou nécessaire, d'où l'importance de faire appel aux moyens mnémoniques. Par contre, lorsque les connexions sont particulièrement bien établies préalablement, il peut arriver qu'elles soient maintenues, et ce, même si elles ne sont plus utiles ou nécessaires.

---

1. *Le Cerveau à tous les niveaux !* : http://lecerveau.mcgill.ca/flash/index_d.html.

Astuce

Prise de notes

La prise de notes est essentielle pour comprendre l'information fournie dans un texte et s'en rappeler. Il y a plusieurs façons de prendre des notes, mais la méthode la plus efficace sera celle qui correspond le plus à sa façon d'apprendre. En règle générale, la prise de notes devrait faire ressortir les idées principales d'un texte en précisant quatre types d'information : les connaissances déclaratives (le quoi ou le qui), les connaissances procédurales (le comment), les connaissances conditionnelles (le quand et le pourquoi). Pour noter l'information dans la marge, on peut entre autres utiliser les couleurs, les abréviations, les pictogrammes. Le soulignement peut être utile pour annoter directement dans le texte. Enfin, on peut utiliser une procédure semblable à une table des matières pour mettre en lumière la hiérarchisation des idées, ou encore élaborer un réseau de concepts afin d'identifier les éléments clés du texte.

Pour illustrer le fonctionnement du traitement de l'information, prenons le cas de Fabienne, une élève de la classe de madame Tremblay. Fabienne doit rédiger un texte sur Bella et la race canine. Elle possède une mémoire à court terme de sept unités de traitement de l'information. Pour réaliser l'activité, elle a besoin, entre autres, des compétences suivantes, chacune d'elles requérant une unité de traitement de l'information :

- Organisation de l'information
- Connaissance des chiens
- Stratégies de collecte de données
- Maîtrise de la langue française
- Stratégies de rédaction
- Compétence en lecture

Il est 9 h 30 et Fabienne n'a pas déjeuné. Son corps mobilise constamment son attention par un « J'ai faim » (une unité). Elle s'est disputée avec sa mère la veille (une unité) concernant une fête à laquelle elle a été invitée pour le lendemain (une unité). Pour couronner le tout, elle déteste le français (une unité). Si l'on additionne ces quatre unités aux six autres mentionnées précédemment, on conclut que Fabienne aura besoin de dix unités de traitement de l'information pour bien effectuer la tâche de rédaction. Or, trois d'entre elles seront occupées par le cerveau limbique, puisque les émotions et les préoccupations sont traitées en priorité. Comme Fabienne a la tête ailleurs, ce seront les unités consacrées aux apprentissages qui seront délaissées.

Le traitement de l'information dans la mémoire émotionnelle et celui dans la mémoire à court terme s'effectuent en parallèle. Par contre, l'information est traitée plus rapidement dans la mémoire émotionnelle que dans la mémoire à court terme. L'information qui transite dans la mémoire à court terme se dirigera vers le néocortex qui traitera plus en profondeur l'information reçue.

Après que l'élève a collecté les données sur Bella, l'information est acheminée vers le néocortex, là où elle est décortiquée. Cette nouvelle information est comparée avec la représentation de ce qu'est un chien (connaissances antérieures). Dans la mémoire à long terme, l'information sur Bella est dirigée vers deux types de mémoires : la mémoire sémantique et la mémoire épisodique. La mémoire sémantique comprend et traite :

- les connaissances déclaratives : le sens des concepts, par exemple ce qu'est un chien ;

- les connaissances procédurales : les procédures à suivre pour une stratégie ou une technique donnée, par exemple comment se comporter avec un chien ;
- les connaissances conditionnelles : le transfert des connaissances déclaratives et procédurales à d'autres situations de vie, par exemple lorsque l'on rencontre un chien dans un endroit ou un contexte différents, etc.

Pourquoi y faire appel en classe ?

L'élève peut avoir une représentation erronée d'un fait, d'une donnée, par exemple ce qu'est un chien et son caractère inoffensif ou offensif. C'est ce que l'on appelle les « filtres psychologiques ». Les filtres psychologiques, comme les croyances, les valeurs ou les schèmes de pensée, peuvent altérer le contenu de l'information. De ce fait, il est important d'identifier les connaissances antérieures des élèves, car elles peuvent ne pas être justes. Si tel est le cas, l'enseignante doit intervenir pour remédier à la situation. Les élèves doivent alors se construire une nouvelle représentation au moyen de manipulations, de lectures ou d'activités.

Après s'être engagé dans ce processus, l'élève validera sa représentation en la confrontant à ses expériences et à celle d'un expert, par exemple. Lorsqu'il fera appel à cette représentation, ou à ses nouveaux acquis, dans d'autres situations, il la consolidera dans sa mémoire sémantique.

D'une façon plus globale, le néocortex emmagasine de l'information sous forme d'épisodes ou de saynètes, dans la mémoire épisodique. Pour que l'élève puisse faire appel à ce type de mémoire lors de l'apprentissage, il faut créer des conditions optimales. Lorsque l'élève sera replacé dans une situation similaire, il lui sera plus facile de réaliser une tâche s'il se rappelle dans quelles conditions il a effectué une telle tâche précédemment. Il s'agira pour l'élève de souligner les différences et les similitudes entre la présente situation et une expérience précédente similaire. Ainsi, il procédera à un transfert des apprentissages (Tardif, 1999).

Lorsque l'information a été traitée par le néocortex et son acolyte, le cerveau limbique, celle-ci est acheminée vers la mémoire à court terme. En revenant à l'exemple de Bella, la représentation sensorielle des élèves en expression de l'information pourrait être la suivante : le visuel, « la chienne est belle » ; l'auditif, « elle pousse des gémissements » ; le kinesthésique, « elle est douce au toucher » ; l'olfactif, « elle sent bon » ; le gustatif, « elle mange de la viande ».

Outre la nature et le parcours de l'information dans le cerveau ainsi que la physiologie du cerveau, des conditions externes telles que l'alimentation et le sommeil pourront influencer le traitement de l'information.

Quels sont les ordres d'enseignement et les disciplines visés ?

Le cerveau humain est constamment en train de traiter de l'information. L'enseignante doit être vigilante et respecter la capacité cérébrale des élèves, car tout contexte d'apprentissage met en jeu le traitement de l'information. Les moyens mnémoniques utilisés vont différer selon l'âge, la réceptivité et les systèmes de représentation sensorielle de l'apprenant, par exemple, pour le visuel, des schémas, des graphiques ou des cartes conceptuelles favoriseront la rétention ; pour l'auditif, une comptine ou une explication verbale facilitera la mémorisation ; pour le kinesthésique, l'élève pourra se mettre en mouvement en faisant des exercices.

Quant à l'utilisation des divers systèmes de représentation sensorielle en fonction des domaines d'apprentissage, il semble que les domaines des langues et de l'univers social feraient surtout appel à l'auditif. Les arts plastiques favorisent le visuel et le kinesthésique. En mathématique, le visuel et l'auditif seront plus particulièrement privilégiés. Il en est de même en science et technologie, quoique l'élève puisse aussi avoir recours au kinesthésique si l'enseignante fait appel à des activités et à des expériences. Ainsi, chacun des domaines d'apprentissage a tendance à prioriser un mode de collecte et d'expression de l'information. Plusieurs des systèmes de représentation sensorielle sont laissés pour compte selon les domaines d'apprentissage, ce qui peut donner lieu à un décrochage « en classe ». Pour prévenir cette situation, il s'agit d'intégrer dans son enseignement les trois principaux systèmes de représentation sensorielle : le visuel, l'auditif et le kinesthésique.

Autres approches pour favoriser le développement cognitif chez les élèves [2]

Gestion mentale

La gestion mentale est un outil pour aider l'apprenant à apprendre. Comme son nom l'indique, « la gestion mentale explore, décrit et étudie les processus mentaux [...] » (Institut international de gestion mentale (IIGM), s.d.). Cette approche, élaborée par Antoine de La Garanderie, philosophe et pédagogue français, s'intéresse à cinq gestes mentaux (l'attention, la mémorisation, la compréhension, la réflexion et l'ima-

---

2. Cette section a été élaborée par Carole Raby.

gination (IIGM, s.d.)) et surtout à comment les apprenants exécutent ces gestes mentaux.

En devenant plus conscient des gestes mentaux qu'il utilise pour accomplir différentes tâches, l'élève apprend à mieux connaître ses propres fonctionnements mentaux et il peut ainsi élargir ou bonifier son répertoire de stratégies. Ainsi, par le dialogue pédagogique avec l'élève (La Garanderie, 1984), l'enseignante agit à titre de médiatrice pour aider l'élève à mieux apprendre et à réussir.

Actualisation du potentiel intellectuel (API)

Le programme d'actualisation du potentiel intellectuel, utilisé dans plusieurs écoles du Québec, a été élaboré par Pierre Audy, alors professeur à l'Université du Québec en Abitibi-Témiscamingue, à partir de travaux complémentaires en psychologie, notamment ceux de Feurstein et Sternberg. Ce programme vise l'amélioration de l'efficience cognitive de l'apprenant. Audy (1992, p. 2) décrit l'individu efficient comme « celui qui peut compter sur un répertoire de stratégies pour résoudre des problèmes avec un minimum de temps, d'énergie et de ressources [...], avec un maximum d'aisance, d'assurance et de plaisir ».

Au moyen de leçons de médiation planifiées et structurées en dix étapes, l'apprenant entre en contact, expérimente et applique dans sa vie de tous les jours différentes stratégies. Dans le programme d'API proposé par Audy, les stratégies sont regroupées en plusieurs catégories, dont *input* (stratégies d'observation), élaboration et *output* (stratégies de réponse). Parmi les stratégies proposées, il y a entre autres observer les données de manière précise et complète, sélectionner les données pertinentes, comparer le problème avec des problèmes résolus antérieurement, anticiper la réponse, etc. L'enseignante qui recourt au programme d'API agit en tant que médiatrice pour stimuler chez ses élèves le développement de diverses stratégies et ainsi favoriser leur réussite.

Programmation neurolinguistique (PNL)

La programmation neurolinguistique (*Neuro Linguistic Programming*) est issue des travaux de deux Américains, Grinder, linguiste à la University of California, et Bandler, un mathématicien, et par la suite, des travaux de Dilts, leur collègue. La PNL a été développée dans les années 1970 à la suite de l'observation et de la modélisation des stratégies et des comportements utilisés par différentes personnes, dont des thérapeutes reconnus pour leur excellence dans leur domaine.

Tête chercheuse

Depuis le début des années 1980 jusqu'à récemment, **Antoine de La Garanderie** a publié de nombreux ouvrages dont *Pédagogie des moyens d'apprendre : les enseignants face aux profils pédagogiques* (1982), *Le dialogue pédagogique avec l'élève* (1982) et *Comprendre et imaginer : les gestes mentaux et leur mise en œuvre* (1987).

Inspirée par les travaux de La Garanderie, l'école La Garanderie, fondée en 1997, accueille à Lausanne, en Suisse, des élèves surdoués et leur offre un programme axé sur les fondements pédagogiques de la gestion mentale. Pour en savoir davantage à ce sujet, on peut consulter le site suivant :

http://www.garanderie.com/

Le terme « programmation » réfère au fait que nous avons enregistré, à la suite de différentes expériences vécues, des programmes qui influencent nos comportements (*patterns of behavior*), alors que « neuro- », signifie que c'est par le fonctionnement de notre système nerveux que ces programmes se mettent en place à l'intérieur de nous (*internal experience*) : nous percevons l'information reçue par nos sens, nous l'emmaganisons, la traitons et l'utilisons par la suite dans d'autres situations. Finalement, la composante « linguistique » de la programmation neurolinguistique signifie que c'est par le langage verbal et non verbal que s'expriment ces différents programmes. Bandler (2000) décrit en ce sens la PNL comme un moyen d'apprendre aux gens à utiliser leur cerveau.

La programmation neurolinguistique repose sur plusieurs postulats (David, Lafleur et Patry, 2004), dont la carte n'est pas le territoire [3] ; une personne fait le meilleur choix parmi ceux qui lui paraissent possibles, il est impossible de ne pas communiquer, toute personne possède en elle les ressources nécessaires au changement, etc.

En éducation, les principes de la PNL permettent à l'enseignante de comprendre comment les élèves apprennent, d'ajuster ses interventions aux différents styles d'apprentissage (visuel, auditif, kinesthésique) des élèves et de les aider à développer des stratégies pour mieux réussir. Caron (1997) explique que l'enseignant qui utilise la PNL demeure à l'affût de comment l'élève pense, comment il perçoit la réalité et comment il en parle pour pouvoir mieux l'aider à établir de nouveaux liens.

EN CONCLUSION

Les différents modèles présentés dans ce chapitre fournissent à l'enseignante d'autres pistes intéressantes pour lui permettre de mieux tenir compte des besoins de ses élèves. Comme pour tous les modèles d'enseignement présentés dans cet ouvrage, il importe de bien saisir leurs fondements et leurs principes avant d'y faire appel. La section « Pour en savoir plus » présentée à la fin du chapitre fournit des ressources utiles pour en apprendre davantage sur ces modèles d'enseignement.

---

3. Cette phrase célèbre est empruntée à Alfred Korzybski et signifie que la perception qu'a un individu (sa carte) ne reflète pas nécessairement la réalité (le territoire) (David, Lafleur et Patry, 2004).

1. Répondez aux énoncés suivants par « vrai » ou « faux » et vérifiez vos réponses à l'aide de la théorie d'apprentissage (aux pages 158 à 164). Dessinez un jeu des erreurs en vous inspirant des énoncés et en en faisant ressortir au moins 7 d'entre eux. Présentez ce jeu à un collègue de travail et demandez-lui de découvrir les erreurs.

Énoncés

Dans la classe, l'enseignante est la personne la plus importante pour faciliter les apprentissages.

L'interaction est indispensable à l'apprentissage.

Des activités de courte durée sont préférables aux activités de longue durée.

Le troisième cerveau (le néocortex) contrôle la prise de décision.

L'apprentissage s'effectue de façon linéaire, logique et séquentielle.

Les trois cerveaux sont nécessaires pour apprendre.

En classe, les défis proposés aux élèves dépendent de la façon dont ils les perçoivent.

Le cerveau limbique collecte de l'information en fonction des émotions. Les contextes d'apprentissage doivent respecter ce constat.

Dans une conception cognitiviste de l'apprentissage, l'enseignante accorde de l'importance à la transmission des connaissances.

Un bon climat de classe facilite les apprentissages.

Les élèves peuvent avoir une représentation erronée de la réalité.

2. Pour garder en tête les nouvelles notions acquises, faites un bilan des savoirs (voir ci-dessous) et une synthèse que vous placerez ensuite dans votre dossier professionnel.

Bilan des savoirs	Oui, beaucoup mieux.	Non, je m'interroge encore.
Je peux expliquer comment la mémoire à court terme permet de retenir l'information.	☐	☐
Je peux nommer différentes stratégies pour traiter l'information.	☐	☐
Je sais comment intégrer certains principes de ce modèle dans une situation d'apprentissage.	☐	☐

Pour en savoir plus

Traitement de l'information

Goleman, Daniel. 1995. *Emotional Intelligence : Why It Can Matter More Than IQ*. New York : Bantam Books, 368 p.

Institut de recherche en santé du Canada et Instituts des neurosciences, de la santé mentale et des toxicomanies du Canada. (s.d.). *Le Cerveau à tous les niveaux !* En ligne. <http://lecerveau.mcgill.ca/flash/index_d.html#>.Consulté le 31 juillet 2011.

Tourbe, Caroline. 2005. « Nous avons un deuxième cerveau ». *Science et Vie*, n° 323 (novembre), p. 64-79.

Wallis, Claudia et Kristina Dell. 2004. « Adolescents : les secrets de leur cerveau (et de leur comportement) ». Entrevue avec Alice Park. *Courrier International*, n° 717 (du 29 juillet au 18 août), p. 28-33.

Gestion mentale, API et PNL

Audy, Pierre. 1992. *A.P.I. : une approche visant l'actualisation du potentiel intellectuel*. Rouyn-Noranda : Université du Québec en Abitibi-Témiscamingue. 60 p.

Caron, Jacqueline. 1997. « Apprivoiser la gestion mentale (Utiliser le projet mental) ». In *Quand revient septembre*. Vol. 2, p. 170-187. Montréal : Les Éditions de la Chenelière inc.

Caron, Jacqueline. 1997. « Des stratégies… dans la vie de tous les jours (Utiliser l'API) ». In *Quand revient septembre*. Vol. 2, p. 202-212. Montréal : Les Éditions de la Chenelière inc.

Caron, Jacqueline. 1997. « La PNL, un atout de plus (Un modèle de communication et de changement) ». In *Quand revient septembre*. Vol. 2, p.161-169. Montréal : Les Éditions de la Chenelière inc.

Centre québécois de PNL. 2007. « Qu'est-ce que la PNL ? ». *In Centre québécois de programmation neurolinguistique du Québec*. En ligne. <http://www.centrepnl.com/quest-ce.html>. Consulté le 1er août 2011.

David Isabelle, France Lafleur et Johanne Patry. 2004. *Des mots et des phrases qui transforment. La programmation neurolinguistique appliquée à l'éducation*. Montréal : Chenelière / McGraw-Hill, 216 p.

La Garanderie, Antoine de. 1987. *Comprendre et imaginer : les gestes mentaux et leur mise en œuvre*. Centurion, 196 p.

Apprentissage par la découverte

Gina Thésée

PRÉPARATION AUX APPRENTISSAGES

Portrait des savoirs	Non, pas vraiment.	Oui, je fais une hypothèse.
Je sais ce qu'est l'apprentissage par la découverte.	☐	☐
Je sais quand et comment y faire appel.	☐	☐
Je connais ses avantages et ses inconvénients.	☐	☐
Je connais le rôle de l'enseignant et de l'élève dans l'apprentissage par la découverte.	☐	☐

Ce chapitre présente l'apprentissage par la découverte comme modèle d'enseignement inspiré du courant cognitiviste. La pratique d'apprentissage permet en premier lieu de faire appel à ses connaissances actuelles sur le sujet. En deuxième lieu, la théorie d'apprentissage apporte un éclairage sur ce qu'est l'apprentissage par la découverte, ses origines, ses principes, ses particularités, ses avantages et ses limites. Il est également question de son application en classe (le pourquoi, le comment et le quand). Enfin, un questionnement à la fin de ce chapitre permet l'intégration des apprentissages.

RÉALISATION DES APPRENTISSAGES

PRATIQUE D'APPRENTISSAGE

 Voici des concepts portant sur trois différentes approches en éducation. Parmi ces concepts, certains sont liés à une approche en éducation. La tâche ci-dessous permettra de se familiariser avec celle-ci.

> Bruner • situation-problème • hétérogénéité • Freinet • solution • observation • hypothèse • habiletés sociales • moment de rupture • consultation de ressources documentaires • démarche inductive • Barrows • corpus d'exemples • responsabilité individuelle • concepts et règles • coopération • tutorat • solidarité

- Décrivez globalement ce que vous voyez.
- Identifiez les régularités ou les caractéristiques communes qui permettraient de faire 3 regroupements de concepts. Attention, certains concepts pourraient se retrouver dans plus d'un groupe.
- Identifiez les différences entre les 3 regroupements effectués et nommez ces regroupements. Formulez une règle pour identifier le groupe correspondant à la nouvelle approche.
- Lisez le texte ci-dessous et ajoutez d'autres mots qui pourraient faire partie de cette approche. Faites un schéma de concepts décrivant ce modèle.

THÉORIE D'APPRENTISSAGE

L'apprentissage par la découverte évoque des images ludiques d'aventures, de projets, de voyages. La découverte conduit à un monde mystérieux, un monde qui n'aurait pas encore révélé tous ses secrets, qui n'attendrait que d'être dévoilé, d'être amené à la conscience, à la connaissance de la personne qui joue à découvrir. D'ailleurs, les exemples d'apprentissage par la découverte sont souvent tirés du champ des jeux d'enfants ou des situations d'apprentissage non formelles, telles que les visites de musées, où le plaisir d'apprendre est une règle d'or.

L'intérêt actuel pour l'apprentissage par la découverte est surtout stimulé par les enjeux pédagogiques et didactiques soulevés par les nouveaux programmes de formation. En effet, les concepts, les démarches et les pratiques qui lui sont associés sont largement présents dans le discours actuel, qu'il s'agisse de la pédagogie du projet, de la résolution de problèmes, de la pédagogie active, de l'enquête, de la démarche scientifique ou encore de l'aptitude à la recherche.

Qu'est-ce que l'apprentissage par la découverte ?

Est-ce une théorie (Bruner) ? Un modèle, c'est-à-dire un modèle d'enseignement-apprentissage (Goupil et Lusignan, 1993 ; Joyce, Weil et Calhoun, 2004 ; Vienneau, 2005) ? Une méthode d'apprentissage de découverte ou *discovery method* (Hawkins, 1966) ? À l'instar de Goupil et Lusignan, de Joyce *et al.* et de Vienneau, nous considérons l'apprentissage par la découverte comme un modèle d'enseignement-apprentissage socioconstructiviste, qui s'inscrit dans le courant cognitiviste selon la perspective de Bruner.

Bruner (1965), dans son livre *The Process of Education*, développe les thèmes suivants : 1) l'importance de l'enseignement de la structure pour faciliter l'apprentissage et retenir ce qui a été appris ; 2) la grande capacité d'apprendre des tout jeunes enfants, ce qui permet d'envisager la possibilité d'enseigner n'importe quel contenu, à tous et à n'importe quel âge ; 3) la pensée intuitive qui permet de parvenir à des formulations plausibles sans passer par une longue démarche analytique ; et 4) le désir d'apprendre ainsi que les stratégies qui amènent l'élève à développer sa motivation intrinsèque. D'autres thèmes, tels que les modes de représentation des connaissances, l'importance de la participation active de l'élève, les processus de l'acte d'apprentissage, le concept de médiation ou de soutien à l'apprentissage ainsi que les techniques pédagogiques où l'enseignant enseigne et apprend en même temps, sont abordés dans le livre de Bruner et révèlent sa vision éducative à ce moment. C'est au cœur de ces idées de Bruner que s'inscrit l'apprentissage par la découverte.

Selon Glaser (1973, p. 25), « l'apprentissage par la découverte se définit généralement par l'enseignement d'une association, d'un concept ou d'une règle impliquant la découverte de cette association, de ce concept ou de cette règle ». Cet auteur établit une distinction entre les pédagogies de découverte et les pédagogies directives (des pédagogies qui n'impliquent pas la découverte) en se basant sur deux caractéristiques : en premier lieu, la découverte met en jeu l'induction et, en second lieu, la découverte laisse le sujet libre de construire sa propre structure. En ce sens, la découverte suppose une démarche inductive où sont permis tâtonnements, essais, erreurs et impasses. L'induction ouvre sur la découverte d'un concept par des exemples spécifiques, la généralisation et la différenciation.

Historique

Le concept d'apprentissage par la découverte est né à la fin des années 1950 à l'issue d'une séance de réflexion proposée par l'Académie nationale des sciences à une trentaine de scientifiques et d'éducateurs réunis pour réfléchir à la nécessité d'améliorer l'enseignement des sciences au primaire et au secondaire. À la suite de cette rencontre, **Jerome Seymour Bruner**, psychologue américain, fortement influencé par les théories de Jean Piaget, propose un ensemble de principes éducatifs dans le but d'attirer l'attention sur les enjeux du processus d'apprentissage (Bruner, 1973 ; Goupil et Lusignan, 1993). Son intention n'était pas d'élaborer un programme de sciences ni d'inciter les élèves à embrasser une carrière scientifique. Il cherchait plutôt à renouveler la compréhension du processus mental d'apprentissage, à montrer sa pertinence en éducation et à faire le pont avec les changements qui avaient été apportés dans les programmes d'études. Le rapport qu'il fait à ce sujet est consigné dans son livre intitulé *The Process of Education*, publié en 1960, en 1961 et en 1965.

Dans les termes de Goupil et Lusignan (1993), le modèle de la découverte propose un processus d'enseignement-apprentissage qui part d'une situation-problème, donne lieu à une enquête, à la formulation d'hypothèses, à l'élaboration et à l'évaluation de solutions. Ces diverses opérations développent chez l'élève un esprit d'analyse et de synthèse, à la fois créatif et critique.

L'apprentissage par la découverte présuppose trois états internes chez l'élève : 1) une attitude d'exploration ; 2) une démarche de recherche ; et 3) une activité de sélection (Gagné, 1973). Plusieurs types de situations d'apprentissage font appel à la découverte, mais de manières très différentes selon la situation donnée. Dans l'apprentissage par simple association ou par connexion, « ce que l'on découvre, c'est l'élément kinesthésique [moteur] du stimulus » (Gagné, 1973, p. 117). Pour un enfant, c'est apprendre à imiter la prononciation d'un mot auquel il n'est pas habitué, par exemple. Dans l'apprentissage des associations verbales par paires, tel que l'apprentissage du sens de mots étrangers, les mots à associer déclenchent un processus de rappel qui amène l'enfant à découvrir le lien qui les unit. Dans l'apprentissage des concepts, l'enfant réagit d'une manière identique à des objets différents qui, selon lui, appartiennent à la même catégorie. Son comportement n'est pas déterminé par des stimuli externes : « C'est le sujet lui-même qui doit fournir un stimulus interne symbolique » (Gagné, 1973, p. 121). Sa découverte réside dans cette démarche même. L'apprentissage des règles et des principes implique la formulation et la sélection d'hypothèses. C'est aussi une activité de découverte, mais qui est plus complexe que la précédente. Lorsque l'on procède par la découverte, on observe une plus grande rétention ainsi qu'un meilleur transfert des connaissances. Il faut néanmoins s'assurer de soutenir l'apprentissage par des indications judicieuses. Dans le cas de la résolution de problèmes, type d'apprentissage plus complexe que ceux décrits précédemment, la découverte d'une solution est ce qui est visé ; elle est habituellement la raison d'être de l'activité. « Par définition, la résolution de problèmes implique la découverte » (Gagné, 1973, p. 128).

Comment l'intégrer à sa pratique ?

Apprendre par la découverte (comme moyen) suppose apprendre à découvrir (comme objectif). Comment y parvient-on ? Il s'agit d'analyser les comportements propices à la découverte pour obtenir une réponse à cette question. En effet, comment peut-on réaliser efficacement une activité de découverte sans avoir préalablement analysé l'ensemble des comportements qui la constituent ou sans avoir démontré que la découverte est possible (Gagné, 1973). Les comportements de découverte dépendent de la situation dans laquelle l'activité se déroule. Par exemple, des études montrent que certaines aptitudes à la recherche favorisent les comportements de découverte en science.

Ces aptitudes sont le raisonnement déductif, le raisonnement inductif ou inférentiel, la formulation d'hypothèses (formes d'exploration), le choix d'hypothèses valides, la vérification d'hypothèses, l'élaboration de protocoles d'expériences et l'aptitude à poser des problèmes de recherche scientifique (Glaser, 1973).

Le but de l'apprentissage par la découverte est de permettre à l'enfant d'apprendre avec assurance et d'utiliser convenablement ce qu'il a appris dans des situations très diverses. En fin de compte, c'est le transfert des connaissances qui est souhaité. Certains auteurs (Goupil et Lusignan, 1993) mentionnent le peu de retentissement du modèle de l'apprentissage par la découverte dans les situations pédagogiques scolaires formelles. Néanmoins, six principes généraux qui président à son utilisation, tels qu'ils sont proposés par Bruner (1973), peuvent être dégagés.

Avant même de commencer à travailler, l'élève doit se trouver dans une disposition favorable à réfléchir par lui-même. Il doit développer l'**attitude** qui vaincra son inertie et lui fera se sentir invité à aller au-delà des notions apprises. Les occasions que les élèves ont de développer ce type d'attitude sont malheureusement très rares à l'école.

L'**activation** de la démarche de découverte trouve en elle-même sa récompense. La découverte est en soi une motivation à apprendre. L'enfant doit apprendre à se donner des récompenses intrinsèques au lieu de s'attendre à les recevoir de quelqu'un d'autre. En ce sens, les récompenses extrinsèques peuvent masquer le plaisir de sa démarche.

Il s'agit d'amener les élèves à trouver la **compatibilité** entre leurs découvertes et l'ensemble bien structuré de connaissances qu'ils possèdent déjà. « L'enseignement par la découverte n'est pas tant l'art d'amener les élèves à découvrir ce qui se trouve "là-bas", que leur faire découvrir ce qui se trouve dans leur propre tête. » (Bruner, 1973, p. 95)

Les enfants ont besoin d'**entraînement** ou d'occasions qui leur permettent de tester les limites de leurs connaissances. Ils y parviennent lorsque l'on les aide à approfondir une idée ou à émettre des hypothèses. Chaque enfant est amené à travailler en fonction de ses capacités, à utiliser ses connaissances, à pousser une idée au bout de ses possibilités, en lien avec le problème à résoudre. Les enfants sont en général insuffisamment entraînés à structurer les connaissances qu'ils possèdent.

La découverte nécessite la maîtrise du langage et une **prise de conscience de soi**. Lorsque l'enfant prend conscience de ce qu'il dit, quand il revient sur lui-même (la boucle personnelle), il tire un avantage particulier de son langage. Par la réflexion sur l'action et

Astuce

Annotation d'un texte

En plus de noter les idées principales d'un texte ainsi que ses mots clés, l'annotation d'un texte peut faire l'objet d'une réflexion critique ou d'une analyse réflexive de son contenu. Ainsi, dans la marge d'un texte, on pourrait ajouter les commentaires et les codes suivants :

- Je ne suis pas d'accord (**P**as d'accord)
- Cette idée va à l'encontre de... (**I**dée **c**ontroversée)
- Je pense aussi comme ça (**D**'accord)
- Ça me fait penser à... (**A**nalogie)
- À introduire dans ma pratique (**P**ratique)
- Je fais un lien avec la théorie (**T**héorie)

D'autres commentaires peuvent s'ajouter au fur et à mesure de la lecture, mais il est essentiel de ne pas surcharger l'annotation du texte et de garder en tête (et par écrit) le référentiel des commentaires élaboré.

ses résultats, il parvient à une meilleure compréhension et à une connaissance plus profonde.

La découverte a pour but de développer l'**aptitude** à traiter l'ensemble des éléments d'information disponibles afin de s'en servir pour résoudre des problèmes de façon appropriée dans un contexte particulier. La découverte est un processus qui permet le transfert de connaissances. La méthode du contraste est un outil puissant qui amène l'enfant à organiser ses connaissances d'une manière qui favorise la découverte (Bruner, 1973).

Comme l'indiquent Vienneau (2005, p. 226) – citant Jacobsen, Eggen et Kauchak (1989) – et Goupil et Lusignan (1993), la plupart des auteurs qui décrivent l'apprentissage par la découverte proposent les étapes suivantes.

1. **L'étude collective d'une situation-problème et le questionnement**
   L'enseignant peut se baser sur le programme d'études ou une situation du quotidien pour générer un problème qu'il présente aux élèves. Le problème peut aussi être défini par les élèves : ils peuvent dégager un problème et formuler des questions à partir d'un ensemble d'éléments d'information.

2. **L'élaboration et la confrontation d'hypothèses**
   Les élèves sont invités à émettre des hypothèses, seuls, en équipes ou en plénière. Ils pourront aborder le problème selon la stratégie monodisciplinaire, la stratégie pluridisciplinaire, la stratégie interdisciplinaire ou encore la stratégie transdisciplinaire.

3. **La collecte de l'information pertinente et la vérification des hypothèses**
   La recherche d'éléments d'information pertinents prend du temps et requiert une formation spécifique. L'enseignant guide les élèves dans leur recherche, vérifie la disponibilité du matériel ainsi que des lieux spécialisés (bibliothèque, laboratoire, atelier informatique, etc.). La recherche de l'information n'est pas limitée à une seule modalité ; elle reste ouverte à plusieurs modes tels que l'entrevue.

4. **L'analyse de l'information et l'élaboration de solutions**
   Cette étape suppose l'organisation de l'information (schémas, graphiques, histogrammes, maquettes, etc.) et l'évaluation de cette information selon qu'elle permet ou non de vérifier les hypothèses. Les élèves présentent les solutions choisies et en discutent en plénière. Ces opérations requièrent et développent l'esprit d'analyse et de synthèse.

Quels rôles y jouent l'enseignant et l'élève?

L'apprentissage par la découverte met en évidence l'importance que Bruner accorde aux situations d'autoapprentissage, à la participation active de l'élève, à ses explorations, à ses observations et à ses découvertes. Selon Vienneau (2005), ce modèle d'enseignement-apprentissage propose des stratégies de type constructiviste, car elles sont propices à la construction des savoirs par l'apprenant. Selon Brooks et Brooks (1999), l'essence même du courant socioconstructiviste résiderait dans la vision d'un apprenant qui construit lui-même ses connaissances par la découverte de nouveaux concepts, de nouvelles notions, de nouvelles opérations.

Le rôle de l'enseignant consiste alors à présenter à l'élève des situations d'apprentissage signifiantes et à le guider dans son processus de découverte. L'apprentissage par la découverte implique donc pour l'enseignant d'être un médiateur dans la démarche, c'est-à-dire qu'il guide l'élève dans les situations d'apprentissage en accord avec son niveau de développement intellectuel et l'aide à dépasser ses représentations spontanées.

Dans l'apprentissage par la découverte, l'enseignant doit se préoccuper de la manière qu'il guide les élèves et du degré de sa médiation dans la démarche de l'élève. Trois modes de guidages sont possibles: 1) le guidage minimal ou la découverte pure; 2) la découverte guidée où l'élève est jusqu'à un certain point aidé par l'enseignant qui lui fournit des indices; et 3) le mode relatif aux exposés de l'enseignant, soit le mode directif, où la découverte est pratiquement absente (Goupil et Lusignan, 1993).

Pourquoi et quand y faire appel en classe?

Les programmes de formation actuels, en mettant l'accent sur la pédagogie du projet, l'apprentissage coopératif, les études de cas, les jeux de rôle et même les exposés interactifs, remettent au goût du jour l'apprentissage par la découverte (Vienneau, 2005). Ils favorisent l'apprentissage par la découverte dont l'objectif est d'amener l'élève à développer une discipline intellectuelle, sa pensée critique, des habiletés à utiliser des stratégies cognitives et métacognitives, sa capacité à construire des représentations, etc. (Goupil et Lusignan, 1993). Par ailleurs, l'apprentissage par la découverte présente de nombreux avantages que ses défenseurs soulignent à grands traits. L'un des avantages majeurs de ce modèle est qu'il mobilise la motivation intrinsèque de l'élève, en requérant son attention et sa participation active. Chez les enfants, cette participation active favorise l'apprentissage (Kagan, 1973). De plus, « en stimulant le sujet concerné, elle [la stratégie de la découverte] permet une attention maximale » (Kagan, 1973, 139). Selon Kagan (1973), l'effort intellectuel supplémentaire exigé par la découverte amène l'élève à valoriser le travail auquel il se consacre ; les difficultés auxquelles il se mesure prennent à ses yeux autant de valeur que les efforts qu'elles exigent de lui. En somme, les divers avantages de l'apprentissage par la découverte sont : 1) de développer l'autonomie et la confiance en soi ; 2) de diminuer les relations conflictuelles entre les élèves et l'enseignant ; 3) de supprimer la passivité chez l'élève et la relation de dépendance que celui-ci entretient face à l'enseignant ; 4) d'ajouter une plus-value aux difficultés et aux erreurs de parcours ; et 5) de susciter le désir d'apprendre, surtout chez les préadolescents.

Cependant, les adversaires de l'apprentissage par la découverte mettent en évidence ses limites et ses inconvénients. Les plus critiques contestent le recours à l'apprentissage par la découverte dans les situations scolaires formelles. Prenant pour exemple la science et la mathématique, ils soutiennent que l'apprentissage ne peut en aucun cas se faire par la découverte. Ce modèle serait pertinent uniquement pour les situations d'apprentissage informelles, autrement dit non scolaires. D'autres limites de l'apprentissage par la découverte ont été relevées : 1) une certaine motivation initiale est requise, ce qui est désavantageux pour les enfants qui sont peu motivés en abordant le problème ; 2) les plus jeunes enfants, ceux âgés de 5 à 8 ans, ne sont pas en mesure de comprendre le cadre du problème ou les éléments de solutions ; 3) un certain niveau de développement intellectuel est nécessaire pour que l'élève puisse faire face à l'incertitude de la situation d'apprentissage et pour prévenir que l'élève impulsif s'en tienne à de fausses conclusions ; 4) la démarche de résolution de problèmes requiert beaucoup de temps ; 5) une préparation rigoureuse par l'enseignant est nécessaire pour qu'il puisse guider les élèves (Goupil et Lusignan, 1993 ; Kagan, 1973). Les avantages et les limites de l'apprentissage par la découverte peuvent être résumés comme suit : les préadolescents, motivés, autonomes dans leur apprentissage et portés à la réflexion seraient avantagés par la méthode de la découverte, tandis que les plus jeunes, peu motivés, peu autonomes et de nature impulsive, seraient désavantagés (Kagan, 1973).

EN CONCLUSION

Dans le modèle d'enseignement-apprentissage par la découverte, l'élève s'approprie son apprentissage. Ce modèle se base sur l'importance de la structure, la plasticité des enfants, la pensée intuitive et le désir d'apprendre. Il privilégie la démarche inductive en quatre étapes : l'exploration, l'hypothèse, la vérification et la sélection. Comme pour tout modèle, les limites de la découverte suggèrent aux enseignants de recourir à la diversité pédagogique dans leurs actions éducatives.

INTÉGRATION DES APPRENTISSAGES

 1. Lisez le texte suivant illustrant un principe directeur contenu dans un programme d'études québécois. (Vous pouvez prendre connaissance de la source de ce texte à la fin de l'activité en inversant la page[1].) Entamez ensuite une démarche d'apprentissage par la découverte, proposée par l'Ontario Institute for Studies in Education de la University of Toronto (OISE, 1983), présentée au lien suivant : http://www.oise.utoronto.ca/.

- Posez-vous une question par rapport à ce texte.
- Donnez quelques hypothèses comme réponse.
- Ajoutez des éléments spécifiques reliés aux hypothèses.
- Élaborez la synthèse à partir des éléments fournis.
- Vérifiez si la conclusion faite à partir de la synthèse est cohérente.
- Présentez la conclusion sous différentes formes.
- Évaluez la présentation et la qualité de l'information diffusée.

Puissances d'assimilation de l'enfant

« Le milieu géographique établit encore des distinctions marquées dans les puissances d'assimilation. Certains prétendent même que l'enfant des villes a généralement un développement mental plus élevé que l'enfant des campagnes et, par conséquent, une plus grande puissance d'assimilation. Il faut cependant tenir compte d'un certain nombre d'exceptions. Il est évident que le champ d'observation des enfants des villes diffère considérablement de celui des enfants des campagnes. »

---

 2. Identifiez les différentes étapes de l'apprentissage par la découverte utilisées dans la pratique d'apprentissage à la page 168. Comparez-les avec celles proposées par OISE.

 3. Pour garder en tête les nouvelles notions acquises, faites un bilan des savoirs (voir page 176) et une synthèse que vous placerez ensuite dans votre dossier professionnel.

1. Ministère de l'Éducation du Québec. *Programme d'études des écoles élémentaires*, 1959, p. 7.

Bilan des savoirs	Oui, beaucoup mieux.	Non, je m'interroge encore.
Je sais ce qu'est l'apprentissage par la découverte.	☐	☐
Je sais quand et comment y faire appel.	☐	☐
Je connais ses avantages et ses inconvénients.	☐	☐
Je connais le rôle de l'enseignant et de l'élève dans l'apprentissage par la découverte.	☐	☐

Pour en savoir plus

Bruner, Jerome S. 1973. « Quelques éléments de la découverte ». In *La pédagogie par la découverte*, sous la dir. de Lee S. Shulman et Evan R. Keislar, p. 92-100. Paris : Les Éditions Viette.

Gagné, Robert M. 1976. *Les principes fondamentaux de l'apprentissage. Application à l'enseignement*. Montréal : Éditions Études Vivantes, 148 p.

Glaser, Robert. 1973. « Les variables de l'apprentissage par la découverte ». In *La pédagogie par la découverte*, sous la dir. de Lee Shulman et Evan R. Keislar, p. 25-37. Paris : Les Éditions Viette.

Goupil, Georgette et Guy Lusignan. 1993. *Apprentissage et enseignement en milieu scolaire*. Boucherville : Gaëtan Morin Éditeur, 445 p.

Synthèse sur le cognitivisme

Annie Charron et Sylvie Viola

PRÉPARATION AUX APPRENTISSAGES

Portrait des savoirs	Non, pas vraiment.	Oui, je fais une hypothèse.
Je peux expliquer dans mes mots les caractéristiques du cognitivisme.	☐	☐
Je connais les implications de ce courant sur ma pratique et les apprentissages des élèves.	☐	☐
Je peux expliquer la conception de l'enseignement et de l'apprentissage propre à ce courant.	☐	☐
Je sais reconnaître les dimensions affectives, cognitives et sociales de ce courant.	☐	☐
Je peux expliquer les grandes lignes des modèles théoriques qui s'inspirent du cognitivisme.	☐	☐

Dans ce chapitre synthèse, une définition générale du cognitivisme est d'abord fournie. Les fondements théoriques de ce courant sont ensuite présentés en apportant de nouveaux modèles théoriques de référence par rapport à ceux qui sont discutés dans les chapitres 7, 8 et 9. Le chapitre aborde en dernier lieu la conception des rôles de l'enseignante et de l'élève propre au courant cognitiviste.

RÉALISATION DES APPRENTISSAGES : THÉORIE D'APPRENTISSAGE

DÉFINITION DU COGNITIVISME

D'entrée de jeu, il apparaît important de préciser que le cognitivisme diffère du béhaviorisme sur plusieurs points. Certains chercheurs considèrent que le constructivisme et le socioconstructivisme font partie du cognitivisme, alors que d'autres considèrent qu'ils sont distincts. De façon générale, le courant cognitiviste s'intéresse au traitement de l'information, aux stratégies cognitives et métacognitives favorisant les processus internes mis en jeu lors de l'apprentissage et aux mécanismes de construction de la connaissance (Tardif, 1992). Différents modèles et différentes méthodes d'enseignement sont issus du cognitivisme : le traitement de l'information, l'enseignement et l'apprentissage stratégiques, la gestion mentale, l'actualisation du potentiel intellectuel (API), la programmation neurolinguistique (PNL) de même que l'apprentissage par la découverte. Le modèle d'apprentissage par problèmes possède de nombreuses caractéristiques du socioconstructivisme, mais il s'inspire aussi du cognitivisme. Les modèles d'enseignement inspirés du cognitivisme sont soutenus par des modèles plus théoriques. Ces modèles précurseurs ont permis d'identifier certains principes de base facilitant la planification et les interventions en classe. Par ailleurs, au cours des années, le cognitivisme s'est quelque peu transformé en incluant de nouvelles dimensions telles que celles liées à l'affectivité et aux interactions culturelles et sociales. Ces dimensions sont précisées dans le texte qui suit.

FONDEMENTS THÉORIQUES

Contrairement au béhaviorisme, le cognitivisme ne détient pas une date officielle de naissance (Vienneau, 2005). Selon certains auteurs, cette approche serait née dans les années 1960, principalement aux États-Unis (Gaonac'h et Golder, 1995) ; selon d'autres, ses débuts remonteraient plutôt à la fin des années 1970. Cet écart dans les dates peut sans doute s'expliquer par le fait que l'application réelle de ce courant s'est faite tardivement dans les milieux de pratique. Ce sont les découvertes sur le fonctionnement du cerveau qui ont donné le coup d'envoi au cognitivisme qui, en réaction au béhaviorisme (préoccupé par le comportement, la réponse et le produit de l'apprentissage), s'est intéressé aux processus mentaux de l'élève. L'histoire du cognitivisme a commencé avec Piaget et les théories psychocognitives, caractérisées par la construction de la connaissance par le sujet qui apprend. Très rapidement, le courant cognitiviste a pris une voie parallèle axée sur les théories sociocognitives. Selon Bruner (1998), cité dans Bertrand (1998), c'est une erreur de s'intéresser seulement aux processus mentaux sans tenir compte de la dimension culturelle et sociale de l'apprentissage. Toutefois, avant même que les théories psychocognitives pures et sociocognitives se développent et prennent de l'importance dans les milieux de recherche et de pratique, les gestaltistes, théoriciens de la forme, s'étaient penchés sur l'organisation cognitive des perceptions.

La théorie de la gestalt

Considérée comme l'ancêtre de la psychologie cognitive, la théorie de la gestalt s'est surtout intéressée aux perceptions. Pour les gestaltistes, les perceptions sont organisées selon différents principes tels que la proximité, la similitude, la closure et la continuité. En effet, ils ont émis l'hypothèse que les individus perçoivent les objets de façon unifiée et que, même s'ils perçoivent plusieurs objets simultanément, ces derniers s'organisent de façon à ce que les parties composant le champ conceptuel se connectent entre elles (Schultz et Schultz, 1987). La théorie de la gestalt accorde beaucoup d'importance à la distinction figure-fond. À titre d'exemple, c'est aux gestaltistes que nous devons l'exemple du vase et des visages, c'est-à-dire l'image qui peut être perçue, selon la centration, soit comme un vase, soit comme deux visages.

FIGURE 1

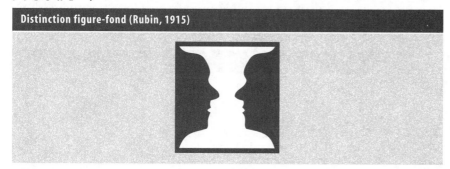

Distinction figure-fond (Rubin, 1915)

De plus, les gestaltistes se sont penchés sur la résolution de problèmes. Selon Reeff, Zabal et Klieme (2005), les actions entreprises par l'apprenant pour résoudre un problème ne sont pas définies à l'avance ; en d'autres termes, il ne sait pas exactement comment y parvenir à première vue. La démarche non routinière constitue pour lui le problème central. Pour résoudre un problème donné, l'apprenant doit d'abord comprendre le problème et ensuite planifier les étapes menant à sa résolution.

L'un des chercheurs de la théorie de la gestalt, Köhler (1929), a étudié la résolution de problèmes chez les chimpanzés. À partir de ses expériences, il a démontré qu'en résolution de problèmes le tâtonnement est souvent la première voie utilisée et donne lieu, ensuite, à une solution plus logique. La solution est le fruit d'une réorganisation du champ perceptif, c'est-à-dire que les éléments du problème se connectent entre eux pour fournir une réponse raisonnée (Goupil et Lusignan, 1993). En classe, lors de la résolution d'un problème, il est important que l'enseignante présente aux élèves des stratégies afin que ceux-ci n'utilisent pas seulement le tâtonnement pour arriver à la solution d'un problème.

À la suite des travaux des gestaltistes, certains chercheurs ont mené des études sur le traitement de l'information afin de mieux comprendre comment l'individu recueille, emmagasine et analyse l'information.

Le traitement de l'information

Atkinson et Shiffrin (1968) ont créé le premier modèle qui tente de rendre compte de comment l'apprenant traite l'information. Selon eux, « le traitement de l'information chez l'être humain se fait d'une manière analogue à celui qu'effectue un ordinateur » (Vienneau, 2005, p. 148). Atkinson et Shiffrin soutiennent que l'être humain a trois registres différents de mémoire : la mémoire sensorielle, la mémoire à court terme et la mémoire à long terme.

Le modèle de Gagné

Gagné (1974), à partir des travaux de ses prédécesseurs, présente un modèle qui tient compte des étapes allant de la réception des stimuli jusqu'à l'émission d'une réponse.

FIGURE 2

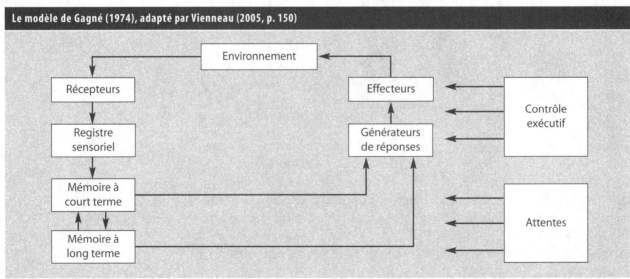

Le modèle de Gagné (1974), adapté par Vienneau (2005, p. 150)

En plus des trois registres de mémoire du modèle d'Atkinson et Shiffrin, Gagné identifie d'autres éléments : l'environnement qui correspond à la source des stimuli ; les récepteurs, c'est-à-dire les cinq sens ; les générateurs de réponses qui ont pour rôle de prolonger le traitement de l'information dans la mémoire à court terme ; et enfin, les effecteurs, c'est-à-dire les organes qui émettent une réponse aux stimuli de départ. De plus, en périphérie de ce modèle, Gagné caractérise deux composantes qu'il juge essentielles au traitement de l'information : les attentes et le contrôle exécutif. Les attentes correspondent à la composante affective, tandis que le contrôle exécutif constitue l'ensemble des opérations exécutées lors du traitement de l'information (Vienneau, 2005).

Dans le courant cognitiviste, le traitement de l'information n'a pas seulement été étudié sous l'angle de l'apprentissage individuel, mais également sous l'angle de l'apprentissage social. Bandura est la référence majeure en ce qui concerne l'apprentissage social dans la théorie cognitive.

L'apprentissage social

Bandura (1976, 1986) reconnaît que les principes liés au conditionnement classique et au conditionnement opérant sont importants, mais il soutient que les comportements relèvent non seulement du renforcement, mais également de l'observation et de l'imitation. Pour lui, il ne s'avère pas toujours nécessaire de vivre des expériences du type essais-erreurs pour modifier un comportement. Il considère que l'apprenant peut aussi se développer en observant les comportements des autres et en les imitant. Bandura souligne que l'acquisition de comportements est possible grâce à l'interaction entre l'environnement et les caractéristiques individuelles de l'apprenant.

Dans sa théorie sociale cognitive, Bandura s'intéresse au rôle des processus symboliques, vicariants et autorégulateurs dans le fonctionnement psychologique. En effet, selon lui, sa théorie sociale cognitive se différencie des autres théories cognitives par le fait qu'elle suppose que l'individu ne se développe pas nécessairement en répondant à des stimuli ; il se développe plutôt en se représentant les situations et en les analysant (Bandura, 1976). Il croit que l'apprenant est capable de contrôler davantage ses actions, car il posséderait des habiletés et il ne répondrait pas seulement aux stimuli extérieurs (Bandura, 1986). En effet, « la capacité de prévoir les conséquences d'une action permet de fixer des buts, de planifier, de se motiver et d'orienter ses actions » (Goupil et Lusignan, 1993, p. 80).

L'apprentissage par observation

Le traitement de l'information, selon Bandura, est l'aspect important de l'apprentissage. Pour lui, l'apprentissage serait trop difficile si l'individu devait seulement se référer aux effets de ses propres actions pour être informé de ce qui est bien de faire ou non (Bandura, 1976). En effet, Bandura (1986, p. 51) mentionne que « l'apprentissage se veut en grande partie une activité mettant en jeu des processus qui [...] l'aideront à guider ses actions[1] ». Afin de traiter l'information de façon efficace, la présence d'un modèle est essentielle.

Pour Bandura, il existe une différence entre l'imitation et l'apprentissage par observation de modèles (modelage). Pour lui, l'imitation s'avère plutôt simple, car l'apprenant reproduit seulement un comportement. Toutefois, l'apprentissage par l'observation d'un modèle est plus complexe et il présente des processus qui favorisent l'apprentissage social (Bandura, 1976). Les processus mis en jeu sont l'attention, la rétention, la reproduction motrice et la motivation.

Les processus attentionnels consistent à attirer l'attention de l'apprenant sur les comportements du modèle à observer. Pour ce faire, le modèle doit s'assurer que l'apprenant demeure actif durant la leçon et qu'il concentre son attention sur certains comportements. Un bon modèle rend attrayants les comportements à reproduire. De plus, le fait d'établir des habitudes, des stratégies cognitives et des temps de préparation au modelage permet à l'apprenant d'optimiser son apprentissage. Il est également important de mentionner que, si le modèle démontre que le comportement est transférable dans plusieurs autres situations, l'individu sera davantage motivé, car il comprendra l'utilité et le sens de son apprentissage.

Lors d'une situation de modelage, les processus de rétention sont cruciaux, car c'est grâce à eux que les comportements peuvent être emmagasinés en mémoire. En effet, pour apprendre, il est primordial de retenir l'information en mémoire. Selon Bandura, les comportements du modèle doivent être mémorisés sous forme symbolique pour être retenus. Au moyen du médium des symboles, il est possible de mémoriser de façon permanente les expériences de modélisation. C'est de cette façon, soit par imitation, que les individus sont capables d'apprendre une grande partie de leurs comportements (Bandura, 1976). Pour lui, l'apprentissage résulte de deux systèmes de représentation : le système verbal et le système imagé. Une fois que les comportements modelés sont transférés sous forme d'images et de symboles verbaux, l'information guide l'individu. Une fois l'information assimilée, l'apprenant l'intègre aux structures cognitives déjà présentes ; elle sera emmagasinée pour une prochaine réutilisation.

---

1. Traduction libre : « Learning is largely an information-processing activity in which information about the structure of behaviour and about environmental events is transformed into symbolic representations that serve as guides for action. » (Bandura, 1986, p. 51)

« La structure cognitive est l'ensemble des connaissances déclaratives, procédurales et conditionnelles emmagasinées et organisées à l'intérieur de la mémoire à long terme » (Vienneau, 2005, p. 145). Elle représente l'ensemble des connaissances antérieures de l'apprenant, ce qui inclut les règles et les stratégies qu'il utilise pour le traitement initial, le stockage et l'utilisation de l'information. À ce sujet, Jeffery (1976) mentionne que l'apprentissage par observation qui est efficace est atteint d'abord par l'organisation mentale du comportement modelé, ensuite, par le rappel intérieur de ce comportement et la mise en application de ce dernier, d'où l'importance des processus de reproduction motrice.

Les processus de reproduction motrice correspondent à la mise en action des comportements emmagasinés mentalement. Lorsque l'individu tente de reproduire un comportement, il se peut qu'il n'y arrive pas parfaitement. L'apprenant a souvent besoin d'observer un modèle plusieurs fois avant de parvenir à reproduire son comportement. La reproduction du comportement du modèle s'affinera progressivement. Toutefois, ce n'est pas parce qu'un comportement est acquis qu'il va nécessairement être mis en pratique. La motivation entre aussi en jeu.

Les processus motivationnels sont les derniers processus mis en place dans l'apprentissage par observation. La théorie sociale cognitive différencie l'acquisition de la performance. Si un comportement est perçu positivement, il est fort probable que l'apprenant soit davantage motivé à le renouveler ; si un comportement a une conséquence négative ou est sans conséquence, les chances sont que l'apprenant ne soit pas motivé à le reproduire. Les conséquences résultant d'un comportement ont donc une incidence sur les comportements qu'un individu reproduira, d'où la nécessité d'aborder le concept de l'apprentissage vicariant. Les processus motivationnels sont approfondis dans la section sur l'apprentissage vicariant.

L'apprentissage vicariant

L'apprentissage vicariant (ou le renforcement vicariant) peut se définir comme l'augmentation de la probabilité qu'un apprenant adopte un certain comportement compte tenu du fait qu'il a observé l'encouragement donné à d'autres apprenants pour ce même comportement (Bandura, 1976). En effet, dans ce type d'apprentissage, l'apprenant joue un rôle d'observateur, c'est-à-dire qu'il observe le comportement modélisé, d'une part, et les conséquences de ce comportement, d'autre part.

L'apprentissage vicariant joue également un rôle motivationnel. Le renforcement vicariant a pour effet de motiver l'individu à adopter un certain comportement. Si un comportement est fortement encouragé, l'individu voudra le reproduire afin de pouvoir bénéficier des conséquences positives qui en résultent. Selon Bandura (1976), l'apprentissage vicariant est lié au sentiment d'efficacité personnelle. Ce sentiment correspond à la confiance qu'un individu a en ce qui concerne son habileté à fournir une réponse adéquate. L'individu qui a développé cette habileté s'assure que ses comportements donneront lieu aux résultats escomptés et qu'il recevra une récompense. Bandura soutient que le sentiment d'efficacité personnelle joue un rôle dans l'apprentissage et a un impact sur la motivation. De plus, pour lui, l'apprentissage vicariant permet à l'individu d'apprendre des comportements, voire des savoir-faire, et ce, sans avoir à passer par un processus de type essais-erreurs.

L'apprentissage vicariant et l'apprentissage par imitation portent tous deux sur les comportements contrôlés extérieurement. Toutefois, l'environnement social n'est pas le seul facteur qui influence les comportements. En effet, Bandura souligne que les individus sont « capables d'exercer un certain contrôle sur leurs propres sentiments, pensées et actions » (Bandura, 1976, p. 121). Ce contrôle est possible grâce au processus d'autorégulation.

L'apprentissage par autorenforcement ou le processus d'autorégulation

Selon Bandura (1976), l'autorenforcement est un processus par lequel les apprenants se récompensent eux-mêmes en fonction de leurs propres objectifs et de leurs critères de réussite ; ce processus favorise l'augmentation ou le maintien de leur comportement. L'effet contraire peut aussi se produire, c'est-à-dire que l'individu peut réduire la fréquence de certains comportements compte tenu du fait qu'ils engendrent des conséquences négatives. En effet, l'individu se récompense ou se punit lui-même après un comportement. La majorité des comportements sont sous l'influence de l'autorenforcement. Bandura souligne qu'un comportement ne se définit pas seulement par son renforcement. Pour lui, les apprenants développent des capacités d'autorégulation.

L'autorégulation est constituée de trois étapes : l'auto-observation, le jugement et la rétroaction personnelle (Goupil et Lusignan, 1993). L'auto-observation, la première étape, renvoie à la capacité qu'a un individu de s'observer lui-même. L'auto-observation lui permet d'améliorer ses comportements. Lors du jugement, la deuxième étape, l'apprenant juge ses comportements de façon positive, négative ou neutre, selon les objectifs personnels qu'il s'est fixés. La rétroaction personnelle, la troisième étape, amène l'individu à s'autoféliciter ou à s'autopunir. Cette étape joue un rôle essentiel dans l'engagement de l'apprenant dans ses apprentissages.

La théorie sociale cognitive considère que l'autorenforcement augmente la performance grâce à la motivation (Bandura, 1976). En d'autres mots, l'individu s'autorécompense (motivation intrinsèque) lorsqu'il atteint les buts qu'il s'est fixés. Lorsque l'individu atteint ses objectifs, il augmente ces derniers ; lorsqu'il ne réussit pas à les atteindre, il s'ajuste afin de ne pas subir d'échecs de façon trop répétitive.

CONCEPTION DE L'ENSEIGNEMENT ET DE L'APPRENTISSAGE

Dans une perspective cognitiviste, la tâche de l'enseignante est de planifier en fonction des contenus disciplinaires, de la gestion de classe ainsi que des composantes affectives, sociales, cognitives et métacognitives de l'élève. L'enseignement de connaissances déclaratives, procédurales et conditionnelles est primordial. L'enseignante doit élaborer des situations d'apprentissage complexes et signifiantes dans lesquelles l'élève aura la possibilité d'organiser ses connaissances. Ses interventions en classe consistent alors à enseigner plusieurs stratégies d'apprentissage que l'élève pourra utiliser pour réaliser des tâches diverses. Elle doit donc intervenir directement sur le répertoire des stratégies disponibles de l'apprenant.

En plus d'intervenir au niveau des stratégies d'apprentissage, l'enseignante doit se préoccuper des mécanismes de construction graduelle des connaissances en mémoire et des conditions de réutilisation de ces connaissances en contexte. Elle doit porter une attention particulière à la qualité et à la pertinence du matériel présenté aux élèves. L'enseignement se manifeste concrètement par des interventions fréquentes, des entraînements précis, des actions de médiation, des évaluations formatives et des rétroactions axées autant sur les connaissances que sur les stratégies et les processus mentaux des apprenants.

L'apprentissage dans le courant cognitiviste est principalement caractérisé par l'acquisition et l'intégration de nouveaux savoirs réutilisables. L'apprentissage est vu comme un processus actif de construction des savoirs à partir des connaissances que possède déjà l'élève. Cette construction implique nécessairement l'acquisition de connaissances déclaratives, procédurales et conditionnelles. Le courant cognitiviste soutient que l'apprenant doit être conscient des facteurs externes (l'environnement) et des facteurs internes (sa structure cognitive) en jeu lorsqu'il est en situation d'apprentissage. L'apprentissage est possible grâce à l'organisation des savoirs et la connaissance approfondie et contextualisée des stratégies cognitives et métacognitives de l'élève.

EN CONCLUSION

Le cognitivisme conçoit l'enseignement et l'apprentissage comme un lieu de partage, de confrontation d'idées, de construction de divers types de connaissances. Le but fondamental poursuivi par les cognitivistes est de développer l'autonomie cognitive, affective et sociale de l'apprenant par une démarche de médiation (entre l'apprenant comme tel, l'enseignante et l'environnement éducatif). Tous les modèles théoriques et pratiques inspirés de ce courant, peu importe leur spécificité, placent la construction active des savoirs au centre de leur préoccupation. De plus, tous les modèles adhèrent à l'idée que l'élève apprend dans un contexte structuré, contexte dans lequel les décisions sont prises par lui-même en collaboration avec l'enseignante. C'est ce qui fait la force de ce courant et sa complexité dans un contexte de classe.

INTÉGRATION DES APPRENTISSAGES

 Pour garder en tête les nouvelles notions acquises, faites un bilan des savoirs (voir ci-dessous) et une synthèse que vous placerez ensuite dans votre dossier professionnel.

Bilan des savoirs	Oui, beaucoup mieux.	Non, je m'interroge encore.
Je peux expliquer dans mes mots les caractéristiques du cognitivisme.	☐	☐
Je connais les implications de ce courant sur ma pratique et les apprentissages des élèves.	☐	☐
Je peux expliquer la conception de l'enseignement et de l'apprentissage propre à ce courant.	☐	☐
Je sais reconnaître les dimensions affectives, cognitives et sociales de ce courant.	☐	☐
Je peux expliquer les grandes lignes des modèles théoriques qui s'inspirent du cognitivisme.	☐	☐

Pour en savoir plus

Bandura, Albert. 1976. *L'apprentissage social.* Bruxelles : Mardaga, 206 p.

Tardif, Jacques. 1992. *Pour un enseignement stratégique : l'apport de la psychologie cognitive.* Montréal : Éditions Logiques, 474 p.

SECTION ③
L'humanisme

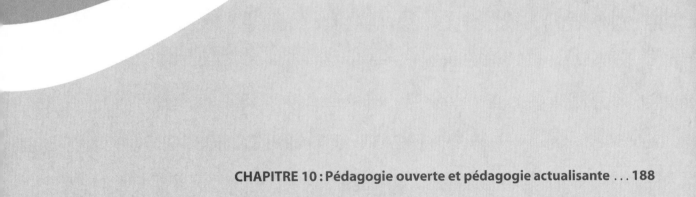

CHAPITRE 10

Pédagogie ouverte et pédagogie actualisante

Nicole Beaudry

PRÉPARATION AUX APPRENTISSAGES

Portrait des savoirs	Non, pas vraiment.	Oui, je fais une hypothèse.
Je connais la différence entre la pédagogie ouverte et la pédagogie actualisante.	☐	☐
Je peux expliquer pourquoi ces modèles rejoignent certains principes mis de l'avant par les programmes de formation actuels.	☐	☐
Je peux expliquer les différentes dimensions de la pédagogie ouverte et de la pédagogie actualisante.	☐	☐

Ce chapitre présente la pédagogie ouverte et la pédagogie actualisante comme modèles d'enseignement inspirés du courant humaniste. La pratique d'apprentissage permet en premier lieu de faire appel à ses connaissances actuelles sur le sujet. En deuxième lieu, la théorie d'apprentissage apporte un éclairage sur ce que sont ces deux modèles, leurs origines, leurs principes et leurs particularités. Il est également question de leur application en classe (le pourquoi, le comment et le quand). Enfin, un questionnement à la fin du chapitre permet l'intégration des apprentissages.

RÉALISATION DES APPRENTISSAGES

PRATIQUE D'APPRENTISSAGE

 1. Prenez connaissance des situations d'apprentissage au document 10.1 et expérimentez-les en équipe. Qu'en pensez-vous ?

 2. À partir du site de la Société des écoles d'éducation internationale (http://www.sebiq.ca/), essayez de faire des liens entre les programmes de formation de la Société des écoles d'éducation internationale, ceux du MÉQ (2001b) et du MÉLS (2006) et la pédagogie actualisante. Faites ressortir les ressemblances et les différences.

PÉDAGOGIE OUVERTE : THÉORIE D'APPRENTISSAGE

Qu'est-ce que la pédagogie ouverte ?

La pédagogie ouverte est davantage un modèle pédagogique qu'une méthode d'enseignement (Paquette, 1992) qui vise à favoriser les apprentissages par une démarche authentique de croissance personnelle. La pédagogie ouverte fonde tous les apprentissages de type académique sur l'enfant et l'environnement. En portant une attention particulière à son environnement scolaire, elle le transforme en milieu de vie et utilise les événements de la classe et ceux de la vie comme des occasions d'apprentissage. Elle soutient l'élève dans l'appropriation de ses connaissances par le respect de ses intérêts et de son besoin d'explorer, d'expérimenter et de découvrir son environnement, favorisant ainsi sa motivation intrinsèque, considérée comme le moteur de l'apprentissage.

Plusieurs valeurs sous-tendent la pédagogie ouverte. L'école Atelier de la CSDM [1] adhère à celles-ci : l'autonomie et l'interdépendance, la

---

1. Commission scolaire de Montréal : www.csdm.qc.ca/atelier.

En 1964, les écoles québécoises sont en plein bouleversement. Les résultats de l'enquête royale sur l'éducation, présidée par Mgr Alphonse Parent, sont publiés. Ayant pour mandat de repenser le système éducatif québécois, le rapport Parent marque le début d'une réforme en profondeur de l'enseignement au Québec. L'éducation est rendue accessible à tous et à tous les niveaux. On propose aussi une approche pédagogique qui s'inspire de la philosophie humaniste. Finalement, ce qui devait assurer une pédagogie et une organisation de l'enseignement axées sur l'enfant et le développement de ses habiletés intellectuelles, sociales, affectives, morales, religieuses est contrecarré par la mise en place d'un programme uniforme, défini comme un ensemble ordonné de matières, de disciplines réparties selon une séquence conforme aux exigences du système scolaire. Ce revirement de situation incite plusieurs pédagogues, ardents défenseurs de la pédagogie humaniste, à développer un nouveau modèle d'enseignement : la pédagogie ouverte.

responsabilisation, la démocratie et la participation. Les stratégies pédagogiques utilisées dans le cadre de ce modèle visent à assurer le développement global de chaque élève et à faire du savoir, du savoir-faire et du savoir-être des réalités intégrées aux plans physique, mental et spirituel. Cet objectif suppose une démarche d'apprentissage qui privilégie l'accroissement de l'**autonomie**. Autrement dit, l'enfant doit apprendre à devenir un adulte autonome par l'exercice même de l'autonomie dont il est capable. Faire des choix et les assumer en sont les prémisses.

La pédagogie ouverte tend vers un idéal de **démocratie**, faisant appel aux droits et aux devoirs individuels et collectifs et privilégiant la participation plutôt que la délégation. Pallascio (dans Pallascio et Beaudry, 2000) soutient que l'école doit développer la capacité à vivre en société par une intégration coopérative avec les autres tout en soutenant une réflexion critique dans un cadre de vie démocratique. En pédagogie ouverte, l'éducation est considérée comme « un processus social ou les jeunes et les adultes ont l'occasion de partager leur expérience en vue d'une possession commune » (dans Pallascio et Beaudry, 2000, p. 51).

Pourquoi y faire appel en classe ?

Les programmes de formation actuels empruntent des valeurs de démocratie et d'interdépendance prônées par le modèle de pédagogie ouverte. De plus, le progrès de la science et de la technologie ainsi que la multiplicité et la transformation des rapports humains ont rendu nécessaire une réflexion sur les valeurs essentielles pouvant guider les actions de l'école actuelle vers un mieux-être collectif. L'accent est mis sur le développement d'une éducation axée sur la compréhension de l'autre, le respect des différences, le partage des idées, fondant ainsi une école véritablement démocratique. Ce modèle privilégie différents moyens pédagogiques susceptibles d'actualiser les compétences attendues des élèves. La pédagogie ouverte soutient une démarche d'apprentissage qui accorde une importance à la relation entre l'élève, son milieu psychosocial et son propre vécu. Cette centration sur le développement de l'individu et son processus d'apprentissage ne peut faire perdre de vue l'importance d'un programme de formation. Comme l'explique Paré (1977, p. 14), « les différents aspects de la réalité qui sont traités correspondent aux anciennes disciplines scolaires, mais ils ne sont pas considérés comme des disciplines devant être transmises à l'enfant ».

Comment l'intégrer à sa pratique ?

La pédagogie ouverte se fonde sur quatre grands principes qui balisent son application en classe. Ces principes sont inspirés des écrits d'André Paré (1977) et de Claude Paquette (1992) et reflètent la philosophie adoptée par les écoles alternatives du Québec.

1er principe : Permettre à l'élève de développer des talents multiples en respectant son rythme et son style d'apprentissage

Dans un contexte de mise en pratique, ce principe suppose que les approches pédagogiques axées sur la transmission de contenus d'un programme uniforme et préétabli ne sont pas à privilégier. Cependant, l'enseignant qui applique les principes de la pédagogie ouverte doit connaître et bien maîtriser tous les contenus du programme afin d'être en mesure d'identifier les apprentissages de l'élève qui choisit de résoudre un problème qu'il pose à partir de ce qu'il perçoit de la réalité.

2e principe : Permettre que les habiletés de chaque élève soient utilisées de façon constante dans un environnement riche et stimulant

L'enseignant, en plus de devoir être un spécialiste de contenus, doit être un pédagogue aguerri. Il doit donc être en mesure d'utiliser les méthodes et les stratégies pédagogiques appropriées à la situation d'apprentissage.

3e principe : Permettre à l'élève de rendre ses apprentissages significatifs

Le fait que l'élève est le principal artisan de sa formation signifie qu'il doit faire des choix, assumer les responsabilités qui s'y rattachent, gérer son temps et organiser son travail pour dépasser son « connu ».

4e principe : Permettre à l'élève d'utiliser des stratégies et des moyens diversifiés afin qu'il puisse développer tous les aspects de sa personne

Les moyens et les stratégies utilisés en pédagogie ouverte favorisent principalement la curiosité intellectuelle, l'esprit critique, l'aptitude à la recherche, le sens de l'effort, la créativité et l'entrepreneuriat. L'élève est encouragé à établir des relations d'échange, de coopération et d'entraide et à développer une ouverture d'esprit pour donner et recevoir. Il est aussi encouragé à faire des choix constructifs en tenant compte des possibilités du milieu et des exigences de la réalité dans laquelle il vit. L'élève est amené à anticiper les conséquences qui découlent de ses actions et à les assumer pleinement.

Quels rôles y jouent l'enseignant, les parents et l'élève ?

Les écoles qui ont adopté le modèle d'enseignement de pédagogie ouverte parlent de « gestion participative » pour désigner leur mode de fonctionnement. Ce dernier définit que tous, élèves, parents, enseignants, éducateurs, gestionnaires, sont de véritables partenaires. Ils décident ensemble des moyens et, par conséquent, sont coresponsables des actions entreprises. La concrétisation d'un projet éducatif devient alors un réel projet communautaire défini, géré et évalué par la collectivité.

Historique

Pédagogie ouverte et écoles alternatives

Les écoles alternatives, incubatrices de recherche et de développement en éducation au Québec, ont été fortement interpellées par la réforme des programmes d'enseignement puisque les modèles préconisés par le renouveau pédagogique sont ceux qu'elles ont toujours utilisés et adoptés. On accorde la priorité à l'enfant plutôt qu'au programme ; on reconnaît sa compétence à bâtir son cheminement éducatif, sa capacité à en être le principal agent. Il existe actuellement plus d'une trentaine d'écoles alternatives au Québec.

Le rôle de **l'enseignant** est essentiellement de permettre à l'élève de faire des choix en fonction de ses intérêts et de son vécu. Il doit pouvoir lui offrir des moyens concrets pour effectuer une démarche d'exploration et l'aider à développer des méthodes de travail appropriées pour faire des apprentissages. Pour ce faire, il fixe dans son horaire des périodes de tutorat pédagogique avec chaque élève. Ces moments privilégiés d'échange en tête-à-tête avec son enseignant aident l'élève à se responsabiliser, à organiser lui-même son temps pour pouvoir respecter les échéanciers. Tout au long de l'exploration de l'élève et lors de ses découvertes, l'enseignant le soutient dans la reconnaissance de ses apprentissages afin qu'il soit en mesure de les nommer et qu'il puisse les réutiliser dans différents contextes. La pédagogie ouverte confère donc à l'enseignant un rôle de médiateur plutôt qu'un rôle de transmetteur de connaissances. Ce rôle le place dans des situations pédagogiques où il doit être en mesure de repérer les habiletés qui sont manifestées par l'élève et les connaissances qu'il acquiert.

Pallascio et Beaudry (2000) présentent **l'élève** dans ce modèle comme un coconstructeur de ses connaissances. Selon ces auteurs, l'élève a besoin de comprendre, de découvrir, d'explorer ses intérêts sous la forme d'un questionnement précis qui sera communiqué à l'ensemble de ses pairs. Avec l'aide de ses camarades de classe, des parents animateurs et de l'enseignant, il cherche des réponses à ses questions. Son rôle peut s'apparenter à celui de l'apprenti chercheur. Le modèle de la pédagogie ouverte lui donne toutes les occasions nécessaires pour travailler en groupe, de façon coopérative. Il a le choix de décider quels apprentissages il veut faire ; ses choix seront soutenus par tout son entourage qui lui offre l'appui nécessaire à l'atteinte de ses objectifs. Quant aux **parents**, ils sont considérés comme des partenaires essentiels dans le fonctionnement et le développement de l'école et agissent à titre de coéducateurs.

Quand y recourir en classe ?

L'enseignant à l'écoute des intérêts des élèves recourt naturellement à la pédagogie ouverte. La prise en compte de leurs questions ou des préoccupations qu'ils expriment offre des occasions privilégiées pour aborder une notion, une matière nouvelle ou pour développer les compétences transversales, telles que décrites dans les programmes de formation actuels.

La pédagogie ouverte poursuit de grands idéaux. Il est donc difficile de l'évaluer uniquement par la matérialisation de sa philosophie. Il est préférable de la définir par l'adhésion de l'enseignant à ses principes et la mise en œuvre de moyens qui tendent vers son idéal : le développement global de l'enfant par le respect de ses intérêts. Dans cette perspective, les qualités essentielles d'un enseignement favorisant le modèle de pédagogie ouverte sont certainement sa capacité d'introspection sur son rôle d'éducateur, son ouverture à l'échange et au partage d'idées et un véritable respect de l'élève, non pas considéré comme un vase à remplir, mais comme un être humain complet à qui l'on confie son développement.

PÉDAGOGIE ACTUALISANTE : THÉORIE D'APPRENTISSAGE

Qu'est-ce que la pédagogie actualisante ?

La pédagogie actualisante est un modèle d'enseignement qui, comme d'autres modèles, a emprunté des valeurs au courant humaniste. Ce modèle est toutefois unique en ce sens qu'il incorpore des éléments des théories socioconstructiviste, cognitiviste et béhavioriste. L'approche peut être décrite par contre comme étant fondamentalement humaniste à cause de l'importance qu'elle accorde à la réalisation de soi (Rogers, 1961) et, surtout, à l'actualisation de son potentiel humain (Maslow, 1954), d'où l'expression « pédagogie actualisante ».

La pédagogie actualisante emprunte plusieurs aspects aux courants pédagogiques actuels qui soutiennent le développement des dimensions intrapersonnelle, interpersonnelle et sociale de l'élève. Dans la **dimension intrapersonnelle**, l'apprenant est considéré dans son unicité, c'est-à-dire que, dans la construction de cette singularité, une importance est accordée au caractère unique de chacun tout en ne négligeant pas l'autre (Vienneau, 2005). Les notions de prise en charge, de volonté (Paré, 1977) et d'engagement (Rogers, 1961) y sont aussi centrales. Dans l'approche de la pédagogie actualisante, les activités pédagogiques ont comme objectif de développer l'autonomie et l'autodétermination de l'individu afin qu'il devienne progressivement en mesure de mieux assurer lui-même l'actualisation de son potentiel (Landry, 2002). La **dimension interpersonnelle** considère les relations entre les individus comme une source d'enrichissement mutuel ou encore comme une voie pour le développement des habiletés sociales. La construction des savoirs se fait en coopération. Le modèle soutient que l'apprenant a le droit de recevoir un enseignement adéquat dans un milieu qui peut l'accueillir en acceptant ses différences et en lui offrant ainsi les conditions d'apprentissage nécessaires à l'actualisation de son potentiel et à son intégration scolaire. Quant à la **dimension sociale**, la pédagogie actualisante adhère à plusieurs principes de responsabilité sociale, issus des théories sociales (Freire, 1983). Ces théories prônent une pédagogie de la conscience et de l'engagement dans des projets de société, fondée sur la paix, la justice et la solidarité. L'éducation à la citoyenneté responsable et démocratique apparaît donc comme l'une des priorités de ce modèle pédagogique.

Le programme d'éducation internationale est un bon exemple d'intégration des multiples méthodes qui sont incorporées dans l'approche de la pédagogie actualisante. De par ses fondements et sa philosophie, le programme d'éducation internationale vise à former des individus capables de réflexion critique sur le monde, c'est-à-dire des individus qui peuvent se positionner dans leurs identités personnelle et collective. Ce programme favorise l'ouverture de l'élève à la diversité et au respect des différences. L'un de ses principes directeurs est l'éducation globale, rejoignant ainsi les valeurs de la pédagogie actualisante. Ce principe permet à l'élève de percevoir la cohésion et la complémentarité des différents domaines d'apprentissage et d'établir des liens entre les contenus des disciplines et le monde réel. L'élève s'investit alors dans le développement de compétences et adhère à des valeurs positives d'autonomie, d'engagement, de respect, de collaboration et de fierté [2].

Pourquoi y faire appel en classe ?

La pédagogie actualisante rejoint plus particulièrement la mission éducative de socialisation qui, au Québec, s'ajoute aux missions d'instruction et de qualification et tente de réunir tous les éléments des courants pédagogiques qui sont susceptibles d'aider l'enseignant à structurer son enseignement en fonction des objectifs visés par les programmes de formation. La pédagogie actualisante s'inscrit dans le contexte éducatif actuel qui est caractérisé par une conscience aiguë que le monde est en pleine mutation, que l'avenir – celui de l'enfant dans sa famille, du citoyen dans sa communauté et de l'adulte au travail – demeure en grande partie incertain. Pour l'enseignant qui adopte les principes de la pédagogie actualisante, le défi est de taille. Il doit mettre en place un enseignement adapté aux besoins des élèves ; être en mesure de les soutenir, de les conseiller et de les conduire vers la voie de l'apprentissage autonome ; et les préparer, non seulement à aborder l'avenir avec confiance, mais aussi à construire l'avenir eux-mêmes de manière déterminée et responsable.

Comment l'intégrer à sa pratique ?

La pédagogie actualisante ne peut pas être pratiquée en ayant recours à une technique ou à une méthode pédagogique unique. Les approches faisant appel à différentes méthodes d'enseignement et stratégies d'apprentissage en lien avec les modèles d'enseignement présentés dans cet ouvrage doivent être privilégiées : apprentissage par projets, enseignement et apprentissage stratégiques, apprentissage par problèmes, pédagogie ouverte, apprentissage coopératif, etc.

Une mise en garde qui est souvent exprimée par les tenants de la pédagogie actualisante est celle de ne pas considérer cette approche comme un « fourre-tout » pédagogique. Étant donné que la pédagogie actualisante emprunte des démarches et des principes à plusieurs courants pédagogiques, il peut être un peu trop facile de confondre des méthodes appartenant à des courants différents et de transgresser la philosophie inhérente à chacun d'eux.

Quels rôles y jouent l'enseignant et l'élève ?

L'enseignant qui adopte la démarche de la pédagogie actualisante doit observer certains principes [3] qui rejoignent ceux de plusieurs courants pédagogiques. Le caractère éclectique de la pédagogie actualisante permet de tenir compte d'enjeux éducatifs multiples et de respecter les nombreuses composantes de l'apprentissage et de l'enseignement.

---

2. Programme de premier cycle du secondaire (PPCS), Organisation du baccalauréat international (OBI), disponible à l'adresse suivante : www.ibo.org/fr/myp/index.cfm.
3. Voir à ce sujet : *CONFEMEN* (Conférence des ministres de l'Éducation des pays ayant le français en partage), n° 13, octobre / novembre 1995.

Soutenir le développement du potentiel humain (aux plans cognitif, affectif, social, physique, spirituel, etc.) est une marque de grand respect que l'enseignant accorde à ses élèves. Favoriser les interactions permet aux élèves de travailler dans un esprit d'équipe et de coopération. L'influence des divers courants de pensée en éducation met de l'avant une gestion participative de la classe qui favorise l'actualisation du potentiel des élèves.

Aider l'élève à s'exprimer et à partager son point de vue ainsi que lui apprendre les principes de l'écoute et du respect des autres, sans jugement et sans préjugé, c'est lui offrir les outils nécessaires pour faire sa place dans une société où le pluralisme est de plus en plus présent. L'enseignant qui donne la parole à l'élève, qui l'aide à se doter des valeurs de respect et d'écoute nécessaires à une véritable communication, lui permet de développer sa responsabilité citoyenne.

L'enseignant doit pouvoir encourager tout apprentissage signifiant pour l'élève qui en fait le choix et aussi stimuler l'échange des apprentissages entre les élèves. Les moyens utilisés doivent soutenir l'intégration des savoirs, des savoir-faire et des savoir-être, l'objectif étant le développement intégral de l'élève. L'enseignant doit permettre aux élèves de prendre des initiatives et les soutenir dans la concrétisation de leurs idées. Il doit leur apprendre à adopter l'attitude du chercheur ou de l'explorateur par des moyens et des méthodes issus de l'apprentissage par projets, par exemple, ou de la résolution de problèmes.

Quand y recourir en classe ?

L'enseignant qui est soucieux de voir les élèves développer des valeurs de respect, de compréhension et d'acceptation de l'autre recourra à la pédagogie actualisante dans sa classe. Il saura saisir les occasions ou les provoquer en posant des questions pertinentes aux élèves et stimulera leur motivation à s'investir dans leurs apprentissages. Ceci est vrai pour différents ordres d'enseignement et c'est sans doute la raison qui explique que les écoles internationales sont de plus en plus nombreuses au Québec, autant au primaire qu'au secondaire. Ce modèle est aussi utilisé au collégial, comme programme préuniversitaire (baccalauréat d'éducation internationale).

EN CONCLUSION

Les perspectives de développement des modèles de la pédagogie ouverte et de la pédagogie actualisante sont prometteuses. Ces modèles cherchent à développer la conscience critique et l'autonomie des personnes ; ils contribuent ainsi à libérer l'esprit pour favoriser le respect des droits individuels et collectifs.

Astuce

Résumé de lecture, paraphrase ou reformulation

Le **résumé de lecture** est une stratégie de contraction d'un texte qui peut être utilisée en cours de lecture ou à la fin. Cette stratégie est essentielle pour vérifier sa compréhension ou faire une synthèse de l'information retenue. La **paraphrase** est quant à elle une stratégie de **reformulation** qui ne demande pas nécessairement de contracter un texte. Il s'agit plutôt de reformuler le texte dans ses propres mots en ajoutant des précisions au besoin.

Faire un **résumé** consiste à reprendre les idées principales d'un texte (voir chapitre 2), à les mettre les unes à la suite des autres et à les contracter en fusionnant certaines d'entre elles.

Dans le résumé comme dans la paraphrase, il faut s'assurer de ne pas changer le sens du texte original.

INTÉGRATION DES APPRENTISSAGES

 1. Vous devez vérifier les connaissances des membres de votre équipe sur la pédagogie ouverte et la pédagogie actualisante. Comment procéderiez-vous ? Pour vous aider, vous pouvez consulter le lien suivant :
http://www.derochebelle.qc.ca/organisation/programmes/pei.php

 2. Pour garder en tête les nouvelles notions acquises, faites un bilan des savoirs (voir ci-dessous) et une synthèse que vous placerez ensuite dans votre dossier professionnel.

Bilan des savoirs	Oui, vraiment mieux.	Non, je m'interroge encore.
Je peux expliquer les différentes dimensions de la pédagogie ouverte et de la pédagogie actualisante.	☐	☐
Je peux expliquer pourquoi ces modèles rejoignent certains principes mis de l'avant par les programmes de formation actuels.	☐	☐
Je connais la différence entre la pédagogie ouverte et la pédagogie actualisante.	☐	☐

Pour en savoir plus

Bertrand, Yves. 1998. *Théories contemporaines de l'éducation*. 4e éd. Montréal : Éditions Nouvelles AMS, 306 p.

Landry, Rodrigue. 2002. « Pour une pleine réalisation du potentiel humain : la pédagogie actualisante ». *Éducation et francophonie*, vol. XXX, no 2, (automne), 23 p. En ligne. <http://www.acelf.ca/c/revue/pdf/XXX_2_008.pdf>. Consulté le 1er août 2011.

Pallascio, Richard et Nicole Beaudry. 2000. *L'école alternative et la réforme en éducation, continuité ou changement ?* Coll. « Éducation, Intervention ». Montréal : Presse de l'Université du Québec, 190 p.

Vienneau, Raymond et Catalina Ferrer 1999. « En route vers une pédagogie actualisante : un projet intégré de formation initiale à l'enseignement ». *Éducation et francophonie*, vol. XXVII, no 1, (printemps). En ligne. <www.acelf.ca/c/revue/revuehtml/27-1/Vienneau.html>. Consulté le 1er août 2011.

Synthèse sur l'humanisme

Nicole Beaudry

PRÉPARATION AUX APPRENTISSAGES

Portrait des savoirs	Non, pas vraiment.	Oui, je fais une hypothèse.
Je connais les fondements du courant humaniste.	☐	☐
Je peux nommer les avantages et les limites de ce courant.	☐	☐
Je connais certains grands pédagogues humanistes.	☐	☐
Je peux faire des liens avec les programmes de formation actuels et le courant humaniste.	☐	☐

Ce chapitre présente une synthèse de l'humanisme, ses origines, ses fondements, ses principes et ses valeurs. La conception particulière de l'enseignement et de l'apprentissage de ce courant est aussi décrite. Ainsi, ce chapitre fait ressortir divers points de convergence et de divergence entre les modèles d'enseignement présentés dans le chapitre précédent issus du courant humaniste, et ceux issus d'autres courants.

RÉALISATION DES APPRENTISSAGES : THÉORIE D'APPRENTISSAGE

DÉFINITION DE L'HUMANISME

Beaucoup d'ouvrages traitent du courant humaniste en éducation. Les différents modèles d'enseignement qui s'inspirent de ce courant, quoiqu'ils se distinguent par leurs pratiques, partagent une même philosophie de base. Les modèles d'enseignement issus de l'approche humaniste définissent un environnement d'apprentissage qui tient compte des diversités personnelles, culturelles et sociales de l'apprenant. En effet, l'approche humaniste soutient que les différences sont sources d'apprentissage et de développement lorsqu'elles deviennent objets de partage et de recherche de compréhension de l'autre. Les modèles d'enseignement qui s'inspirent du courant humaniste font appel à la responsabilité de chacun comme personne à la recherche d'harmonie avec ses pairs et son environnement.

Origine de l'humanisme

Entre les 17e et 20e siècles, les sciences de l'éducation empruntent des connaissances aux domaines de la psychologie, de la philosophie, de la sociologie et de la technologie, entre autres. Au milieu du 20e siècle, la pédagogie traditionnelle, initiée au 17e siècle, est remise en question par les partisans d'une pédagogie dite nouvelle. Cette pédagogie donnera naissance à plusieurs modèles d'enseignement (Neill, 1975 ; Maslow, 1968 ; Rogers, 1984). L'approche humaniste en éducation se centre alors sur l'enfant, considéré comme un individu à part entière qui a des aspirations et des besoins singuliers qui doivent être reconnus par les éducateurs, plus particulièrement les parents et les enseignantes, qui accompagnent et encadrent son développement.

Issus des courants personnalistes, libertaires, non directifs ou organiques (Bertrand, 1998), plusieurs modèles d'enseignement d'inspiration humaniste émergent dans les années 1970. Ces modèles misent sur la dimension personnelle, le développement affectif, la valorisation des relations humaines, le respect de soi, l'acceptation inconditionnelle de l'autre, l'incitation à l'autonomie, la motivation intrinsèque, la liberté de choix, l'expression personnelle et la créativité. D'autres courants, tels que le courant social (Freire, 1998) et le

Tête chercheuse

Les grands pédagogues humanistes ont été fortement influencés par **Jean-Jacques Rousseau** (1712-1778), reconnu comme la première source d'inspiration du courant humaniste, sans doute grâce à son traité d'éducation, *Émile ou de l'éducation*, publié en 1762. Ce traité tient un discours sur l'art de former les hommes. Il est encore de nos jours l'un des ouvrages les plus populaires sur ce sujet.

courant spirituel (Steiner, 1976), empruntent certains aspects à l'humanisme. La pédagogie actualisante intègre des aspects de tous ces courants, en mettant l'accent cependant sur l'actualisation de soi.

FONDEMENTS THÉORIQUES

En psychologie, la conception humaniste suppose que l'être humain a une capacité d'autodétermination qui le pousse vers l'épanouissement personnel. En 1954, dans son ouvrage *Motivation and Personality*, Abraham H. Maslow (1908-1970) soutient que le besoin de développement de l'être humain est une force positive et constructive qui l'incite à s'actualiser dans un mouvement incessant de progression. Comme plusieurs autres penseurs de son époque (Adler, 1982 ; Piaget, 1967 ; Rogers, 1969), il se dissocie de la conception freudienne, qui présente l'homme comme un être dominé par ses instincts, et de la conception béhavioriste de Skinner (1904-1990), « pour qui l'être humain est un animal qui répond mécaniquement aux stimuli de l'environnement » (Bertrand, 1998, p. 50). Selon le courant humaniste, la capacité naturelle de l'être humain à vouloir s'épanouir devrait le conduire à se développer selon les fins qu'il a lui-même définies, pas selon les demandes ou les pressions provenant de l'extérieur.

Maslow (1968), psychologue humaniste, décrit son idéal de l'école : un lieu d'éducation où il n'y aurait ni crédits, ni diplômes, ni cours préalables. Dans ce lieu, chacun aurait la possibilité d'étudier ce qui lui plaît, permettant ainsi de trouver ce dont on a besoin pour s'actualiser. Les objectifs de ce type d'école seraient, d'après Maslow, la découverte de son identité et de sa vocation (Bertrand, 1998).

Carl R. Rogers (1902-1987), psychologue humaniste américain, présente aussi une conception de la pédagogie qui valorise la liberté, l'engagement et l'implication de l'individu. Rogers affirme que l'individu doit s'engager et assumer la responsabilité de son existence afin d'assurer sa croissance personnelle, ce qui lui permet d'exercer un pouvoir au plan social. Il reconnaît à la personne la capacité de prendre en charge sa formation, formation qui est considérée dans une perspective de développement global. Aussi, selon sa vision des choses, l'individu qui a conscience de ses diverses capacités sait comment apprendre, comment s'investir (effort continu) dans une démarche le conduisant à un véritable apprentissage.

Au Québec, c'est au début des années 1970, plus particulièrement avec l'instauration des écoles alternatives, que les pédagogies humanistes, dites organiques (Angers et Bouchard, 1978), ouvertes (Paré, 1977) ou non directives (Paquette, 1992), font leur apparition. Paré, en plus de s'inspirer des travaux de Rogers, adopte le principe de l'actualisation de soi par l'ouverture à l'expérience décrite comme un contact avec la

Historique

L'un des pionniers de la pédagogie humaniste est **Alexander Sutherland Neill** (1883-1973). Les théories éducatives qu'il met en pratique par la création de l'école Summerhill en 1921 et la publication de son livre *Libres enfants de Summerhill* (1960) transforment le monde de l'éducation (Bertrand, 1998). Les principes du fonctionnement de son école sont la liberté et la démocratie, basée sur l'égalité des voix. Comme Rousseau qui accorde une importance aux sentiments d'amour et de haine dans la construction de la société et son développement, Neill croit en la bonté fondamentale de l'être humain. Jean-Jacques Rousseau considère la notion de vérité comme étant l'objet de recherche ultime ; en d'autres mots, la vérité est pour lui supérieure à toute autre valeur. Neill partage cet avis. Pour Neill, il est primordial que les élèves reçoivent une réponse à leurs questionnements lorsqu'ils sont confrontés à des problèmes.

totalité de ce qui se passe, tant à l'extérieur qu'à l'intérieur de soi (Bertrand, 1998). Paquette soutient le même discours et considère que la pédagogie ouverte et informelle permet à l'élève d'entreprendre une démarche autonome et personnelle. Cette démarche ne peut s'effectuer que s'il y a une interaction entre l'élève et un environnement qui soutient celle-ci (Paquette, 1992). Charles Caouette, fondateur de la première école alternative au Québec, l'école Jonathan, et grand chercheur humaniste, a travaillé en étroite collaboration avec Paré et Paquette. Dans l'un de ses plus récents ouvrages, Caouette précise que « l'humanisme ne serait d'abord ni une philosophie, ni une doctrine, ni une science, ni une morale, mais un processus toujours inachevé, toujours mobile et en évolution ou en régression selon le choix que je fais, précisément » (Caouette, 1997, p. 99).

PRINCIPES ET VALEURS

Une partie des débats mondiaux actuels sur la mission éducative tourne autour de la capacité de l'école à tenir compte du développement de l'individu, selon trois aspects : le développement de la citoyenneté, le développement culturel et le développement de la personne. Ce sont les trois types de développements les plus souvent évoqués dans les programmes d'études. On cherche à former des citoyens démocratiques, fermement établis dans leur propre culture et qui sont à la fois critiques à l'égard du monde et ouverts à celui-ci. Dans le système éducatif québécois, les théories humanistes sont présentes, mais elles sont teintées par une approche que l'on peut qualifier de socialisante.

Au Québec, les programmes de formation actuels optent pour une conception humaniste normative, qui est soutenue par l'application d'une approche pédagogique par compétences. Les objectifs des programmes de formation actuels ont en effet trait à la construction de la personne ainsi qu'aux relations entre les individus et entre les groupes d'individus. Le courant humaniste est axé sur le développement de la compréhension de l'autre, le respect des différences et le partage des idées. La philosophie humaniste adopte une vision globale, centrée sur l'élève et ses besoins. La socialisation, qui fait partie des objectifs des programmes de formation actuels, relève de la philosophie humaniste : ces programmes visent le renforcement des liens sociaux grâce à une culture partagée et à l'harmonisation de l'individuel et du collectif dans une société où le pluralisme est de plus en plus présent.

Du discours à la pratique

Les modèles d'enseignement humanistes considèrent l'environnement dans lequel évoluent les élèves comme l'un des éléments essentiels à leur actualisation pédagogique. L'organisation traditionnelle de l'école, c'est-à-dire une trentaine d'élèves dans une classe fermée dont la responsabilité incombe à une seule enseignante, modèle qui est appliqué depuis le 17e siècle, n'offre pas des conditions environnementales qui favorisent le développement global de l'élève. L'environnement éducatif, tel qu'il est actuellement, apparaît comme le principal obstacle à la mise en œuvre de ce modèle pédagogique. Malgré le fait que la société soit en mutation et que les programmes de formation empruntent une nouvelle voie, l'école offre de grandes possibilités. Elle a aussi ses limites, telles que la tradition pédagogique qui persiste malgré tout : des pupitres, des chaises, une salle, une enseignante, des élèves, des manuels d'exercices, etc. La liste est longue. Dans la pratique, les savoirs sont encore souvent scripturaux, formalisés, objectivés, délimités, codifiés. Les enseignantes en formation sont encouragées à développer une réflexion à cet égard. Il faut convenir toutefois qu'il est difficile d'enseigner aux futures enseignantes l'authenticité ou l'empathie dans le cadre d'un séminaire. Comment alors former des enseignantes humanistes ?

CONCEPTION DE L'ENSEIGNEMENT

La philosophie humaniste en éducation est souvent mal comprise. Il y a beaucoup de mythes concernant le rôle de l'enseignante humaniste. L'une des fausses conceptions qui est répandue est celle de « l'enseignante humaniste-psychologue », qui n'impose aucune limite aux élèves, qui répond toujours aux besoins qu'ils expriment, qui sourit à tout ce qu'ils entreprennent, etc. Les actions de l'enseignante humaniste sont pourtant d'un tout autre ordre.

Rogers (1984) explique que l'enseignante humaniste est une personne authentique, c'est-à-dire qui est sans masque et sans façade lorsqu'elle entre en relation avec ses élèves. Lorsque l'enseignante est complètement elle-même, elle peut aborder chaque élève de façon directe, « de personne à personne ». Une enseignante authentique et congruente avec elle-même peut être ennuyée, fâchée, malheureuse ou fébrile, sans imposer ses sentiments à ses élèves. En d'autres mots, elle vit ses émotions et elle est en mesure de les partager avec ses élèves.

La qualité de la présence que l'on peut accorder aux élèves, dans leur spécificité et leur unicité, est fondamentale pour l'enseignante humaniste. Pour accorder autant de présence aux autres, il faut être en mesure de se l'accorder à soi-même. Les formations à la pratique réflexive offertes dans plusieurs universités tentent d'amener les futures enseignantes à prendre davantage conscience de leur rôle auprès des élèves : celui qui dépasse la simple transmission du savoir ou celui de l'enseignante sympathique. Toutefois, réfléchir à soi-même, sur soi-même et pour soi-même ne peut faire l'objet d'une discipline, d'un séminaire ou d'un cours spécifique. Tel que l'explique Perrenoud (2001, p. 43), « réfléchir sur soi relève de l'ordre du rapport au savoir, plutôt que du savoir lui-même, du regard sur l'action et de la posture critique que l'on adopte face à ses compétences personnelles et professionnelles ».

Dans le courant humaniste, la compréhension des réactions (gestes ou paroles) des élèves est essentielle, car elle permet à l'enseignante de prendre une distance saine vis-à-vis de celles-ci. L'empathie peut se découper en trois séquences d'actions. La première séquence consiste à recevoir les gestes ou les paroles de l'autre pour ce qu'ils sont. L'attitude de l'enseignante se résume à peu près comme suit : « J'ai vu ta colère (gestes), je l'ai entendue (paroles), je la sens, mais elle n'est pas mienne ; elle t'appartient, même si tu tentes de la projeter sur moi. Je n'y suis pas insensible et, si tu le désires, je peux t'aider à mieux la comprendre. » La deuxième séquence sert en quelque sorte à comprendre le point de vue de l'autre. L'enseignante s'assure de bien saisir l'intention de l'autre et de ne pas se fier à sa propre interprétation de la situation. L'enseignante exprime explicitement : « Je vois que tu me dis... ou que tu fais... Il me semble que tu es en colère. Ai-je raison ? » La discussion, qui est en fait la troisième séquence d'actions, peut alors s'actualiser. Un échange, immédiat ou futur, sur la situation, l'objet de la colère ou les causes de la colère peut suivre. L'aspect le plus important est que l'enseignante demeure attentive aux besoins de l'élève.

CONCEPTION DE L'APPRENTISSAGE ET DE L'ÉVALUATION

La plupart des changements qui s'opèrent chez l'être humain sont attribuables à l'apprentissage, c'est-à-dire à l'acquisition de connaissances, d'habiletés et d'attitudes auxquelles on recourt dans les activités quotidiennes (Villeneuve, 1991). Pour Paré (1987, p. 8) « apprendre, c'est changer, c'est devenir plus efficace ». Il est alors important que l'on comprenne davantage ce qui se passe en soi, autour de soi et aussi que l'on change son action conformément à ce que l'on sait.

Dans son livre *Liberté pour apprendre* (1984), Rogers définit explicitement la notion d'apprentissage. Selon lui, il y a deux types d'apprentissages : l'apprentissage dénudé de sens et l'apprentissage expérientiel. Ses expériences et ses recherches l'ont amené à considérer l'engagement personnel de l'apprenant comme la base de tout apprentissage signifiant. L'apprentissage est signifiant lorsque l'individu perçoit la pertinence des connaissances à acquérir non seulement dans son sens rationnel (apprendre parce qu'il le faut bien, parce que les parents l'obligent, etc.), mais aussi et surtout lorsque l'apprentissage repose sur la volonté d'apprendre, la curiosité et l'enthousiasme à découvrir un objet. Ce type d'apprentissage transformera intellectuellement et affectivement l'individu. L'enfant qui prend conscience en jouant aux billes que deux et deux font réellement quatre ne récite plus sa leçon de la même façon. Comme l'explique Rogers (1984, p. 2), « à ce moment, il découvre quelque chose qui est significatif pour lui d'une manière qui engage à la fois ses pensées et ses sentiments ».

Apprendre devient difficile à évaluer quantitativement. L'enseignante qui aide l'élève à se mettre en contact avec une connaissance nouvelle lui permet de l'appréhender autant subjectivement qu'objectivement. L'élève fera appel à sa subjectivité, à ses représentations de l'objet, à ses inquiétudes ou à sa joie de découvrir quelque chose de nouveau. L'inconnu et le connu peuvent alors fusionner en un acte unique qui donne un sens à l'apprentissage. L'élève est alors invité par l'enseignante à décrire sa nouvelle conception du phénomène, de l'objet ou du sujet qu'il avait choisi d'explorer ainsi que la façon qu'il est parvenu à sa découverte. L'interprétation personnelle qu'il en fait donne lieu à un apprentissage intégré et signifiant.

Entre idéal et réalité : limites et contraintes

L'enseignement est une réalité complexe qui comporte certaines contraintes : être en contact avec une trentaine d'élèves par classe, chacun ayant ses particularités ; tenir compte de leur milieu culturel, du contenu des programmes, des exigences administratives de l'école ou de la commission scolaire ; côtoyer des collègues qui ont souvent des valeurs différentes des siennes ; etc. Ce cadre de travail exige une connaissance et une conscience de qui l'on est en tant que personne et en tant qu'enseignante.

L'enseignante n'est pas seulement un être qui est compétent dans sa profession. Elle est aussi une personne, une citoyenne en relation avec ses congénères qui, comme l'avance Perrenoud (1994, p. 59), « enseigne avec ses émotions, sa culture, ses goûts et ses dégoûts, ses préjugés, ses angoisses, ses désirs, ses ambitions de pouvoir ou d'excellence ». Il faut qu'elle soit consciente de ses caractéristiques propres et qu'elle soit capable de réflexion sur elle-même.

Enseigner en soutenant une position humaniste peut parfois vouloir dire faire face à des conflits de valeurs. L'approche humaniste en enseignement s'oppose à l'approche qui est actuellement défendue par certains, que l'on pourrait qualifier de « productiviste », qui privilégie la performance, le rendement et la production. Cette approche perd de vue la fonction première de l'enseignement qui est d'aider l'individu à grandir et de contribuer à son épanouissement personnel. Elle nuit aux écoles qui favorisent le modèle d'enseignement humaniste. Les écoles alternatives, par exemple, sont placées dans une situation continuelle de survie à cause des préjugés qui sont entretenus à leurs égards.

Une nuance doit toutefois être apportée vis-à-vis des options pédagogiques trop catégoriques. En effet, avoir une vision hermétique de l'éducation, qui peut se traduire, par exemple, par l'action de privilégier une seule approche pédagogique, que ce soit l'approche humaniste ou une approche plus traditionnelle, ne fait qu'appauvrir la réflexion, le sens critique et freine l'évolution vers un modèle d'enseignement adapté à nos sociétés en continuelle mutation. Une vision hermétique est nécessairement une vision dogmatique, ce qui va à l'encontre des principes de l'humanisme.

EN CONCLUSION

Il est possible de croire que toute enseignante devrait posséder certaines qualités qui sont valorisées par l'approche humaniste. Accepter ses élèves pour qui ils sont et enseigner avec passion, n'est-ce pas suffisant pour adopter une vision humaniste ? L'enseignante qui prend le temps de réfléchir à ses pratiques quotidiennes et qui est à l'écoute de ce qui se passe dans sa classe, auprès de ses élèves (ses sensations, ses émotions, ses comportements, ses désirs et ses idées), agit comme une enseignante humaniste. L'enseignante qui s'adonne à une pratique réflexive, qui a confiance en ce qu'elle fait et en son expérience, qui est disposée à prendre des risques avec ses élèves et qui a des croyances fondées sur des réalités scientifiques, est une enseignante humaniste. Cette enseignante est sensible à ses élèves et s'efforce de constamment les interpeller afin de promouvoir chez eux le développement de toutes les facettes de leur être, soit le développement de leur plein potentiel. Enfin, l'enseignante humaniste est en mesure d'exprimer librement ses pensées et ses sentiments et recevoir ceux des autres avec empathie et ouverture d'esprit. Une enseignante humaniste est fondamentalement une enseignante libre !

INTÉGRATION DES APPRENTISSAGES

 Pour garder en tête les nouvelles notions acquises, faites un bilan des savoirs (voir ci-dessous) et une synthèse que vous placerez ensuite dans votre dossier professionnel.

Bilan des savoirs	Oui, beaucoup mieux.	Non, je m'interroge encore.
Je connais les fondements du courant humaniste.	☐	☐
Je peux nommer les avantages et les limites de ce courant.	☐	☐
Je connais certains grands pédagogues humanistes.	☐	☐
Je peux faire des liens avec les programmes de formation actuels et le courant humaniste.	☐	☐

Pour en savoir plus

Bertrand, Yves. 1998. *Théories contemporaines de l'éducation.* Éditions Nouvelles AMS, 4e édition, Montréal : 306 p.

Paquette, Claude. 1992. *Une pédagogie ouverte et interactive.* Montréal : Québec/Amérique, 282 p.

Paré, André. 1977. *Créativité et pédagogie ouverte.* Laval : Les Éditions NHP, 263 p.

SECTION 4
Le béhaviorisme

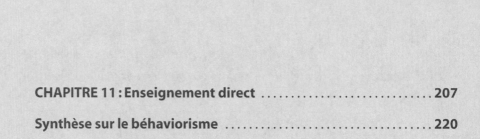

Enseignement direct

Manon Théorêt

PRÉPARATION AUX APPRENTISSAGES

Portrait des savoirs	Non, pas vraiment.	Oui, je fais une hypothèse.
Je peux expliquer pourquoi le modèle d'enseignement direct est un modèle très systématique.	☐	☐
Je sais comment intégrer les principes de l'enseignement direct à ma pratique de classe.	☐	☐
Je sais pourquoi ce modèle relève de la théorie du comportement.	☐	☐
Je reconnais les avantages et les limites du modèle d'enseignement direct.	☐	☐

Ce chapitre porte sur l'enseignement direct, qui occupe une place importante parmi les modèles qui produisent des effets significatifs sur l'apprentissage des élèves. Les modalités d'utilisation de l'enseignement direct sont d'abord présentées en relation avec le modèle théorique et les évaluations scientifiques qui l'appuient. Ses champs d'application ainsi que sa pertinence sont ensuite abordés. En dernier lieu, ce chapitre expose la conception d'un programme d'enseignement direct, l'organisation de l'enseignement direct et la gestion des interactions en classe lors de l'application d'un tel programme.

RÉALISATION DES APPRENTISSAGES

PRATIQUE D'APPRENTISSAGE

 En équipe, élaborez un cours sur un modèle d'enseignement de votre choix. Chacun enseigne ensuite une notion en sollicitant la participation des membres de l'équipe, en donnant des exemples et des contre-exemples, en corrigeant les erreurs au fur et à mesure. Puis, élaborez des exercices à faire individuellement pour vérifier la compréhension des notions enseignées.

THÉORIE D'APPRENTISSAGE

Qu'est-ce que l'enseignement direct ?

L'enseignement direct n'est pas une méthode d'enseignement strictement béhavioriste au même titre que l'apprentissage programmé, l'enseignement de précision et même le tutorat. Toutefois, il partage avec ces méthodes la mission d'un enseignement scientifique et certains principes de base de l'analyse appliquée du comportement (Tucci, Hursh et Laitinen, 2004). La majorité des méthodes d'enseignement efficaces, y compris l'enseignement direct, sans adhérer aux fondements épistémologiques du béhaviorisme, adoptent plusieurs de ses principes d'application (Moran et Malott, 2004).

L'enseignement direct est un enseignement très systématique en ce sens que chaque aspect de la planification, de la prestation et de l'évaluation de l'enseignement est préparé avec minutie. Il s'appuie sur une structuration particulière du contenu et sur un ensemble de procédures spécifiques comme l'enseignement explicite, la pratique guidée et le tutorat auxquels s'ajoute la « réponse chorale à l'unisson ». Chacune de ces procédures a d'abord été validée et fait partie de ce que l'on a coutume d'appeler les « meilleures pratiques ». L'idée directrice de l'enseignement direct est que les opérations cognitives d'ordre supérieur dépendent de la maîtrise des habiletés de base, qui implique l'intégration des concepts, des règles et des stratégies.

Quand y recourir en classe ?

L'analyse du comportement, comme l'enseignement direct, a fait ses preuves dans le domaine de l'éducation des personnes qui présentent des difficultés importantes. Ainsi, il est généralement admis que les méthodes béhavioristes sont efficaces auprès des élèves qui ont des difficultés de comportement ou des difficultés d'apprentissage et des enfants autistes. Si les méthodes béhavioristes réussissent là où d'autres échouent, on pourrait penser qu'elles sont susceptibles d'être utiles de façon générale plutôt que de poser comme une limite leur efficacité pour ces clientèles difficiles. Il ne faudrait pas les restreindre à certaines clientèles en particulier. Depuis la parution du prototype *DISTAR-Arithmetic* (Engelmann et Carnine, 1975), les programmes d'enseignement direct ont évolué grâce aux évaluations que l'on a faites de leur mise en œuvre et de leur impact sur les habiletés de base en lecture, en écriture et en calcul, ainsi que sur certaines habiletés plus avancées en algèbre et en résolution de problèmes.

La majorité des études sur l'enseignement direct portent sur l'ordre primaire, bien que des programmes d'enseignement direct soient aussi conçus pour l'ordre secondaire. L'application de la réponse chorale à l'unisson, caractéristique de cette méthode, convient probablement mieux à des groupes de jeunes enfants qu'à des groupes d'adolescents. Dans les faits, par contre, l'enseignement direct est appliqué de la maternelle jusqu'au secondaire. Il est aussi utilisé au niveau collégial et à l'université, dans le cadre de cours ou de programmes dits théoriques.

Pourquoi y faire appel en classe ?

Le but fondamental de l'enseignement direct est d'enseigner de façon à ce que tous les élèves maîtrisent les contenus des programmes dans un minimum de temps et qu'ils soient capables d'appliquer leurs savoirs dans le plus grand nombre de contextes possible (Watkins et Slocum, 2004). On fait donc appel à l'enseignement direct pour rendre effectif le contrat social qui veut que l'enseignement-apprentissage produise des résultats observables, mesurables et durables.

Selon Forness, Kavale, Blum et Lloyd (1997), qui ont mené une étude évaluative de différents programmes d'intervention conçus pour les élèves qui reçoivent des services éducatifs complémentaires, l'enseignement direct fait partie des programmes les plus efficaces pour faire acquérir des connaissances et des habiletés aux élèves. Les résultats de cette recherche donnent appui aux évaluations du célèbre et imposant projet étasunien *Follow Through*, lancé en 1967. Le projet *Follow Through*, une étude longitudinale, a comparé le développement scolaire de vastes échantillons d'élèves à celui de groupes témoins en fonction des méthodes d'enseignement utilisées, méthodes issues de divers courants théoriques. Les résultats du projet *Follow Through* ont suscité la controverse : ils indiquent que la méthode de l'enseignement direct est nettement plus efficace que d'autres méthodes, particulièrement en ce qui concerne le développement cognitif et conceptuel d'élèves du primaire de milieux défavorisés. Plus récemment, une étude observationnelle menée auprès d'une centaine d'enseignants de mathématique d'Angleterre montre que l'enseignement à la classe entière, à l'aide de techniques de l'enseignement direct, donne lieu à l'acquisition d'un plus grand nombre de connaissances en mathématique qu'un enseignement individualisé (Muijs et Reynolds, 2002).

L'enseignement direct présente toutefois certains défis. Il faut que l'enseignant soit attentif au moindre détail et trouve satisfaction dans une pratique très structurée, systématique et rigoureuse. Centration sur le comportement de l'élève, mesure de sa performance, rencontre d'un degré de succès élevé selon un critère déterminé pour tous les élèves, importance du temps actif d'apprentissage, ce sont là les éléments de toute formation à l'enseignement direct. Le but ultime de cette méthode est pédagogique et pragmatique. Elle vise à s'assurer que l'élève apprenne au moyen d'un enseignement efficace qui s'inspire de la pédagogie de la maîtrise (Bloom, 1984).

Comment l'intégrer à sa pratique ?

Il est recommandé d'utiliser la méthode de l'enseignement direct une fois par jour, dans le cadre d'une leçon d'une discipline choisie. L'enseignement direct est principalement un type d'enseignement destiné au groupe-classe, qui se fait à l'aide d'exemples choisis en fonction d'un échafaudage conceptuel, décrit étape par étape dans le programme des contenus élaboré à cette fin. Autrement dit, il est impératif de suivre les étapes et les scripts qui établissent la gradation dans la complexité des concepts à enseigner. Un script rassemble les directives que l'enseignant devra verbaliser au groupe-classe. Ainsi, pour une leçon de 60 minutes, on consacrera environ les deux tiers du temps au groupe-classe, l'autre tiers étant réservé pour guider les élèves individuellement dans leurs exercices. Les phases d'une leçon respectent le cycle d'un enseignement efficace. Pour que l'enseignement de la leçon soit efficace, on insistera sur les étapes suivantes : 1) une initiation aux contenus, qui fournit aux élèves de nombreuses occasions de donner des réponses actives et permet de réduire le nombre d'erreurs qu'ils feront ; 2) la présentation de nombreux exemples ou de cas généraux avec une pratique guidée par l'enseignant ; et 3) une pratique indépendante individuelle, sans l'aide de l'enseignant, qui mène à la fluidité et à la maîtrise de connaissances (Lignugaris-Kraft, 2004).

Dans sa globalité, l'enseignement direct suit des programmes élaborés par les concepteurs de la méthode pour les principales disciplines. Ces programmes présentent les contenus dans leur structuration parti-culière, l'organisation de l'enseignement-apprentissage et la gestion des interactions en classe.

Conception d'un programme d'enseignement direct

Pour concevoir un programme d'enseignement direct, il faut d'abord analyser les contenus à enseigner. Il s'agit d'identifier les savoirs essentiels ou les concepts centraux, c'est-à-dire les cas généralisables qui permettent aux élèves d'appliquer leurs connaissances et habiletés dans le plus grand nombre de situations possible. Par exemple, pour l'enseignement de la mathématique au primaire, le programme *Connecting Math Concepts Level C* (Engelmann et Carnine, 2003) reconnaît vingt-six savoirs essentiels, dont entre autres les quatre opérations arithmétiques de base, la résolution de problèmes, les fractions, les systèmes de coordonnées et la statistique. Un autre exemple peut être donné pour la géographie ; plutôt que d'enseigner séparément, à divers moments de l'année, la météorologie, l'océanographie, la géologie, etc., comme on le fait généralement au secondaire, les contenus de ces différentes disciplines sont regroupés sous des savoirs essentiels comme la convection qui s'applique à l'air, à l'eau et à la terre. Un enseignement collectif et les travaux en laboratoire permettent l'acquisition de ces savoirs (Harnis, Hollenbeck et Dickson, 2004). Depuis une trentaine d'années, plusieurs dizaines de programmes d'enseignement direct ont été conçus, chacun d'eux suivant grosso modo les mêmes lignes directrices. Après avoir analysé et séquencé les contenus à enseigner, une liste de stratégies généralisables sera dressée, soit des stratégies d'apprentissage que les élèves déploieront dans des situations d'apprentissage variées.

Pour tout enseignement conceptuel, on se basera sur l'enseignement de l'exemple critique, en introduisant des exemples et des contre-exemples, choisis avec soin. Pour y parvenir, on doit s'assurer de présenter aux élèves des cas généraux qui seront enseignés aux élèves à l'aide d'exemples et de contre-exemples. Les exemples et les contre-exemples seront présentés initialement en utilisant le même vocabulaire pour s'assurer de communiquer clairement le contenu. Ce premier principe se décline en cinq sous-principes (Watkins et Slocum, 2004) : la clarté de l'énoncé, le montage, la différenciation, la similarité et le test critique. Ceci permettra aux élèves en début d'apprentissage de porter leur attention sur l'aspect critique du concept et d'éviter ainsi la confusion. Par exemple, dans l'enseignement des fractions, on montrera et on décrira les deux fractions suivantes : $\frac{3}{2}$ et $\frac{2}{3}$. L'enseignant devra dire pour la première fraction : « Le plus grand chiffre est sur le dessus. » Pour la seconde fraction, il dira : « Le plus petit chiffre est sur le dessus. » Il est important de ne pas alterner le terme « chiffre » avec le terme « dénominateur » et dire, par exemple, pour la deuxième fraction : « Le numérateur est plus petit que le dénominateur. » Plus tard, quand le concept sera maîtrisé, on introduira ces vocables et on variera les termes pour permettre la généralisation.

Si l'on considère par exemple l'enseignement de la position de l'objet en trigonométrie, le sous-principe du montage des exemples et des contre-exemples veut que le cas positif et le cas négatif ne diffèrent que par une seule caractéristique. Seule cette caractéristique de l'objet variera, pas sa forme, sa couleur ou sa dimension. Le sous-principe de la différenciation veut que l'on présente cette caractéristique de l'objet dans sa dimension minimale critique, c'est-à-dire que l'on illustre la plus petite différence qui permette de distinguer l'exemple et le contre-exemple. Ainsi, on présentera, dans le cas de l'exemple, la position horizontale de l'objet et, dans le cas du contre-exemple, la position légèrement oblique de l'objet. On ne présente pas la position verticale de l'objet, qui comporte une trop grande différence avec la position horizontale.

Par la suite, on centrera l'enseignement sur le sous-principe de la similarité pour montrer que la distinction entre le cas positif et le cas négatif ne change pas le concept de position. Ainsi, en enseignant la position « au-dessus de », on montrera le plus grand nombre de variations de la position « au-dessus de » en faisant la démonstration qu'elle conserve toujours la même caractéristique.

Enfin, le sous-principe du test critique veut que l'on présente les exercices de façon aléatoire (et non sous l'alternance d'un vrai et d'un faux). Pour un test sur le vocabulaire par exemple, on demandera d'identifier tous les verbes dans une liste de dix nouveaux exemples ainsi présentés : penser, déguerpir, chaudrée, sucrerie, pire, mentir, clairon, sentir, boucler, clé, et non penser, chaudrée, déguerpir, sucrerie, mentir, pire, sentir, clairon, boucler, clé. Tous ces principes concourent à ce que l'enseignement réduise le plus possible le nombre d'erreurs que pourrait faire l'élève et augmente ses chances de succès.

Le matériel didactique est ensuite élaboré. Ce matériel comprend les cas généraux à présenter, les explications à fournir, les questions à poser ainsi que les prétests et les tests de maîtrise à administrer, avec en arrière-plan l'objectif de rejoindre tous les élèves. Le format du matériel, qu'il soit sur papier ou qu'il fasse appel aux technologies de l'enseignement, changera en fonction de sa maîtrise par l'élève et de son cheminement scolaire. L'aide de l'enseignant diminuera au fur et à mesure que l'élève pourra se fier uniquement à ses propres habiletés.

L'enseignement direct se base aussi sur les transitions qui modulent tout apprentissage. Ces transitions mènent vers l'accomplissement autonome d'une tâche, qui passe par l'acquisition d'une habileté ou d'une connaissance (c'est-à-dire la capacité de répondre), la maîtrise (c'est-à-dire la capacité de répondre sans erreur), la fluidité (c'est-à-dire la capacité de répondre sans erreur et avec précision et rapidité), le maintien (c'est-à-dire la capacité de répondre longtemps après l'acquisition) et la généralisation (c'est-à-dire l'application de la réponse à tous les cas semblables) jusqu'au transfert de l'apprentissage (c'est-à-dire la manifestation de la réponse appropriée dans des contextes variés). Pour parvenir au but final, l'enseignant tentera de faciliter l'apprentissage en étant particulièrement attentif à ces transitions qui devraient survenir normalement dans l'apprentissage, peu importe le programme d'enseignement (Becker et Carnine, 1980) :

a) des stratégies d'apprentissage manifestes à des stratégies d'apprentissage privées et silencieuses. Par exemple, l'élève commencera par encadrer le déterminant et surligner le nom qu'il caractérise, stratégies qui l'aideront à effectuer l'accord grammatical. Il effectuera ensuite une reconnaissance silencieuse, c'est-à-dire qu'il ne marquera pas de façon spéciale les différentes catégories de mots.

b) du plus simple au plus complexe. Par exemple, l'élève commencera par composer une phrase simple qui comprend un sujet, un verbe et un complément. Une fois cet apprentissage maîtrisé, il pourra ensuite rendre la phrase plus complexe en ajoutant, par exemple, une subordonnée.

c) des scénarios avec indices à des scénarios sans indices. Par exemple, pour une composition, l'enseignant peut commencer par distribuer une feuille comportant un exemple en exergue, dans lequel sont bien identifiés un déterminant et le nom qu'il détermine. Plus tard, il laissera l'élève procéder par lui-même et lui distribuera une page blanche.

d) de la pratique massée à la pratique distribuée. L'enseignant devra commencer par assigner des séries d'exercices sur l'accord entre le déterminant et le nom et, par la suite, ne faire que des rappels sporadiques avec quelques questions sur ce type d'accord.

e) de la rétroaction immédiate à la rétroaction dispersée. Par exemple, l'enseignant s'assure à chacune des étapes de son enseignement que les élèves comprennent et il valide sur-le-champ la bonne réponse ou corrige l'erreur au tout début de l'apprentissage. Par la suite, quand les élèves maîtrisent le concept, la règle ou la stratégie enseignée, il les guide seulement au besoin.

f) de l'enseignant, source d'information, à l'élève, source d'information. L'enseignant propose d'abord des exemples. Plus tard, il demande aux élèves de fournir leurs propres exemples qui s'appliquent à la situation d'enseignement-apprentissage.

Astuce

Fiches de lecture

Lorsque l'on fait des lectures, il est important de remplir des fiches de lecture et de colliger l'information. On devrait y trouver, entre autres :

- la référence complète du document ;
- les mots clés ou les descripteurs ;
- les idées principales ;
- la localisation du document (Indiquez s'il s'agit d'un ouvrage personnel ou emprunté. Dans ce cas, il faut ajouter la cote de classement de la bibliothèque, etc.).

Les fiches peuvent être ensuite classées par thème ou par cours. Elles peuvent également être placées au dossier professionnel.

La séquenciation des habiletés à acquérir est planifiée de manière à ce que le degré de difficulté de chacune d'entre elles augmente graduellement. La maîtrise de connaissances à une étape s'avère être la condition à l'enseignement des savoirs de la prochaine étape. Ceci contraste avec l'enseignement modulaire. Dans ce type d'enseignement, les élèves acquièrent de façon morcelée des connaissances et des stratégies d'une unité particulière et ils en oublient l'essentiel une fois que l'évaluation de cette unité est terminée. Dans l'enseignement direct, les leçons sont élaborées de manière à inclure plusieurs cheminements ou plusieurs séquences d'activités sur un contenu, qui sont d'abord abordées quelques minutes ; elles sont reprises et approfondies lors de plusieurs autres leçons subséquentes. Ainsi, sur une centaine de leçons, diverses habiletés sont au programme à raison de trois ou quatre en concomitance : ces habiletés (comme reconnaître des phrases complètes, écrire en utilisant une variété de phrases, écrire des phrases complexes) reviendront dans des stratégies heuristiques de plus en plus complexes au fur et à mesure de la progression des leçons.

Au secondaire, par exemple, tout au long du programme, l'apprentissage de l'histoire suivra le format d'analyse problème-solution-effets et les contenus historiques seront présentés selon ce même modèle. Plutôt qu'un concept central, ici le cas généralisable est une heuristique centrale qui structure l'enseignement et sur laquelle le programme d'enseignement direct de l'histoire est construit. Dès la première leçon, on enseignera que l'histoire présente les problèmes auxquels ont fait face les populations, les solutions qui ont été apportées à ces problèmes et les effets qu'ont eus ces solutions. Les solutions à identifier font partie de plusieurs catégories qui situent toujours l'analyse historique autour de l'accommodement, de la domination, du déplacement des populations, de l'invention ou de la tolérance. Les effets peuvent être divisés en trois catégories : la résolution du problème, la perpétuation du problème ou la génération de nouveaux problèmes. On suivra ce modèle de présentation des contenus historiques peu importe la période historique étudiée (Harniss, Hollenbeck et Dickson, 2004). Encore une fois, aucune des leçons ne sera centrée sur un thème unique. Ce type de présentation des contenus comporte des avantages dont le maintien de l'attention des élèves et la possibilité pour ceux-ci de recevoir plusieurs explications pendant les périodes de révision (tout au long du cheminement). De plus, les élèves pratiquent leurs stratégies d'analyse de manière massée d'abord, puis de manière distribuée.

Organisation de l'enseignement direct

La première décision que doit prendre l'enseignant lorsqu'il décide d'inclure cette méthode à son enseignement, hormis celle d'appliquer un programme d'enseignement direct, concerne le regroupement de ses élèves. Il peut vouloir s'adresser aux élèves en grand groupe ou encore il peut vouloir diviser les élèves en sous-groupes en fonction de leurs habiletés. Si des sous-groupes sont formés, leur composition demeurera flexible et pourra changer au cours de l'année en fonction du progrès de chacun. La formation des sous-groupes peut aussi changer à l'intérieur d'une même journée selon la discipline enseignée. L'important, c'est que chaque élève puisse apprendre le plus possible et que le temps actif d'apprentissage soit maximisé.

Il va sans dire que cette manière d'enseigner est si précise qu'elle ne laisse pas de place à l'improvisation. En effet, la formation des groupes d'élèves s'effectue sur la base de leurs habiletés et de leurs savoirs dans une discipline et le dialogue pédagogique est assez contraint : il est constitué de présentations préparées à l'avance selon des scripts clairs et précis. Par ailleurs, l'avantage d'un tel enseignement est de pouvoir se fier à l'obtention de résultats d'apprentissage convaincants (Becker, 1992).

Gestion des interactions en classe

La gestion des interactions en classe dépend de plusieurs facteurs : la participation active de chaque élève, la réponse chorale à l'unisson, les signaux précis donnés par l'enseignant, la cadence, l'enseignement nécessaire pour que les élèves parviennent au niveau de maîtrise, les techniques de correction de l'enseignant et les stratégies de motivation des élèves. Si l'on suppose que l'activité qu'effectue l'élève est en relation directe avec le maintien de son apprentissage, on multipliera les occasions qu'il a de participer activement par le contact avec le matériel d'apprentissage. Lors des interactions habituelles en classe, seulement quelques élèves choisissent de répondre ou encore seulement quelques-uns sont invités par l'enseignant à donner une réponse. En fait, non seulement très peu d'élèves sont actifs, mais le monitorage de l'apprentissage par l'enseignant est biaisé, puisqu'il n'a aucune idée précise de ce que peuvent faire tous ses élèves. Quand le questionnement de l'enseignant est long et s'adresse successivement à un grand nombre d'élèves, le temps passif est augmenté pour les élèves qui n'ont pas été sollicités par l'enseignant. L'enseignant ne peut pas encore s'assurer que tous les élèves répondent de manière juste à ses questions et ne peut pas non plus faire en sorte qu'ils soient tous actifs en même temps. À l'ordre primaire, la réponse chorale à l'unisson est utilisée pour observer l'état de la progression de l'apprentissage en se basant sur la participation active de tous les élèves et en exploitant au maximum le temps imparti. De la même manière qu'un maître de chorale peut identifier d'un seul coup d'œil celui qui ne chante pas, celui qui chante faux ou celui qui ne suit pas le rythme, l'enseignant peut détecter l'élève qui ne répond pas, l'élève qui ne donne pas la bonne réponse et l'élève qui répond en écho (c'est-à-dire en répétant ce que viennent de dire ses camarades). L'objectif est que chaque élève produise sa réponse et non pas qu'il la copie ou qu'il l'évite. Afin d'assurer qu'il y ait unisson des réponses (ou en d'autres termes, pour éviter que certains élèves répondent un peu avant ou un peu après les autres, ce qui rendrait l'exercice futile), l'enseignant utilise un système de signaux par des mouvements de la main : un premier qui attire l'attention sur la tâche, un deuxième qui indique un temps de réflexion dont l'intervalle peut varier selon le niveau des habiletés des élèves, un troisième qui annonce qu'il faut se préparer à donner la réponse en chœur et un quatrième qui signale qu'il est temps de donner la réponse en chœur. La cadence de ces signaux devrait être rapide. Toutefois, l'enseignant devra trouver le rythme qui convient le mieux à la tâche et aux habiletés des élèves. Pour que l'élève fasse la correspondance entre une lettre et un son, un délai d'une ou de deux secondes suffit. Pour lire une rangée de mots, un temps plus long est nécessaire. La procédure suivante prendra davantage de temps : « Lisez maintenant les mots de la troisième rangée sur la feuille verte » (suivi d'un temps de réflexion de 5 secondes) ; – « Prêts ? » ; un mouvement de la main qui annonce la réponse chorale à l'unisson. Cette technique s'applique dans le cas où une réponse courte et précise est demandée. Pour une leçon donnée, il est toujours préférable que l'enseignant utilise plusieurs manières de faire. Ainsi, la technique décrite ci-dessus gagne à être suivie d'un appel individuel, qui vise à désigner un élève en particulier à la toute fin d'une question (de manière à ce que tous se préparent à répondre). On dira ainsi : « Trouve et lis le premier verbe... Sarah », et non « Sarah, trouve et lis le premier verbe... ».

Pour enseigner en ayant comme but que les élèves maîtrisent les savoirs ou les habiletés, l'enseignant doit s'assurer à chaque étape d'une leçon que les élèves possèdent très bien ces connaissances ou habiletés. En fait, le rendement des élèves à chacune des étapes de la leçon ne devrait pas être inférieur à 90 %. De façon générale, si 20 % des élèves n'ont pas fourni les bonnes solutions aux problèmes ou n'ont pas fourni les bonnes réponses aux questions, la leçon devrait être reprise. L'enseignant observe les élèves lorsqu'ils donnent une réponse chorale à l'unisson. L'information collectée ainsi lui permet de déterminer sur-le-champ si les élèves comprennent. Sinon, il revient sur certains aspects de l'enseignement du concept. L'analyse du travail individuel des élèves permettra de confirmer si les acquis de chacun sont satisfaisants. Dans la méthode de l'enseignement direct, les procédures de correction sont très importantes et doivent être appliquées aussitôt qu'une erreur est détectée. On corrige chaque erreur, sur-le-champ, en interrompant l'élève au besoin, par modelage de la réponse appropriée et en retestant les élèves de manière formative. Les évaluations qui peuvent être rapprochées de l'*Évaluation basée sur le curriculum* [1] gagneront en complexité et en finesse au fur et à mesure que les élèves progresseront dans l'apprentissage d'habiletés et de connaissances. Ainsi, pour l'enseignement de l'histoire au secondaire, un exemple d'une question d'évaluation pourrait être comme suit : « Décris comment l'Espagne a cherché à s'enrichir dès la découverte de l'Amérique centrale et de l'Amérique du Sud. Commence par écrire un énoncé général et poursuis en posant le problème, la solution et les effets. » On pourra obtenir de la part des élèves une réponse acceptable ou une excellente réponse. Un exemple d'une réponse acceptable pourrait être comme suit : « L'Espagne voulait tirer profit de la découverte de l'Amérique centrale et de l'Amérique du Sud. Le problème était que l'Espagne avait besoin de ressources. La solution apportée par l'Espagne dans l'envoi de ses conquistadors était de saisir la terre des Amérindiens, leur or et leur argent. L'effet est que l'Espagne s'est enrichie. » Une excellente réponse discutera du problème en intégrant davantage d'éléments économiques et sociaux, puis fournira davantage de détails pour expliquer les effets de la solution en faisant référence à une ligne du temps (Harniss, Hollenbeck et Dickson, 2004).

Les stratégies de motivation utilisées en enseignement direct sont les mêmes que celles employées dans l'analyse du comportement. En enseignement direct, il est admis que la motivation prend sa source dans la réussite d'une tâche et non l'inverse. Comme dans tout bon programme de gestion des comportements, la première stratégie de motivation consiste à proposer aux élèves des tâches dont le niveau de difficulté est approprié (ni trop difficiles ni trop faciles). Les tâches qui correspondent mal aux habiletés des élèves (ce phénomène est souvent attribuable à un enseignement mal planifié) sont en lien avec les comportements difficiles rencontrés en classe. À l'inverse, la réussite vécue quotidiennement, les commentaires positifs authentiques de la part de l'enseignant et la gratification naturelle rattachée à la maîtrise des savoirs sont des gages de succès scolaire à long terme. Il faut éviter dans la mesure du possible toutes les formes de punition, telles que les réprimandes, et ne pas porter une attention particulière aux comportements inadéquats. Cela ne fait qu'augmenter la fréquence des conduites indésirables. Par ailleurs, plus la difficulté de la tâche est grande, plus l'enseignant doit investir dans des stratégies de motivation qui doivent correspondre à l'effort des élèves. Pour encourager chaque élève à visualiser son apprentissage et à chercher à se dépasser, ce qui constitue une source de motivation en soi, on utilisera un graphique individuel qui représente les performances quotidiennes, basées sur les évaluations des contenus du programme.

---

1. L'*Évaluation basée sur le curriculum* comprend plusieurs systèmes d'évaluations basées sur l'observation directe et l'annotation du rendement (ou des performances) des élèves, ce qui permet la régulation continue de l'enseignement par l'examen fiable de l'avancement de l'apprentissage des élèves.

Quels rôles y jouent l'enseignant et l'élève?

Les formateurs de l'enseignement direct comparent parfois le rôle de l'enseignant à celui d'un acteur qui interprète et donne vie à un scénario (dans le cas de l'enseignant, le scénario est en fait un programme d'enseignement direct). Il doit utiliser sa voix et son corps, puis être à l'écoute des besoins individuels des élèves pour pouvoir ajuster son enseignement. L'enseignant est aussi bien sûr un motivateur: il doit encourager les élèves dans leurs apprentissages. De plus, il est à certains moments un décideur. Ainsi, en se basant sur les résultats de l'évaluation continue des progrès, il doit parfois prévoir un enseignement complémentaire pour les élèves dont les habiletés ne sont pas suffisamment développées ou encore prévoir un autre type d'enseignement pour les élèves plus habiles.

En apprentissage direct, les élèves sont actifs puisqu'ils sont constamment appelés à répondre à des questions à un rythme rapide et l'apprentissage est organisé de manière à ce que chacun des élèves réponde dans un maximum de temps. L'automonitorage (le monitorage de leurs propres performances), que permet la représentation de leurs performances sur un graphique, rend les élèves conscients de l'acquisition de leurs savoirs et leur permet de développer plus d'autonomie dans leurs apprentissages et le sens de l'effort.

EN CONCLUSION

L'enseignement direct est une méthode d'enseignement éprouvée, qui a comme objectif principal des résultats significatifs d'apprentissage. Selon certaines recherches scientifiques, l'enseignement direct a des effets bénéfiques sur l'apprentissage et les compétences scolaires, cognitives et affectives des élèves. On doit toutefois prendre en compte le fait que l'obtention de résultats aussi probants que ceux qui valident l'utilisation de l'enseignement direct nécessite une mise en œuvre en classe qui respecte intégralement les principes de cette intervention éducative. De plus, la majorité des études qui ont évalué l'efficacité de l'enseignement direct portent sur le primaire et les élèves qui éprouvent des difficultés. Pour aider les enseignants à faire un choix éclairé de leurs méthodes d'enseignement, il serait nécessaire d'obtenir davantage de résultats de l'efficacité de l'enseignement direct auprès de clientèles régulières et de clientèles d'élèves plus âgés.

L'impact de cette méthode d'enseignement dépasse celui de bien d'autres pédagogies centrées sur l'élève. Pour adopter une méthode d'enseignement particulière, on tient cependant compte de facteurs autres que son efficacité. À l'heure actuelle, une méthode pédagogique centrée davantage sur l'enseignant peut ne pas sembler appropriée, puisque, dans les nouveaux programmes, on dit viser à placer l'élève au centre de ses apprentissages. Pourtant, une planification rigoureuse des conditions d'apprentissage, grâce à un enseignement structuré, vise justement à mettre l'élève au centre des préoccupations de l'enseignant. Si l'on élimine les exercices, dans le soi-disant but de favoriser le développement de la pensée, on court le risque que les habiletés de base de n'importe quelle discipline, habiletés nécessaires au traitement conceptuel plus avancé, ne soient pas maîtrisées et que l'on ne s'en rende compte que trop tard, quand l'élève aura vécu une succession d'échecs.

INTÉGRATION DES APPRENTISSAGES

 1. Pour vérifier vos connaissances sur le modèle d'enseignement direct, faites un tableau-synthèse des caractéristiques de ce modèle. Indiquez entre autres :

- ses avantages et ses limites
- les actions à prendre et celles à éviter
- les objets d'apprentissage à considérer
- les concepts clés de ce modèle

 2. Pour garder les nouvelles notions acquises, faites un bilan des savoirs (voir ci-dessous) et une synthèse que vous placerez ensuite dans votre dossier professionnel.

Bilan des savoirs	Oui, beaucoup mieux.	Non, je m'interroge encore.
Je peux expliquer pourquoi le modèle d'enseignement direct est un modèle très systématique.	☐	☐
Je sais comment intégrer les principes de l'enseignement direct à ma pratique de classe.	☐	☐
Je sais pourquoi ce modèle relève de la théorie du comportement.	☐	☐
Je reconnais les avantages et les limites du modèle d'enseignement direct.	☐	☐

Pour en savoir plus

Tucci, Vicci, Dan E. Hursh et Richard E. Laitinen. 2004. « The Competent Learner Model : a Merging Analysis of Applied Behavior Analysis, Direct Instruction and Precision Teaching ». In *Evidence-Based Educational Methods*, sous la dir. de Daniel J. Moran et Richard W. Malott, p. 109-123. Amsterdam : Elsevier Academic Press.

Watkins, Cathy L. et Timothy A. Slocum. 2004. « The Components of Direct Instruction ». In *Introduction to Direct Instruction*, sous la dir. de Nancy E. Marchand-Martella, Timothy A. Slocum et Ronald C. Martella. p. 28-65. Boston : Pearson.

Synthèse sur le béhaviorisme

Manon Théorêt

PRÉPARATION AUX APPRENTISSAGES

Portrait des savoirs	Non, pas vraiment.	Oui, je fais une hypothèse.
Je connais les chercheurs à l'origine du courant béhavioriste.	☐	☐
Je connais quelques modèles d'enseignement qui s'inspirent de ce courant.	☐	☐
J'ai une idée des principes et des valeurs de ce courant.	☐	☐
J'ai une idée de la conception de l'enseignement et de l'apprentissage propre à ce courant.	☐	☐

Ce chapitre présente une synthèse du béhaviorisme, ses origines, ses fondements, ses principes et ses valeurs. La conception particulière de l'enseignement et de l'apprentissage de ce courant est aussi décrite. Ainsi, ce chapitre fait ressortir divers points de convergence et de divergence entre le modèle d'enseignement présenté, issu du courant béhavioriste, et ceux issus d'autres courants.

RÉALISATION DES APPRENTISSAGES : THÉORIE D'APPRENTISSAGE

Le béhaviorisme a toujours eu un statut un peu particulier en éducation. Dans ce courant, toute intervention éducative, psychologique ou sociale est fondée sur des données mesurables et quantifiables obtenues grâce à des études qui respectent les canons de la méthode scientifique. Le béhaviorisme peut être décrit comme une approche scientifique expérimentale, qui propose une science appliquée de l'enseignement. Skinner (1969), dans *La révolution scientifique de l'enseignement*, remet en cause les pratiques d'enseignement où l'élève est passif devant une enseignante qui communique son savoir. De nombreux modèles d'enseignement issus du courant béhavioriste sont actuellement en vigueur dans plusieurs pays, particulièrement dans les pays anglo-saxons. Ces modèles d'enseignement accordent une importance capitale à l'impact mesurable d'un enseignement de qualité supérieure (Gardner, Sainato, Cooper et Heron, 1994). Les pédagogues béhavioristes contemporains prônent, au nom d'une meilleure formation des citoyens, la nécessité d'une application massive de la science de l'enseignement qui remplacerait les aléas d'un art de l'enseignement (Greer et Keohane, 2004). Ils mettent de l'avant des modèles d'enseignement qui comprennent l'enseignement programmé (Desrochers et Gentry, 2004), le tutorat systématique et le programme START (Miller, Barbetta et Heron,1994), l'enseignement de précision (Binder, 1996), l'enseignement personnalisé et la pédagogie de la maîtrise (Fox, 2004) ainsi que l'enseignement direct (Slocum, 2004). Les modèles d'enseignement d'inspiration béhavioriste ont une philosophie commune : ils privilégient l'analyse expérimentale du comportement et les pratiques d'enseignement basées sur des preuves empiriques. Ce chapitre présente les principales caractéristiques du béhaviorisme, comme approche philosophique et science du comportement, ainsi que certaines de ses retombées en éducation, à travers le paradigme du conditionnement opérant.

DÉFINITION DU BÉHAVIORISME

Au sens strict, le terme « béhaviorisme » (ou « comportementalisme ») désigne la philosophie de la science qui étudie les interactions de l'individu avec l'environnement. On ne doit pas le confondre avec la modification du comportement et l'analyse appliquée du comportement (*applied behavior analysis* ou *ABA*), qui sont des disciplines qui découlent du béhaviorisme. L'analyse appliquée du comportement, utilisée dans plusieurs champs comme la psychologie, l'éducation et la sociologie, concerne les applications des théories béhavioristes. Ainsi, le béhaviorisme contribue depuis longtemps aux domaines de l'enseignement et de l'apprentissage au moyen de la recherche appliquée et de l'intervention. Cependant, au Québec, les enseignantes ne connaissent que les rudiments de la modification du comportement, qui est utilisée pour la gestion de classe. Elles maîtrisent généralement peu les théories béhavioristes de l'apprentissage et les modèles d'enseignement béhavioristes, qui ne figurent habituellement pas au programme de formation des enseignantes.

FONDEMENTS THÉORIQUES

S'il est vrai que les grands modèles théoriques ont éclaté dans les dernières décennies, ce sont les approches mentalistes qui dominent dans les programmes de formation des enseignantes et des pédagogues. Or, le courant béhavioriste radical se situe à l'opposé même du courant mentaliste.

Le mentalisme est l'appellation philosophique des approches qui postulent qu'une dimension interne mentale se distingue de la dimension comportementale, des propriétés neurologiques, psychiques, spirituelles, subjectives, conceptuelles ou hypothétiques, et que cette dimension mentale cause directement l'effet comportemental ou agit comme médiatrice des comportements (Moore, 2003).

Le béhaviorisme se distingue des autres modèles éducatifs puisqu'il considère contre-productif de chercher les causes des comportements ailleurs que dans les influences biologiques ou environnementales. Le courant béhavioriste fait parfois l'objet de critiques virulentes à cause de son radicalisme, qui rompt avec les fondements philosophiques partagés par les autres courants, et aussi à cause du style provocateur de Skinner (Bjork, 1993) qui alimente la polémique. Son cas est semblable à celui de Darwin, qui a eu à combattre la fureur de ceux qui s'opposaient à sa théorie de l'évolution, qui explique la création de la vie par des faits strictement biologiques, sans avoir recours à un être suprême (Baum, 1994). On accepte donc difficilement que des théories expliquent les comportements humains d'une manière similaire, c'est-à-dire sans faire appel à une entité interne immatérielle comme l'esprit, la conscience, le libre arbitre, l'autodétermination, le schème, l'unité de traitement central de l'information, etc. Ces types d'entités ne sont pas admis comme étant des causes possibles des comportements par les béhavioristes. Les phénomènes que ces entités révèlent peuvent certes être considérés par une analyse scientifique

Tête chercheuse

Le béhaviorisme radical se développe sous l'impulsion de **Burrhus Frederic Skinner** (1904-1990) et sa théorisation des phénomènes d'apprentissage regroupés sous le paradigme du conditionnement opérant.

du comportement, mais les béhavioristes soutiennent que la conscience humaine ou tout autre facteur immatériel n'est pas la cause première ni la source principale des comportements humains. Pour les béhavioristes, c'est une quête vaine que de recourir à de telles variables internes de la personne pour expliquer ses comportements. En d'autres mots, ces variables sont des causes fictives dont les effets ne peuvent pas être démontrés. Le béhaviorisme est le seul courant [1] qui tente de rendre compte des phénomènes reliés à l'enseignement et à l'apprentissage en se basant seulement sur des données matérielles observables. En ce sens, le béhaviorisme se rapproche des sciences naturelles. Contrairement à une croyance répandue (Muijs et Reynolds, 2005), le béhaviorisme radical ne nie aucunement l'existence de la pensée ou de la cognition ni des émotions ou du domaine socioaffectif. Il ne minimise pas non plus l'intérêt d'étudier ces facettes. Ce qu'il remet en question a trait au rôle causal ou déterminant que l'on attribue aux entités immatérielles internes de la personne. Si beaucoup d'enseignantes expliquent intuitivement la conduite de leurs élèves par leur pensée ou leur réflexion, les éducatrices béhavioristes n'accordent pas un rôle si spécial aux facultés dites supérieures. Pour les béhavioristes, la pensée ou la cognition est définie comme un ensemble de comportements internes. Selon eux, l'apprentissage de la cognition s'explique de la même façon que les comportements externes (gestuels ou verbaux) (Hayes, Hayes, Sato et Ono, 1994). Ainsi, les béhavioristes admettent qu'une action puisse être planifiée, comme un exposé que l'on prépare mentalement, mais les comportements de planification (privés internes) tout comme les comportements de communication (publics externes) sont expliqués par les mêmes processus d'apprentissage opérant.

Les béhavioristes situent la cause du comportement dans la relation fonctionnelle entre le comportement, l'environnement et le processus de renforcement. Plusieurs types de renforçateurs sont distingués ; il y a des renforçateurs matériels (une récompense monétaire ou une friandise), sociaux (le sourire de l'enseignante ou le pouce levé symbolisant la réussite) et aussi des renforçateurs liés à la tâche, c'est-à-dire ceux qui sont intrinsèques au comportement (et non à la personne) puisqu'ils en font partie intégrante. Par exemple, lire un roman ou jouer du violon sont des comportements qui peuvent être gratifiants par eux-mêmes : on peut apprécier un texte en le lisant ou apprécier la musique en la produisant.

1. Le courant béhavioriste est classé dans la catégorie du monisme matérialiste, qui explique les phénomènes en se basant sur un seul critère, celui du monde matériel.

CONCEPTION DE L'ENSEIGNEMENT

Dans le courant béhavioriste, l'enseignement est considéré comme une science appliquée et l'enseignante est vue comme une observatrice et une expérimentatrice. Elle a donc des affinités avec la scientifique professionnelle. Elle doit non seulement intervenir en utilisant des méthodes d'enseignement éprouvées, mais aussi les mettre elle-même à l'épreuve dans sa classe, particulièrement lorsque les élèves rencontrent des difficultés. Elle doit donc apprendre à faire des observations de façon systématique, à colliger des mesures et surtout à réguler son enseignement en fonction des apprentissages des élèves. Puisque du point de vue béhavioriste, l'apprentissage se définit dans les faits comme un changement dans la fréquence du comportement qui augmente ou diminue, c'est cette fréquence qui devient la mesure centrale et privilégiée à recueillir (Johnston et Pennypacker, 1993). Pour réguler son enseignement et le rendre plus efficace, l'enseignante doit identifier la dynamique des séquences de l'apprentissage et obtenir la mesure exacte des acquisitions des élèves. L'enseignante béhavioriste se voit comme une expérimentatrice de l'enseignement puisqu'elle peut mettre à l'épreuve sa pratique et en évaluer rapidement et rigoureusement l'impact sur l'apprentissage des élèves. Tout comme la scientifique, elle manipule systématiquement une variable, identifiée précisément chez quelques élèves ou un seul. C'est l'approche qui a mis en valeur l'analyse visuelle des données quantitatives du comportement sur un graphique, qui est un outil précieux pour l'enseignement ou la recherche. C'est par le simple examen de la variation dans la fréquence du comportement de l'élève, en réaction aux modifications d'un aspect de l'enseignement, que la méthode expérimentale des cas uniques devient pertinente pour l'enseignante, qui obtient ainsi l'information suffisante pour moduler son intervention éducative (Garon et Théorêt, 2005).

CONCEPTION DE L'APPRENTISSAGE

Un apprentissage peut survenir de façon accidentelle ou encore peut se faire dans le cadre d'événements organisés intentionnellement à cet effet. Chaque individu a son histoire personnelle d'apprentissages. D'autres apprentissages surviennent tout au long de la vie, de la période prénatale jusqu'à la mort, tout naturellement et parfois en une seule occasion. Des apprentissages peuvent aussi survenir dans le cadre d'une organisation intentionnelle d'événements, comme dans le milieu scolaire.

L'éducateur, qu'il s'agisse du parent ou de l'enseignante, est perçu par les béhavioristes comme ayant une influence majeure sur l'apprenant parce qu'il est l'organisateur des événements qui déterminent ses apprentissages. L'enseignement doit s'ajuster à l'apprentissage de l'élève, c'est-à-dire qu'il doit être adapté en fonction des changements qui surviennent dans son comportement. Il va sans dire que dans la conception béhavioriste, l'élève doit agir (au sens précis d'opérer sur son environnement) pour apprendre.

Le comportement, qui est au cœur même de l'analyse appliquée du comportement, est un phénomène naturel qui peut être défini comme une manifestation de ce que fait un être humain en gestes, en paroles, en émotions et en pensées. Dans le courant béhavioriste, un comportement doit être observable et mesurable, soit par un observateur externe ou encore par l'individu qui peut rapporter son comportement interne (inaccessible aux autres), c'est-à-dire qui peut décrire ses réflexions ou ses émotions.

Selon le courant béhavioriste, l'apprentissage peut se faire de deux manières différentes : le conditionnement répondant (aussi appelé « conditionnement classique », « apprentissage pavlovien » ou « conditionnement de type I ») et le conditionnement opérant (aussi appelé « conditionnement instrumental », « apprentissage skinnerien » ou « conditionnement de type II »). Le conditionnement répondant ne requiert pas que l'individu soit actif puisqu'il implique les réflexes conditionnés par l'intermédiaire du système nerveux autonome. Ce conditionnement s'intéresse à l'apprentissage qui résulte de l'association de stimuli (stimulus conditionnel ou SC, stimulus inconditionnel ou SI) qui viennent déclencher une réponse conditionnelle à un réflexe (réponse conditionnelle ou RC, réponse inconditionnelle ou RI). La séance de repos qui a lieu en après-midi au préscolaire peut servir à illustrer le conditionnement répondant. Au premier niveau de conditionnement simple, l'élève se retrouve dans la classe où l'enseignante annonce la séance de repos (stimulus conditionnel ou SC), qui est associée à la pénombre (stimulus inconditionnel ou SI). Il relaxe ses membres (réponse conditionnelle ou RC), une réponse associée au bien-être de s'assoupir pour diminuer la fatigue (réponse inconditionnelle ou RI). Le conditionnement répondant de second niveau peut s'illustrer comme suit : apercevoir les coussins de l'aire de repos (SC 1), avoir l'impression de percevoir la pénombre (SC 2) et ressentir le bien-être de la relaxation (RC). L'apprentissage par conditionnement répondant, qui est un apprentissage involontaire, n'est pas aussi simple que l'on pourrait le penser à première vue. Ce type de conditionnement n'explique qu'une certaine partie de nos conduites acquises, plus précisément celles du domaine émotif.

Le conditionnement opérant est responsable de l'apprentissage d'un plus vaste répertoire de conduites. Dans ce type de conditionnement, l'activité du sujet est au cœur de ses apprentissages, car a priori c'est l'action de l'individu (qui opère sur son environnement par l'intermédiaire de son système nerveux central) qui permet une réaction de l'environnement. Tout comme le processus de sélection des caractères adaptatifs d'une espèce est déterminé par les caractéristiques de l'environnement selon la théorie de l'évolution, le processus de sélection d'un comportement chez un individu est déterminé par les conséquences que ce comportement aura sur l'environnement. Ainsi, un comportement neutre au départ, comme s'asseoir en tailleur sur une chaise en classe, peut provoquer une réaction de l'environnement ; par exemple, l'enseignante peut faire à l'égard de l'élève une remarque du type « assieds-toi correctement », ce qui diminuera probablement la probabilité que l'élève s'assoie de nouveau de cette manière. Un tel comportement peut aussi provoquer une réaction d'imitation par les pairs, qui s'assoiront eux aussi de la même manière. Le comportement que l'élève adoptera dans le futur en ce qui concerne sa manière de s'asseoir dépendra des réactions de l'environnement, soit des réactions qui punissent ou qui renforcent ce comportement. Le simple fait qu'une enseignante lui permette de s'asseoir de cette manière devient un signal de renforcement : être imité par ses pairs. Le fait d'apercevoir l'enseignante qui lui interdit de s'asseoir de cette façon sera un signal de punition : se faire adresser un reproche. Lorsque la conduite n'a pas encore été conditionnée par l'environnement, elle est pour ainsi dire soumise à toutes les réactions possibles de l'environnement ; c'est par cette sélection qu'effectue l'environnement que les comportements s'intègrent peu à peu au répertoire de l'individu.

Un « opérant » se définit comme un ensemble de comportements d'un individu qui, malgré des formes relativement différentes, sont contrôlés par les mêmes conséquences (qui peuvent être aussi de formes différentes). Par exemple, un élève peut attirer l'attention de son enseignante par un mot, un geste ou un bruit que certains signaux de l'environnement, le questionnement à la volée par exemple, encouragent ou au contraire découragent selon la réaction de l'enseignante. Lorsque la fréquence d'un comportement augmente, c'est qu'il est associé à une conséquence positive telle qu'une rétroaction précise et chaleureuse. Lorsque la fréquence d'un comportement diminue, c'est qu'il est associé à une conséquence punitive telle qu'une remarque sarcastique ou encore l'absence totale de réaction, qui donnera lieu à la disparition du comportement. Il est erroné de penser que le conditionnement opérant n'implique que le stimulus et la réponse. Le conditionnement opérant met en jeu trois concepts dans un processus en trois temps : c'est la relation dynamique entre ce qui précède immédiatement le comportement (antécédent), le comportement lui-même (réponse) et ce qui suit immédiatement le comportement (conséquence) qui résume l'apprentissage par conditionnement opérant. L'enseignante qui analyse le comportement d'un élève observe d'abord la dynamique des événements dans la séquence antécédent-réponse-conséquence (ARC) pendant une certaine période de temps. La relation entre l'antécédent et la conséquence signale à l'individu la conduite à émettre. La relation entre la réponse et la conséquence de l'environnement permet de comprendre comment s'établissent les apprentissages, ce qui peut aider l'enseignante à anticiper le comportement d'un élève et à le modifier au besoin. Ainsi, l'enseignante, de par son comportement, peut contrôler ou modifier le comportement de l'élève. Aussi, à l'inverse, l'élève contrôle ou modifie le comportement de l'enseignante, c'est-à-dire la fréquence et la probabilité que ce comportement réapparaisse en classe.

C'est la relation de contingence entre la réponse et la conséquence qui est capitale dans l'apprentissage opérant. Quatre types de contingences sont distingués : le renforcement par addition, le renforcement par soustraction, la punition par addition et la punition par soustraction, selon que la fréquence du comportement augmente et que le comportement perdure ou diminue. Toutefois, puisqu'un comportement n'est pas toujours suivi de son renforçateur, la force du conditionnement peut changer selon la proportion de comportements renforcés et selon le délai du renforcement. C'est en observant la variation du comportement d'animaux de laboratoire durant des milliers d'heures que Ferster et Skinner (1957) ont pu élaborer une véritable théorie des programmes de renforcement, une théorie qui a depuis été validée chez les humains.

Enfin, outre l'influence de ces contingences directes, les comportements peuvent aussi être gouvernés par des « règles ». Une règle est un stimulus verbal, oral ou écrit qui décrit une contingence adoptée par un groupe, en signalant la conduite qui devrait être ultimement renforcée (Baum, 1994). Les règles sont des créations de la culture et elles sont omniprésentes en enseignement. Deux contingences de renforcement sont toujours présentes lorsqu'un comportement est gouverné par une règle. La phrase suivante permet d'illustrer : « Il faut toujours relire au moins deux fois un texte que l'on vient de rédiger pour repérer les erreurs. » Une contingence proximale explique l'adoption à court terme de la règle, par exemple lorsque l'enseignante félicite l'élève qui respecte cette consigne. Une contingence ultime explique l'adoption de la règle à long terme, par exemple l'élève qui parvient à des productions exemptes de fautes et à la maîtrise de la langue dans tous les contextes d'écriture. Outre le processus de renforcement qui est le processus central dans le conditionnement opérant, il y a évidemment d'autres processus qui expliquent l'apprentissage scolaire : la discrimination, la généralisation, le façonnement et l'estompage, pour ne nommer que les principaux (Malcuit, Pomerleau et Maurice, 1995).

EN CONCLUSION

Le béhaviorisme se fonde essentiellement sur l'idée qu'une science du comportement est possible et, par extension, qu'une science de l'enseignement en découle. Ce courant propose, au moyen de l'application des théories de l'apprentissage, des méthodes d'enseignement et des techniques d'intervention qui rejoignent le mouvement actuel en éducation, mouvement qui privilégie des pratiques dont l'efficacité a été démontrée scientifiquement. À cet égard, maintes recherches ont montré que les modèles et les techniques d'inspiration béhavioriste produisent des effets bénéfiques. Il va sans dire que les enseignantes doivent connaître non seulement les techniques et les stratégies d'intervention éducative, mais aussi les modèles et les théories d'enseignement qui sous-tendent ces pratiques pour pouvoir faire des choix éclairés. Pour atteindre les buts des programmes de formation, les enseignantes gagneraient à mieux connaître les diverses théories de l'apprentissage et les concepts qui leur sont associés, en approfondissant plus particulièrement ceux du conditionnement opérant. Ces connaissances leur fourniront les clés nécessaires à la compréhension des processus qui sont en jeu dans l'acquisition, la fluidité, le maintien et la généralisation des connaissances ainsi que des habiletés cognitives, affectives et sociales.

INTÉGRATION DES APPRENTISSAGES

 Pour garder les nouvelles notions acquises, faites un bilan des savoirs (voir ci-dessous) et une synthèse que vous placerez ensuite dans votre dossier professionnel.

Bilan des savoirs	Oui, vraiment mieux.	Non, je m'interroge encore.
Je connais les chercheurs à l'origine du courant béhavioriste.	☐	☐
Je connais quelques modèles d'enseignement qui s'inspirent de ce courant.	☐	☐
J'ai une idée des principes et des valeurs de ce courant.	☐	☐
J'ai une idée de la conception de l'enseignement et de l'apprentissage propre à ce courant.	☐	☐

Pour en savoir plus

Moran, Daniel J. et Richard W. Malott. 2004. *Evidence-Based Educational Methods*. Amsterdam : Elsevier Academic Press. 382 p.

Skinner, Burrhus Frederic. 1969. *La révolution scientifique de l'enseignement*. Bruxelles : C. Dessart, 314 p.

PARTIE III

Éléments intégrateurs

La partie III est consacrée à des éléments intégrateurs des modèles d'enseignement. Les chapitres 12 et 13 présentent des stratégies pour intégrer de façon efficace une pluralité de modèles et les technologies de l'information et de la communication (TIC) dans son enseignement. Le chapitre 14 propose une démarche pour évaluer les apprentissages des élèves.

CHAPITRE 12

Modèle intégrateur

Carole Raby

PRÉPARATION AUX APPRENTISSAGES

Portrait des savoirs	Non, pas vraiment.	Oui, je fais une hypothèse.
Je peux identifier les caractéristiques et les étapes particulières de plusieurs modèles d'enseignement et d'apprentissage.	☐	☐
Je sais quel type d'apprentissage peut susciter chacun de ces modèles.	☐	☐
Je comprends pourquoi il peut être utile de recourir à une pluralité de modèles.	☐	☐
Je sais comment je peux utiliser divers modèles dans ma classe.	☐	☐

Ce chapitre présente un modèle intégrateur qui incorpore plusieurs modèles d'enseignement issus de différents courants pédagogiques pour mieux répondre aux besoins d'apprentissage des élèves. Pour permettre de bien comprendre ce qu'est un modèle intégrateur, la théorie d'apprentissage différencie, en premier lieu, certains concepts connexes. En deuxième lieu, ce chapitre apporte un éclairage sur l'importance de faire appel à une pluralité de modèles (le pourquoi) et la manière de les intégrer en classe (le comment). Une application concrète est ensuite proposée afin de préciser cette démarche. Un questionnement à la fin de ce chapitre permet l'intégration des apprentissages.

RÉALISATION DES APPRENTISSAGES : THÉORIE D'APPRENTISSAGE

QU'EST-CE QU'UN MODÈLE INTÉGRATEUR ?

L'intégration de modèles d'enseignement et d'apprentissage réfère à l'intégration, au sein d'une même démarche, de plusieurs modèles. Ce type d'intégration ne doit pas être confondu avec l'intégration des enseignements, l'intégration des savoirs, l'intégration des matières ou l'intégration des apprentissages.

Sans en être un synonyme, l'intégration de différents modèles d'enseignement au sein d'une même démarche peut être considérée comme une forme spécifique d'intégration des enseignements. En effet, selon Legendre (2005, p. 787), l'**intégration des enseignements** est une « opération qui consiste à assurer la concertation et l'interpénétration des enseignements en tant que gages complémentaires d'enrichissement et de restructuration continuels des apprentissages ». Legendre ajoute que cette concertation s'opérationnalise au niveau de la planification et des interventions pédagogiques. Il soutient également que l'intégration des enseignements présuppose le travail concerté de divers agents (A, du SOMA). L'agent (A) englobe non seulement les enseignants, mais aussi les ressources matérielles et pédagogiques. Il est donc possible de considérer l'intégration des modèles d'enseignement comme une concertation entre les enseignants et les modèles (considérés comme des ressources pédagogiques) sollicités au sein d'une démarche. De plus, l'intégration (ou la concertation) de divers modèles d'enseignement au sein d'une même démarche vise justement l'enrichissement des apprentissages et, ultimement, l'intégration des apprentissages. Il semble donc que l'intégration de plusieurs modèles d'enseignement puisse être considérée comme une forme d'intégration des enseignements qui vise l'intégration des apprentissages.

Le concept d'**intégration des apprentissages** réfère, quant à lui, au processus par lequel l'apprenant intègre de nouvelles connaissances (ou habiletés) à ses connaissances antérieures. Il vit alors une re-structuration interne qu'il pourra ensuite réutiliser dans d'autres con-textes. C'est ultimement l'intégration des apprentissages que vise l'enseignement. L'enseignant cherche à aider l'élève à apprendre pour qu'il soit par la suite en mesure de réutiliser ces nouveaux appren-tissages dans d'autres situations. L'**intégration des savoirs**, selon Lenoir (1991, cité dans Legendre, 2005), est axée sur les contenus plutôt que sur les processus d'appropriation de ces savoirs (intégra-tion des apprentissages).

L'interdisciplinarité, elle, est une forme d'**intégration des matières** et constitue une manière en soi de faciliter les apprentissages et, par le fait même, leur intégration au sein des structures internes de l'ap-prenant. Un modèle d'enseignement ne peut toutefois pas être, d'em-blée, qualifié d'interdisciplinaire; c'est la démarche elle-même qui s'avère être interdisciplinaire ou non. Legendre (2005) souligne toute-fois que l'interdisciplinarité sous-tend certaines formules pédago-giques (dont l'apprentissage par projets et l'apprentissage par problèmes) issues, entre autres, des pédagogies dites actives. Une dé-marche peut, par exemple, être qualifiée d'interdisciplinaire si elle met à profit plusieurs disciplines pour mener à terme un projet ou ré-soudre une situation-problème.

En somme, le modèle intégrateur proposé dans ce chapitre peut être considéré comme une forme d'intégration des enseignements qui n'est pas nécessairement interdisciplinaire en soi, mais qui vise l'in-tégration des apprentissages par les élèves. Ce modèle intégrateur se veut une démonstration du fait qu'il soit souhaitable et possible de re-courir à une pluralité de modèles d'enseignement au sein d'une même démarche.

POURQUOI Y FAIRE APPEL EN CLASSE?

Il faut d'abord comprendre pourquoi il est souhaitable de recourir à une pluralité de modèles d'enseignement plutôt qu'à un seul. Selon Joyce, Weil et Calhoun (2004, cités dans Legendre 2005), dont l'ou-vrage *Models of Teaching* a été édité sept fois depuis 1972, il n'y a pas de manière unique d'enseigner et on ne doit pas recourir à un seul modèle d'enseignement. Selon ces auteurs, les apprenants ont des caractéristiques propres et des besoins différents auxquels un seul modèle ne saurait répondre. En effet, aucun des modèles ne permet à lui seul de développer chez les élèves l'ensemble des éléments (com-pétences transversales, compétences disciplinaires, savoirs essentiels, etc.) visés par les programmes de formation. Chaque modèle d'en-seignement permet d'atteindre des buts différents. L'apprentissage coopératif permet, par exemple, de développer des habiletés sociales. Le modèle d'enseignement et d'apprentissage stratégiques peut être employé pour favoriser le développement de stratégies, alors que l'enseignement direct peut être utilisé pour maximiser l'acquisition de connaissances chez les élèves. Toujours selon Joyce, Weil et Calhoun (2004, cités dans Legendre, 2005), l'utilisation prolongée d'un même modèle risque de produire un effet de saturation, peu propice à l'apprentissage par les élèves. Il semble également important de rappeler que les élèves, qui présentent des styles d'apprentissage différents, bénéficient de l'apport d'une multitude de modèles. Il importe donc, selon ces auteurs, que l'enseignant soit attentif à ce qui se passe dans sa classe et profite des avantages d'une pluralité de modèles.

Par ailleurs, les programmes de formation actuels favorisent également le recours à une pluralité de modèles d'enseignement. En effet, les programmes, qui adhèrent aux idées constructivistes, retiennent « un cadre conceptuel qui définit l'apprentissage comme un processus actif et continu de construction des savoirs » (MÉQ, 2001b, p. 4). Ainsi, sans en faire mention explicitement, les programmes privilégient des modèles qui accordent à l'élève un rôle actif et qui le placent au centre de ses apprentissages, soit les modèles issus du courant constructiviste. Ces programmes privilégient également, par l'importance qu'ils accordent au développement de stratégies, les modèles issus du courant cognitiviste. Les programmes de formation du Québec soulignent aussi l'importance des modèles issus du courant béhavioriste. En effet, malgré certaines controverses à ce sujet, il est clairement indiqué dans le programme de formation pour le préscolaire et le primaire que « certains apprentissages que doit développer l'école bénéficient de pratiques d'inspiration béhavioriste axées, notamment, sur la mémorisation de savoirs au moyen d'exercices répétés » (MÉQ, 2001b, p. 5). De plus, le courant humaniste trouve implicitement sa place au sein des programmes de formation. En effet, ces derniers placent l'élève au cœur du processus d'apprentissage et accordent à ses pairs, à son enseignant et à la communauté un rôle prépondérant dans la construction des connaissances et des compétences. Le courant humaniste et les modèles d'enseignement qui en découlent peuvent donc concourir au développement global harmonieux des élèves.

Ainsi, en faisant appel à une pluralité de modèles au sein d'une même démarche authentique et signifiante pour les élèves, l'enseignant suscite leur motivation, rejoint leurs différents styles d'apprentissage, élargit le spectre des apprentissages visés (en termes de compétences et de connaissances) et vise l'intégration des apprentissages par les élèves. Pourtant, une question demeure : comment est-il possible d'intégrer une pluralité de modèles d'enseignement dans sa pratique pédagogique ?

Organisation du temps d'étude

Il est très important de savoir organiser le temps alloué à ses études. Il n'y a pas de façon unique de le faire, mais celle que vous choisissez doit vous convenir et vous permettre de réussir vos tâches. Pour vous aider, posez-vous les questions suivantes :

- Quel est le meilleur moment de la journée et le meilleur endroit pour étudier ?
- Quelle est la durée idéale pour rester concentré ?
- Comment puis-je construire une grille de travail (heures / pages, etc.) ?
- Suis-je capable de bien utiliser mon agenda ?
- Qui peut aider à accroître mon efficacité ?

COMMENT INTÉGRER UNE PLURALITÉ DE MODÈLES D'ENSEIGNEMENT À SA PRATIQUE ?

Bien que l'utilisation d'une pluralité de modèles puisse prendre différentes formes (utilisation successive, utilisation en parallèle, utilisation en fonction de la discipline enseignée), il semble possible également de combiner divers modèles au cœur d'une même démarche. À cet effet, Arpin et Capra (2004) décrivent un exemple de projet unificateur qui recourt à divers modèles d'enseignement, dont la gestion mentale, l'apprentissage stratégique et l'apprentissage coopératif. Tout comme Arpin et Capra, le Centre d'expertise pédagogique (2002) place l'apprentissage par projets au cœur de sa démarche intégratrice. Cette démarche inclut des périodes d'ajustement lors desquelles d'autres modèles d'enseignement, notamment les modèles d'enseignement et d'apprentissage stratégiques et d'apprentissage coopératif, permettent aux élèves de développer des aspects nécessaires (stratégies, habiletés sociales, etc.) à la poursuite du projet. Les modèles issus du courant constructiviste, plus particulièrement l'apprentissage par projets et l'apprentissage par problèmes, semblent faciliter l'incorporation d'autres modèles d'enseignement. Toutefois, il est à noter que l'apprentissage expérientiel, l'apprentissage par la découverte, le modèle de la pédagogie ouverte et le modèle de la pédagogie actualisante peuvent également servir de base à l'incorporation d'autres modèles. Ces modèles favorisent entre autres le développement de compétences transversales et permettent d'aborder les contenus des domaines généraux de formation.

C'est autour de l'un ou de l'autre de ces modèles servant de point d'ancrage que peuvent s'incorporer d'autres modèles pour concourir au développement global des élèves. Ainsi, l'enseignant peut inviter les élèves à entreprendre une démarche d'apprentissage par projets, d'apprentissage par problèmes, d'apprentissage par la découverte, etc. Au début de la démarche, l'enseignant aura recours à l'enseignement stratégique pour activer les connaissances antérieures qu'ont les élèves sur le sujet à l'étude, susciter leur motivation et, par la suite, les soutenir dans le développement de stratégies selon les besoins identifiés en cours de route. Durant cette démarche, les élèves seront amenés à interagir. S'ils éprouvent des difficultés au plan des interactions sociales, l'enseignant pourra recourir au modèle d'apprentissage coopératif pour favoriser le développement d'habiletés indispensables pour mener à terme la démarche. Lorsqu'il constate que les élèves ont besoin d'acquérir des notions ou des connaissances spécifiques nécessaires pour faire progresser la démarche, l'enseignant peut recourir à l'enseignement direct, à l'aide d'une mini-leçon. Différents modèles peuvent donc être utilisés en complémentarité pour répondre aux besoins d'apprentissage des élèves. L'exemple d'apprentissage par projets au 3e cycle du primaire qui suit permet de mieux illustrer le modèle intégrateur.

Modèle intégrateur à partir d'une démarche d'apprentissage par projets

Titre du projet : Un magazine thématique informatisé
Niveau : 3ᵉ cycle du primaire

But du projet	Créer un magazine thématique informatisé pour les jeunes.
Énoncé de la situation	L'élève de 3ᵉ cycle du primaire est fasciné par la richesse, la diversité et la portée des médias qui gravitent autour de lui. Toutefois, les médias sont aussi une source d'influence importante qui marque les comportements et la pensée des jeunes et des adultes d'aujourd'hui. Il apparaît donc essentiel qu'il développe son **esprit critique** par rapport au contenu et à la forme de ce qui est véhiculé. Une prise de conscience de la démarche de réalisation d'un magazine informatisé pourrait l'amener à mieux comprendre les enjeux de cet apport technologique dans sa vie. En réalisant ce projet, l'élève de 3ᵉ cycle devra aussi mettre en œuvre des **méthodes de travail** efficaces qui sont essentielles pour mener ce projet à terme.
Domaines généraux de formation	Pour la démarche globale, les domaines généraux visés sont : • Orientation et entrepreneuriat : appropriation des stratégies liées à un projet (stratégies associées aux diverses facettes de la réalisation d'un projet, telles que l'information, la prise de décision, la planification et la réalisation). • Médias : appropriation du matériel et des codes de communication médiatique (procédure de production, de construction et de diffusion de produits médiatiques ; relations entre des productions issues de différentes techniques et formes d'expressions esthétiques et artistiques). À la demande de l'enseignant, chaque équipe choisit une thématique pour son magazine qui est en lien avec l'un des domaines généraux de formation : • Santé et bien-être (alimentation, activité physique, sexualité, gestion du stress, etc.). • Orientation et entrepreneuriat (professions et métiers ; produits, biens et services ; lieux de travail ; etc.). • Environnement et consommation (utilisation rationnelle des ressources, conservation et amélioration de l'environnement, modes de vie et répartition de la richesse, etc.). • Médias (fonctions des médias, habitude de consommation des médias, liberté d'expression, etc.). • Vivre-ensemble et citoyenneté (acteurs de la vie démocratique, conséquences de la discrimination, lutte à la pauvreté et à l'analphabétisme, etc.).

Compétences transversales	D'ordre intellectuel	D'ordre méthodologique	D'ordre personnel et social	D'ordre de la communication
	• Exploiter l'information (**CT1**) • Résoudre des problèmes (**CT2**) • **Exercer son jugement critique (CT3)** • Mettre en œuvre sa pensée créatrice (**CT4**)	• **Se donner des méthodes de travail efficaces (CT5)** • Exploiter les TIC (**CT6**)	• Coopérer (**CT8**)	• Communiquer de façon appropriée (**CT9**) *(suite p. 236)*

Domaines d'apprentissage et compétences disciplinaires	Langues	Mathématique, science et technologie	Arts
	Compétences disciplinaires : • Lire des textes variés (**CD-L1**) • Écrire des textes variés (**CD-L2**) *Savoirs essentiels :* • exploration et utilisation d'éléments caractéristiques de différents genres de textes ; • prise en compte du destinataire ; • regroupement par paragraphes ; • utilisation des ressources d'un traitement de texte et d'un correcteur intégré ; • citation correcte des sources d'inspiration et de références, etc.	*Compétences disciplinaires :* • Raisonner à l'aide de concepts et de processus mathématiques (**CD-M2**) • Communiquer à l'aide du langage mathématique (**CD-M3**) *Savoirs essentiels :* • formulation de questions d'enquête ; • collecte, description et organisation de données à l'aide de tableaux ; • interprétation de données à l'aide d'un diagramme circulaire ; • pourcentage.	*Compétences disciplinaires :* • Réaliser des créations plastiques médiatiques (**CD-AP2**)
Conditions de réalisation	Matériel nécessaire : magazines pour les jeunes, livres d'information, sites Internet, ordinateurs, etc. Regroupement des élèves : équipes de 4 élèves regroupés de manière hétérogène.		
Moment et durée approximative du projet de l'activité	Environ 2 mois (une étape scolaire), à raison de 3 ou de 4 périodes d'une heure par semaine.		

Tableau-synthèse de la démarche

	L'enseignant	Les élèves	Modèles sollicités
Élément déclencheur	L'un des élèves de la classe explique au groupe que, en lisant un magazine, il a pris connaissance d'un concours de création d'un magazine par les jeunes et pour les jeunes. Comme il est possible, dans le cadre de ce concours, de gagner un abonnement au magazine pour un an et divers prix de participation intéressants, cet élève propose à la classe de participer au concours. L'enseignant, emballé par cette activité qui lui permettra de faire participer ses élèves dans une démarche de projet authentique, prend connaissance des modalités et des règlements du concours et planifie divers aspects du projet [1].		

(suite p. 237)

	L'enseignant	Les élèves	Modèles sollicités
Préparation aux apprentissages	• L'enseignant invite les élèves à partager leurs connaissances sur la création d'un magazine et note leurs idées sur une carte d'exploration collective. • Il aide les élèves à mettre en lumière les différences dans leurs connaissances ou leurs questionnements.	• Les élèves partagent ce qu'ils connaissent sur les magazines et la création d'un magazine. • Ils prennent conscience de ce qu'ils doivent mieux comprendre.	**Enseignement et apprentissage stratégiques** *Activation des connaissances antérieures des élèves* *Conscience du besoin d'en connaître davantage*
	• L'enseignant met différents magazines jeunesse à la disposition des élèves. • Il invite les élèves à apporter leurs propres magazines. • Il visite avec les élèves une bibliothèque (de l'école, municipale ou nationale) pour lire, observer et consulter divers magazines jeunesse. • Il invite les élèves à noter ce qu'ils observent, ce qu'ils préfèrent, ce qui leur déplaît, et à en discuter. • Il invite les élèves à conceptualiser collectivement, sous forme de maquette, les éléments essentiels d'un magazine.	• Les élèves lisent, observent et consultent divers magazines jeunesse (**CD-L1**). • Ils notent leurs observations et en discutent entre eux. Ils cernent l'objet de réflexion, articulent et communiquent leur point de vue (**CT3**). • Ils élaborent collectivement une maquette d'un magazine.	**Enseignement expérientiel** *Expérience concrète* *Observation réfléchie* *Conceptualisation abstraite*
	• Il discute avec les élèves des compétences qu'ils possèdent pour mener à terme le projet et de celles qui seront développées au cours du projet. • Il encourage les élèves à faire des liens entre ce projet et leurs besoins (retombées personnelles) et à découvrir son importance pour les autres (retombées sociales).	• Ils prennent connaissance des compétences qu'ils possèdent et de celles à développer dans le cadre du projet. Ils les formulent dans leurs mots. • Ils font des liens avec les projets antérieurs et discutent des retombées possibles du projet dans leur vie personnelle et sociale.	**Enseignement et apprentissage stratégiques** *Mobilisation des compétences transversales et disciplinaires* [2] *Valeur de la tâche* [3]

(suite p. 238)

	L'enseignant	Les élèves	Modèles sollicités
Préparation aux apprentissages (suite)	• Il discute avec les élèves des règlements du concours et de ses exigences sur le fond (thématique, types et nombre minimal de textes, etc.)[4] et la forme (nombre maximal de pages entre autres) du magazine[5], des défis à relever, des critères d'évaluation et des outils qui seront utilisés pour évaluer le projet. • Il discute avec les élèves des choix qu'ils pourront effectuer durant le projet.	• Ils participent à la discussion et s'approprient les modalités du projet, les balises imposées par l'enseignant (**CT5**) et l'évaluation qui sera effectuée. • Ils prennent conscience de leurs choix dans le processus.	**Enseignement et apprentissage stratégiques** *Exigences* *Contrôle*
	• L'enseignant invite chacun des élèves à indiquer sur un petit papier le nom de trois élèves avec qui il aimerait réaliser le projet et s'engage à inclure au moins l'une de ces personnes dans l'équipe. • Il forme des équipes hétérogènes tout en tenant compte des préférences des élèves et annonce la formation des équipes au groupe. • Il invite les élèves à choisir un nom d'équipe et une thématique en lien avec l'un des domaines généraux de formation.	• Les élèves indiquent le nom de trois élèves avec qui ils aimeraient réaliser le projet. • Ils prennent connaissance de leurs partenaires de projet et acceptent la décision de l'enseignant. • Ils effectuent un remue-méninges et ont recours au consensus pour trouver le nom de leur équipe et choisir la thématique de leur magazine.	**Apprentissage coopératif** *Formation des équipes* *Établissement d'un climat de cohésion au sein des équipes*
	• Il discute avec les élèves des étapes de l'élaboration d'un magazine et du calendrier de réalisation. • Il invite les élèves à partager les tâches et les responsabilités au sein de leur équipe et à établir leurs règles de fonctionnement. • Il anime un remue-méninges sur les méthodes et les ressources pour écrire les différents textes.	• Ils partagent leurs idées sur les étapes de l'élaboration du magazine et établissent un calendrier de réalisation. • Ils se partagent les tâches et les responsabilités au sein de leur équipe et définissent les règles de fonctionnement. • Ils partagent leurs idées et anticipent les exigences de la méthode retenue et les ressources requises (**CT5**).	**Apprentissage par projets**[6] *Préparation du projet :* • *Structurer le projet en étapes et établir un calendrier de réalisation* • *Définir et partager les tâches et les responsabilités*[7] *et préciser les règles de fonctionnement en équipe* • *Identifier les méthodes de collecte des données*

(suite p. 239)

	L'enseignant	Les élèves	Modèles sollicités
Réalisation des apprentissages	• L'enseignant invite les élèves à faire des recherches pour faire la collecte des données nécessaires à la rédaction des textes.	• Les élèves font des recherches dans des livres, des sites Internet, des vidéocassettes, etc. et consultent des experts pour recueillir de l'information sur leur thématique. • Ils planifient les questions de leur sondage, recueillent, analysent et interprètent les données (**CD-M**). • Ils vérifient l'exactitude de faits dans chaque lecture et les mettent en perspective (**CT3**).	**Apprentissage par projets** *Mise en œuvre du projet* [10]
	• Il invite les élèves à rédiger [8] à l'aide du traitement de texte les divers textes de leur magazine.	• Ils rédigent leurs textes (**CD-L2** et **CD-M3**).	
	• Il invite les élèves à s'autocorriger et à organiser des rencontres avec leurs pairs et l'enseignant lui-même pour réviser leurs textes [9]. • Il invite les élèves à produire des créations plastiques médiatiques ou à trouver des images pertinentes pour accompagner les textes et à vérifier les droits d'utilisation. • Il invite les élèves à effectuer la mise en page de leurs magazines et à les imprimer.	• Ils corrigent leurs textes individuellement, à l'aide d'un correcteur intégré au traitement de texte, des pairs et de l'enseignant. • Ils font appel à leur imagination et produisent leurs propres créations plastiques (**CD-AP2**) ou cherchent des images et vérifient les droits d'utilisation au besoin. • Ils mobilisent les ressources requises (**CT5**) pour effectuer la mise en page de leurs magazines et les imprimer.	
	• Au besoin, il soutient les élèves dans la pratique d'une stratégie (l'autocorrection). • Il anime une discussion métacognitive avec les élèves à propos de la stratégie : – Qu'est-ce qu'une procédure d'autocorrection efficace ? – Pourquoi est-ce important d'appliquer une procédure d'autocorrection ? • Il enseigne la stratégie de façon explicite. • Il fait un modelage avec un exemple à l'appui. • Il affiche une procédure d'autocorrection pour les élèves. • Il invite les élèves à faire quelques exercices en équipe.	• Ils participent à la discussion et partagent leurs idées. Ils écoutent attentivement et observent le modelage fait par l'enseignant. • Ils consultent l'affiche au besoin. • Ils effectuent les exercices en équipe (**CD-L**).	**Enseignement et apprentissage stratégiques** *Au besoin, soutien au développement de stratégies* *(suite p. 240)*

	L'enseignant	Les élèves	Modèles sollicités
Réalisation des apprentissages (suite)	• Il encourage l'application de cette démarche pour la correction des textes du magazine.	• Ils appliquent la stratégie lors de la suite du projet.	**Enseignement et apprentissage stratégiques**
	• Au besoin, l'enseignant initie les élèves à un contenu (savoir essentiel) nécessaire à la réalisation du projet (par exemple, les caractéristiques de différents genres de textes en français ou les pourcentages en mathématique pour présenter les résultats du sondage). • Il présente des exemples et demande aux élèves d'effectuer individuellement des exercices.	• Les élèves écoutent et répondent aux questions de l'enseignant. • Ils écoutent et effectuent individuellement les exercices proposés (**CD-L** et **CD-M**).	**Enseignement direct** *Au besoin, soutien à l'acquisition de savoirs essentiels nécessaires à la réalisation du projet*
	• L'enseignant présente l'habileté sociale à développer pour poursuivre la démarche de projet. • Il utilise une technique (telle que le tableau en « T », la saynète, etc.) pour explorer l'habileté sociale avec les élèves. • Il propose quelques exercices pour pratiquer l'habileté sociale.	• Ils sont attentifs à l'habileté sociale proposée. • Ils partagent leurs idées. • Ils effectuent les exercices proposés.	**Apprentissage coopératif** *Au besoin, soutien au développement d'une habileté sociale*
Intégration des apprentissages	• L'enseignant invite les élèves à poster leur magazine au concours et à le partager avec d'autres personnes (selon les dispositions envisagées au début du projet). • Il invite les élèves à autoévaluer le développement des compétences visées, leur démarche de projet et à inclure des traces de leur démarche, de leur produit final et de leurs apprentissages dans leur portfolio.	• Les élèves préparent leur magazine pour l'envoi, puis le postent et le partagent avec d'autres personnes. • Ils s'autoévaluent au plan des compétences développées et de leur démarche de projet et conservent des traces dans leur portfolio. • Ils dégagent les leçons tirées de leur démarche (**CT5**).	**Apprentissage par projets** • *Disposition du projet : communiquer le projet à un auditoire* • *Évaluation du projet : degré d'atteinte des compétences visées, déroulement du projet*
	• L'enseignant invite les élèves à évaluer le développement de l'habileté sociale ciblée, les rôles et les responsabilités de leurs partenaires de projet et leur travail d'équipe en général.	• Les élèves évaluent leurs pairs et le travail d'équipe. • Ils comparent leur jugement à ceux des autres, le reconsidèrent au besoin et reconnaissent la part de la raison et de l'affectivité dans leur démarche (**CT3**).	**Apprentissage coopératif** *Évaluation du développement de l'habileté sociale et retour sur les difficultés rencontrées par rapport aux rôles et aux responsabilités, à l'habileté sociale ciblée ou au travail d'équipe en général*

(suite p. 241)

	L'enseignant	Les élèves	Modèles sollicités
Intégration des apprentissages (suite)	• Il invite les élèves à prendre conscience des apprentissages réalisés en regard de leurs connaissances antérieures en élaborant une carte conceptuelle (démarche de création d'un magazine, parties d'un magazine, types de textes, etc.).	• Ils élaborent une carte conceptuelle synthèse.	**Enseignement et apprentissage stratégiques** *Décontextualisation*
	• Il invite les élèves à identifier dans quelles circonstances ils pourraient réutiliser les notions et les stratégies apprises dans le cadre du projet.	• Ils partagent leurs idées.	*Recontextualisation*
	• Il invite les élèves à discuter des retombées possibles du projet (en lien avec les domaines généraux de formation ciblés et en lien avec la disposition des magazines).	• Ils partagent leurs idées.	*Clôture*

1. Cet exemple de modèle intégrateur est inspiré d'un projet réalisé dans la classe de 3e cycle du primaire de Carole Raby en 1998. Le concours était présenté dans le magazine mensuel *Les Débrouillards*. Pour en savoir plus, consultez le site du magazine : http://www.lesdebrouillards.qc.ca/applicationWeb/pages/publique/magazine/.
2. Cette sous-étape peut également permettre de cibler avec les élèves une habileté sociale à développer durant la démarche de projet (**apprentissage coopératif**).
3. Tout en permettant de discuter des retombées sociales du projet, cette sous-étape peut également permettre de préciser la disposition du projet (Proulx, 2004), c'est-à-dire de préciser à quoi pourront servir les magazines, outre la participation au concours.
4. Pour mieux atteindre les visées du programme et respecter les modalités du concours, l'enseignant présente certaines règles. Ainsi, chaque magazine doit porter sur une thématique particulière en lien avec un domaine général de formation et comprendre un nombre minimal et une diversité de textes (par exemple, au moins un texte qui explique (reportage), un texte qui décrit (sondage), un texte qui raconte (nouvelle), un texte qui comporte des interactions verbales (entrevue ou bande dessinée), un texte qui dit comment faire (recette, expérience, procédurier, etc.), un texte qui vise à convaincre (publicité ou critique), un texte qui met en évidence le choix des mots (poème, chanson, rébus, charade, etc.).
5. Cette sous-étape s'apparente à la spécification du contenu du modèle d'**apprentissage par projets** de Proulx (2004).
6. Le modèle d'apprentissage par projets adopté pour cet exemple est celui de Proulx (2004).
7. Cette sous-étape s'apparente à la répartition des rôles et des responsabilités du modèle d'**apprentissage coopératif**.
8. Voir la section sur l'enseignement direct.
9. Voir la section sur l'enseignement et l'apprentissage stratégiques.
10. À cette sous-étape, les élèves complètent le processus d'**apprentissage expérientiel** (étape de l'expérimentation active) entamé lors de la consultation de divers magazines jeunesse.

Ce projet est un exemple qui présente une combinaison possible de certains modèles d'enseignement. Il vise principalement les compétences du domaine des langues, mais cible également les compétences des domaines de la mathématique et des arts. Selon les choix effectués par chacune des équipes (thématique, types de textes, etc.), il peut mettre en jeu d'autres domaines d'apprentissage. Ce projet présente l'avantage de susciter une forte motivation chez les élèves puisqu'il est issu d'une idée provenant d'un pair ; il est authentique ; il les implique dans un processus actif d'autosocioconstruction des apprentissages ; il leur permet d'effectuer de nombreux choix.

Ce projet favorise également le développement de compétences transversales et de compétences disciplinaires et permet d'aborder plusieurs savoirs essentiels (connaissances et stratégies) dans quelques domaines d'apprentissage. De plus, il permet aux élèves de se pencher sur plusieurs grandes problématiques des domaines généraux de formation.

EN CONCLUSION

Il existe une multitude de manières de recourir à une pluralité de modèles de façon à ce qu'ils soient bénéfiques pour l'apprentissage. Il revient à l'enseignant, dans son rôle de didacticien et de pédagogue, d'être attentif à ce qui se passe dans sa classe, de bien cerner les besoins et les styles d'apprentissage des élèves, de savoir saisir les occasions et d'être créatif pour bien cibler le modèle ou encore la combinaison de modèles d'enseignement qui permet de mieux favoriser le progrès des élèves.

INTÉGRATION DES APPRENTISSAGES

 Pour garder en tête les nouvelles notions acquises, faites un bilan des savoirs (voir ci-dessous) et une synthèse que vous placerez ensuite dans votre dossier professionnel.

Bilan des savoirs	Oui, beaucoup mieux.	Non, je m'interroge encore.
Je peux identifier les caractéristiques et les étapes particulières de plusieurs modèles d'enseignement et d'apprentissage.	☐	☐
Je sais quel type d'apprentissage peut susciter chacun de ces modèles.	☐	☐
Je comprends pourquoi il peut être utile de recourir à une pluralité de modèles.	☐	☐
Je sais comment je peux utiliser divers modèles dans ma classe.	☐	☐

Pour en savoir plus

Centre d'expertise pédagogique. 2002. « Notre démarche ». In *Pédagogie de projet et ses composantes*. En ligne. <http://cep.cyberscol.qc.ca/guides/pp_notre_demarche.html>. Consulté le 1er août 2011.

L'intégration des TIC selon les approches pédagogiques

Martine Peters

PRÉPARATION AUX APPRENTISSAGES

Portrait des savoirs	Non, pas vraiment.	Oui, je fais une hypothèse.
Je suis capable de définir ce qu'est l'intégration pédagogique des TIC.	☐	☐
Je peux nommer des avantages et des limites de l'intégration des TIC à la pratique pédagogique.	☐	☐
Je peux faire des liens entre les programmes de formation actuels et l'utilisation des TIC.	☐	☐
Je peux expliquer de quelle façon les TIC peuvent être intégrées à d'autres modèles d'enseignement ou d'apprentissage.	☐	☐
Je connais les rôles de l'enseignante et des élèves dans l'utilisation des TIC en classe.	☐	☐

Ce chapitre porte sur l'intégration des technologies de l'information et de la communication (TIC) en classe. Ainsi, ce chapitre définit d'abord ce qu'est l'intégration pédagogique des TIC. Il se penche ensuite sur la compatibilité entre l'intégration des TIC dans les classes du primaire et du secondaire et certains modèles d'enseignement privilégiés par les courants pédagogiques actuels. Il aborde, dans un troisième temps, la question de l'utilisation pédagogique efficace des TIC. Finalement, il présente les rôles de l'enseignante et des élèves dans un contexte d'enseignement et d'apprentissage intégrant les TIC. Enfin, un questionnement à la fin du chapitre permet l'intégration des apprentissages.

RÉALISATION DES APPRENTISSAGES : THÉORIE D'APPRENTISSAGE

QU'EST-CE QUE L'INTÉGRATION PÉDAGOGIQUE DES TIC ?

Gilles Jobin (2007), un conseiller technopédagogique de la région de l'Outaouais, fait référence à deux visions de l'intégration des TIC dans les écoles du Québec. Selon une première perspective, les TIC sont considérées comme des outils, de la même façon que le sont certains objets classiques, tels que le livre, le dictionnaire ou le crayon. Lorsque les TIC sont utilisées comme de simples outils, les élèves en font une utilisation de base (mécanique) comparable à un travail de bureau. Par exemple, les élèves emploient le traitement de texte pour des productions écrites, le logiciel Power Point pour des présentations orales, etc. Ce type d'utilisation des TIC ne fait souvent qu'automatiser d'anciennes façons de faire.

Selon une deuxième perspective, qui, elle, est beaucoup plus intéressante, les TIC sont intégrées dans un contexte de collaboration dans lequel les élèves sont actifs et créatifs. Une telle intégration des TIC en classe amène, par exemple, les élèves à explorer divers sites Internet, à contacter des experts au besoin et à partager les résultats de leurs recherches en communiquant entre eux au moyen du courrier électronique, pour finalement mener à terme la coconstruction d'une production commune. C'est grâce à ce type d'utilisation des TIC que les élèves s'engageront activement dans leurs apprentissages et qu'ils développeront diverses compétences transversales (exploiter les TIC, coopérer, se donner des méthodes de travail efficaces, communiquer, etc.) et disciplinaires. Ces compétences feront d'eux des apprenants efficaces et autonomes pour la vie.

COMMENT INTÉGRER LES TIC À SA PRATIQUE ?

Certains principes et valeurs des modèles d'enseignement présentés précédemment se conjuguent parfaitement avec l'intégration des TIC dans les classes du primaire et du secondaire. Il sera donc question, dans cette section, de comment les TIC peuvent être intégrées dans divers contextes d'apprentissage et d'enseignement, dont l'apprentissage par projets et l'apprentissage coopératif.

Apprentissage par projets

Dans le cadre d'une démarche d'apprentissage par projets, les élèves peuvent recourir aux TIC tout au long de leur démarche pour réaliser des apprentissages significatifs et intégrés. En effet, les TIC peuvent servir à élaborer progressivement une carte conceptuelle de leurs connaissances antérieures sur le sujet. Elles constituent par ailleurs un outil par excellence pour rechercher de l'information sur le sujet à l'étude que ce soit par la consultation de sites Internet ou d'encyclopédies numériques, la participation à des forums de discussions ou des blogues ou l'envoi d'un courrier électronique à un expert ou à un organisme. Les TIC, notamment grâce à l'utilisation d'un tableur, d'un traitement de texte, d'une caméra numérique ou vidéo, de logiciels de mise en page ou de présentation, facilitent également la co-construction de diverses productions communes. L'un des avantages indéniables des TIC provient de la facilité pour les divers partenaires d'effectuer aisément et conjointement des révisions pour bonifier une production. Finalement, les TIC facilitent la communication et la diffusion du projet et de la production finale, que ce soit à l'aide d'un logiciel de présentation, d'un envoi de document ou d'un message d'invitation par courrier électronique, de la diffusion de la production sur un site Internet, un forum, un portail institutionnel, etc., et ce, sans oublier les nombreuses fonctionnalités offertes par le Web 2.0 (telles que les portails Web, les fils RSS, etc.).

Apprentissage coopératif

L'apprentissage coopératif et l'intégration des TIC en classe sont de bons partenaires. Dans l'apprentissage coopératif, les élèves travaillent en petits groupes et tentent d'atteindre un objectif commun. Chaque élève a une tâche spécifique qui est déterminée en fonction de ses capacités et de ses talents. Les relations interpersonnelles entre les membres d'une équipe ainsi que l'interdépendance des tâches favorisent le développement d'habiletés cognitives et sociales. Dans le cadre d'un apprentissage collaboratif, les apprenants, au lieu de se diviser les tâches menant à la réalisation d'un but commun, travaillent mutuellement à l'accomplissement du but.

Les TIC peuvent constituer, dans ces contextes d'apprentissage, de puissants outils pour développer la coopération et la collaboration entre apprenants. En effet, certains outils permettant des échanges peuvent faciliter la coopération entre apprenants (courrier électronique, logiciels de clavardage et de vidéoconférence, forums, etc.).

D'autres outils, tels que le blogue, peuvent dans certains contextes favoriser la coconstruction de connaissances. Par ailleurs, il existe des outils (par exemple, les wikis, *knowledge forums*, etc.) conçus spécifiquement pour favoriser la collaboration entre les apprenants dans un processus de coconstruction de connaissances. De plus, ce type d'apprentissage peut prendre entièrement place dans un environnement virtuel. À titre d'exemple, dans le cadre d'un vaste projet de recherche mené par Thérèse Laferrière de l'Université Laval et Alain Breuleux de l'Université McGill (Équipe TACT, s.d.), depuis 2002, certains élèves et enseignantes d'écoles éloignées du Québec collaborent à l'aide d'outils technologiques, dont le *knowledge forum* et le *I-visit*.

Apprentissage par la découverte ou la résolution de problèmes

Un apprentissage centré sur l'élève, comme l'apprentissage par la découverte ou l'apprentissage par la résolution de problèmes, vise autant le processus que le produit. L'élève est amené à réaliser des activités authentiques au cours desquelles il fera l'acquisition de connaissances grâce à la découverte ou à la résolution de problèmes. Autant l'utilisation des TIC peut s'inscrire dans un processus de découverte constante et d'une démarche de résolution de problèmes (Beatty, 2003), autant les TIC peuvent servir la démarche d'apprentissage par la découverte. En effet, peu de personnes ont suivi un cours pour apprendre à utiliser un traitement de texte. Pourtant, même sans cours, les personnes, en procédant par la découverte, réussissent à acquérir les rudiments du fonctionnement d'un traitement de texte. C'est souvent par essais et erreurs que l'on réussit à agrandir les marges d'un texte, à créer un tableau ou à générer automatiquement une table des matières. Les élèves peuvent aussi procéder de cette manière.

La cyberquête (ou mission virtuelle) est sans aucun doute un excellent exemple d'une utilisation efficace des TIC, car elle permet à l'apprenant d'acquérir des connaissances à la fois par la découverte et la résolution de problèmes. Le créateur de ce type d'activités de recherche virtuelle, Dodge (1997), décrit la cyberquête comme une activité qui accorde une importance à l'utilisation d'éléments d'information (processus / démarche) plutôt qu'à la recherche d'éléments d'information (produit). Selon Dodge (1997), l'élève doit analyser et synthétiser cette information. La cyberquête exige que l'élève utilise son imagination et ses habiletés de résolution de problèmes ainsi que ses compétences de communication et de coopération. Les solutions ne sont pas prédéterminées : l'élève doit les découvrir ou les créer. Bien souvent, c'est grâce aux situations de la vie quotidienne ou de l'actualité que l'élève est amené à aller au-delà de la mémorisation de l'information : il doit traiter l'information de façon critique afin d'arriver à porter un jugement responsable et éthique sur un sujet donné. Bernthisel (2000) propose une cyberquête[1] intéressante au cours de laquelle les élèves du secondaire sont amenés à vivre une démarche menant à l'achat d'une voiture. Cette activité demande donc aux élèves de choisir une automobile, de calculer son coût total, de faire une demande de prêt et de décider si l'achat de cette voiture vaut la peine. Et si l'achat d'une voiture ne semble pas raisonnable, l'achat d'un scooter peut être considéré ! Bref, la cyberquête proposée par Scott Bernthisel constitue un bel exemple d'une démarche qui demande aux élèves d'utiliser les TIC et qui leur permet de développer de nombreuses compétences tout en acquérant des connaissances dans diverses disciplines.

Les correcticiels, tels que *Antidote*, *Correcteur 101*, qui demandent à l'élève d'utiliser des habiletés de résolution de problèmes, en sont d'autres exemples. Ces logiciels sont des outils qui aident l'élève à relever ses erreurs dans un texte. L'élève est devant un problème qu'il doit résoudre : il doit accepter ou refuser la proposition de correction du logiciel. Une réflexion de la part de l'élève s'impose puisque les propositions des correcticiels ne sont pas toujours appropriées. En cas de doute, l'élève peut recourir à de nombreuses sources d'information, comme les grammaires ou les dictionnaires en ligne. Le type d'apprentissage que l'élève peut faire à l'aide des correcticiels lui sera certainement très utile sa vie durant.

Apprentissage individualisé

Les TIC utilisées en formation à distance surtout au postsecondaire permettent d'offrir aux apprenants un mode d'apprentissage individualisé. En effet, l'apprenant y trouve une plus grande flexibilité, notamment au niveau du moment, de la durée, du lieu, etc. de l'apprentissage. Au primaire et au secondaire, les enseignantes ont surtout recours aux nombreux didacticiels et exerciseurs disponibles pour permettre aux apprenants de suivre leur propre cheminement et de progresser selon leur rythme. En effet, de nombreux logiciels, qui visent notamment le développement d'habiletés en mathématique et en langues, présentent des séries d'exercices à l'élève, qu'il complète les uns après les autres. Lorsque l'élève a terminé un exercice et qu'il l'a bien réussi, il est récompensé, puis il peut continuer son apprentissage en effectuant d'autres exercices. Cette façon de procéder favorise l'autonomie de l'apprenant. La majorité des didacticiels offerts actuellement sont conçus pour que les élèves apprennent de façon ludique. Nombreux sont les élèves qui aiment jouer à *Carmen Sandiego* ou à *Tap'Touche Garfield*. Ils ne se rendent pas compte qu'ils acquièrent des

---

1. La description de cette cyberquête est disponible à l'adresse suivante : http://www.otsego.k12.oh.us/bernthisel/carshoppingwebquest.htm.

notions en géographie et en dactylographie en se servant de ces logiciels ! Ces didacticiels ont été conçus en respectant deux grands principes béhavioristes : l'organisation séquentielle et graduelle des apprentissages et la récompense à la fin d'un exercice (lorsqu'il est réussi) (Beatty, 2003).

L'enseignante qui a recours à ces didacticiels peut offrir un parcours individualisé à chacun de ses élèves. En effet, l'élève, avec l'aide de l'enseignante, peut choisir le point de départ de ses apprentissages, la vitesse à laquelle il travaillera, le nombre d'exercices qu'il fera et le moment où il terminera son travail. Bref, il décide de son propre cheminement ! Bien qu'ils trouvent leur utilité en contexte scolaire, les didacticiels ne permettent pas nécessairement le développement de compétences transversales chez les élèves. En ce sens, leur utilisation exclusive en classe peut être considérée comme une intégration pédagogique des TIC de bas niveau (Raby, 2004).

Mais comment s'assurer que les TIC soient utilisées en classe de façon efficace ? Peu d'auteurs se sont avancés à définir une intégration des TIC efficace. Par contre, selon Grabe et Grabe (1998), un enseignement technologique efficace est avant tout un enseignement efficace, peu importe le moyen utilisé. L'utilisation des TIC en classe doit être réfléchie (Lebrun, 2000 ; Morino Institute, 2003) et être choisie en fonction des besoins d'apprentissage et des visées d'apprentissage, et non l'inverse. De plus, les TIC ne devraient pas être utilisées uniquement dans le cadre d'activités ponctuelles et de courte durée. En effet, un enseignement technopédagogique efficace doit s'inscrire dans une démarche d'apprentissage complète et authentique, qui présente un défi pour les élèves et qui respecte la philosophie et les visées du programme de formation. Dans ce contexte, les TIC devraient concourir à l'acquisition et la construction (voire l'autosocioconstruction) de connaissances et le développement de compétences chez les élèves dans un contexte actif et signifiant pour eux (Raby, 2004). Ainsi, les TIC, lorsqu'elles sont intégrées efficacement en classe, devraient constituer une valeur ajoutée à l'enseignement et à l'apprentissage.

QUELS RÔLES Y JOUENT L'ENSEIGNANTE ET L'ÉLÈVE ?

Les enseignantes jouent un rôle important dans l'intégration des TIC en classe. En effet, elles ont à développer un esprit critique par rapport à l'utilisation pédagogique des TIC pour s'assurer qu'elles sont utilisées en classe à leur plein potentiel. Il s'agit d'utiliser ces outils en ayant comme objectif de maximiser les apprentissages des élèves. Chaque fois que l'enseignante y fait appel, elle doit se demander si,

---

2. Il est possible de consulter un dossier sur le plagiat à l'adresse suivante : http://www.canoe.com/infos/dossiers/archives/2006/04/20060408-083809.html.

de cette manière, les élèves réaliseront vraiment des apprentissages. L'utilisation des TIC leur permettra-t-elle de mieux comprendre et de mieux apprendre ? Ainsi, l'enseignante est responsable d'évaluer le potentiel, la pertinence et la valeur des outils technologiques, des logiciels, des sites Internet, etc. Pour l'enseignante, le choix d'outils technologiques, tout comme le choix des situations d'apprentissage et d'évaluation ainsi que du matériel didactique, nécessite réflexion, temps et efforts.

L'enseignante doit également amener l'élève à réfléchir afin qu'il développe un esprit critique (MÉQ, 2001a, 2001b et MÉLS, 2006). En effet, l'élève lui-même doit réfléchir à la meilleure façon et aux meilleurs outils lui permettant d'accomplir une tâche. L'élève devra également développer un esprit critique face aux didacticiels et aux logiciels utilisés et aux sites Internet consultés : ces documents sont-ils pertinents ?, correspondent-ils aux besoins ?, l'information qu'ils proposent est-elle fiable et véridique ?, s'agit-il d'une forme de propagande ou de publicité ? Exercer un esprit critique n'est pas une compétence simple à développer ; l'enseignante devra donc guider l'élève et lui offrir de nombreuses occasions de la développer.

EN CONCLUSION

Lorsqu'il est question de l'intégration des TIC en classe, l'enseignante joue un rôle de facilitatrice et d'accompagnatrice. L'élève découvre, avec l'aide de l'enseignante, les nouvelles applications technologiques qui peuvent faciliter son apprentissage. L'enseignante guide l'élève, lui pose des questions et l'encourage à explorer. Certains élèves connaissent parfois mieux l'outil technologique que l'enseignante elle-même. Les élèves entre eux peuvent alors s'entraider. L'enseignante peut même bénéficier de conseils de la part des élèves qui connaissent bien la technologie. Il n'y a pas de mal à apprendre de ses élèves ! Il n'est pas nécessaire pour l'enseignante de tout connaître d'un logiciel ou de tout expliquer aux élèves puisque le but est de les encourager à explorer pour leur permettre de développer leurs compétences. L'objectif de l'enseignante n'est pas de former des spécialistes en technologie, mais bien d'aider les élèves d'aujourd'hui, que Prensky (2001) qualifient de *digital natives*, à se servir des TIC, non seulement pour se divertir, mais surtout pour apprendre plus et mieux.

Tête chercheuse

Dans *Log On or Lose Out*, paru en 2000, l'American Association of Colleges for Teacher Education (AACTE) présente les opinions de plus de 50 experts en technologie éducative. La plupart des experts s'entendent pour dire que les enseignantes devraient avoir recours aux TIC dans leurs activités intellectuelles et professionnelles. La majorité des experts consultés discutent de l'importance de la collaboration et de l'interaction entre collègues. L'enseignante, qui est membre d'une communauté virtuelle comprenant des enseignantes de diverses disciplines, acquiert nécessairement de nouveaux savoirs. Le partage de ressources et les échanges avec d'autres collègues à l'aide des TIC contribuent à son épanouissement professionnel et personnel.

INTÉGRATION DES APPRENTISSAGES

Pour garder en tête les nouvelles notions acquises, faites un bilan des savoirs (voir page 250) et une synthèse que vous placerez ensuite dans votre dossier professionnel.

Bilan des savoirs	Oui, beaucoup mieux.	Non, je m'interroge encore.
Je suis capable de définir ce qu'est l'intégration pédagogique des TIC.	☐	☐
Je peux nommer des avantages et des limites de l'intégration des TIC à la pratique pédagogique.	☐	☐
Je peux faire des liens entre les programmes de formation actuels et l'utilisation des TIC.	☐	☐
Je peux expliquer de quelle façon les TIC peuvent être intégrées à d'autres modèles d'enseignement ou d'apprentissage.	☐	☐
Je connais les rôles de l'enseignante et des élèves dans l'utilisation des TIC en classe.	☐	☐

Pour en savoir plus

AQUOPS. 2006. *Association québécoise des utilisateurs de l'ordinateur au primaire-secondaire.* En ligne. <http://www.aquops.qc.ca>. Consulté le 1er août 2011.

Équipe TACT (TéléApprentissage Communautaire et Transformatif). [s.d.]. *L'École éloignée en réseau.* En ligne. <http://www.eer.qc.ca>. Consulté le 1er août 2011.

Jobin, Gilles. 2007. *Les jobineries.* En ligne. <http://www.gilles-jobin.org/jobineries/>. Consulté le 1er août 2011.

Lebrun, Marcel. 2000. « Pédagogie et technologie : en marche vers l'autrement ». *Pédagogie médicale*, vol. 1, p. 45-53. En ligne. <http://www.pedagogie-medicale.org/1-1-lebrun.pdf>. Consulté le 1er août 2011.

Morino Institute. (2011). Teaching About (and With) Technology. In *Youth Learn. Technology, media & project-based learning to inspire young minds.* [En ligne]. <http://www.youthlearn.org/learning/teaching/technology-integration/teaching-about-technology/teaching-about-and-technology>. Consulté le 2 août 2011.

Perreault, Nicole. 2007. « Le plagiat et autres types de triche scolaire à l'aide des technologies : une réalité, des solutions ». En ligne. <http://site.profweb.qc.ca/fileadmin/user_upload/Dossiers/Dossier5_Plagiat/dossier_plagiat_2.pdf>. Consulté le 1er août 2011.

Récit. Service national en adaptation scolaire. *Collaboration, télécollaboration et exploitation des TIC.* En ligne. <http://www.csdm.qc.ca/recit-adapt-scol/activites/telecollaborer/index.htm>. Consulté le 1er août 2011.

Réseau pour le développement des compétences par l'intégration des technologies. [s.d.]. *Site national du RÉCIT.* En ligne. <http://www.recit.qc.ca>. Consulté le 1er août 2011.

Roy, Mario, James Rainville, Gaston Levasseur et Jean-Yves Proulx. [s.d]. *Missions virtuelles. Cyberquêtes.* En ligne. <http://www2.csduroy.qc.ca/mission/depart.html>. Consulté le 1er août 2011.

CHAPITRE 14

Évaluation des apprentissages

Micheline-Joanne Durand

PRÉPARATION AUX APPRENTISSAGES

Portrait des savoirs	Non, pas vraiment.	Oui, je fais une hypothèse.
Je peux expliquer l'évolution dans les pratiques d'évaluation au Québec.	☐	☐
Je connais les différentes étapes de la démarche d'évaluation et je peux expliquer en quoi consiste chacune d'entre elles.	☐	☐
Je peux voir les différences et les ressemblances entre les pratiques d'enseignement et les pratiques d'évaluation actuelles.	☐	☐
Je peux expliquer les avantages et les limites de l'évaluation dans une approche par compétences.	☐	☐
Je peux intégrer cette démarche dans les tâches que je propose aux élèves.	☐	☐

L'évaluation des apprentissages représente, dans le contexte des programmes de formation actuels, un défi de taille pour les principaux acteurs du monde de l'éducation. Ceux-ci sont invités à revoir non seulement leurs pratiques pédagogiques, mais également leur démarche d'évaluation pour qu'elles puissent correspondre à une approche par compétences et à une évaluation intégrée au processus d'apprentissage. Ainsi, les pratiques évaluatives doivent présenter un très haut degré de cohérence par rapport aux pratiques d'enseignement. Dans ce chapitre, le contexte actuel dans lequel se fait l'évaluation des apprentissages est d'abord présenté. Les étapes de la démarche d'évaluation intégrée au processus d'apprentissage sont ensuite abordées. Afin d'illustrer l'intégration de l'évaluation à chacun des trois temps de l'action en classe, un exemple type de situation d'apprentissage et d'évaluation interdisciplinaire est présenté. Enfin, un questionnement à la fin de ce chapitre permet l'intégration des apprentissages.

RÉALISATION DES APPRENTISSAGES : THÉORIE D'APPRENTISSAGE

CONTEXTE ACTUEL DE L'ÉVALUATION DES APPRENTISSAGES

Depuis plusieurs décennies, les enseignants dépendent largement des tests pour évaluer les apprentissages des élèves, en cours de cycle et en fin de cycle. Ces tests présentent des questions plus ou moins élaborées (questions à réponses courtes, questions à choix multiples, questions de type « vrai ou faux », etc.). Ces tests, à cause de l'uniformité de leurs réponses, font davantage appel à la mesure qu'au jugement professionnel de l'enseignant. L'objectivité de la correction de ces tests était garantie par un corrigé unique contrairement aux tests exigeant des réponses plus élaborées. Des recherches récentes montrent que la fidélité et la validité des tests ont été surestimées et que les tests représentent un moins bon outil de mesure que l'on ne le croyait (Smith, 2003). De plus, d'autres études portant sur la construction des savoirs recommandent que l'élève élabore sa propre réponse ou encore propose plus d'une solution à un problème et la justifie. La participation de l'élève à son évaluation est, dans ce contexte, une dimension qui devient de plus en plus importante. Comparativement à l'évaluation dans l'approche par objectifs, issue du courant béhavioriste, l'évaluation dans l'approche par compétences est davantage qualitative, évolutive et dynamique. De plus, l'interprétation des résultats est critériée.

Les propositions avancées par Wiggins (1993a) en ce qui a trait à une évaluation en situation authentique et à une évaluation qui cible les compétences nécessaires pour que l'élève accomplisse efficacement son rôle dans la société vont dans ce sens. L'authenticité est une caractéristique importante dans le cadre d'une évaluation axée sur le développement de compétences plutôt qu'uniquement sur l'acquisition de connaissances. L'authenticité, à l'intérieur de situations d'apprentissage, s'apparente à des situations réelles, propices à la manifestation des compétences ciblées (Laurier, Tousignant et Morissette, 2005). L'authenticité conduit également à l'utilisation de tâches complexes et contextualisées (Laurier *et al.*, 2005 ; Wiggins, 1993b). Les tâches complexes sont des situations d'apprentissage authentiques qui amènent l'élève à mobiliser de façon simultanée des ressources diverses (connaissances, savoirs, habiletés, attitudes, compétences disciplinaires et compétences transversales) dans le but de réaliser adéquatement la production attendue.

Bref, l'évaluation en contexte authentique consiste à placer l'élève dans des situations signifiantes et motivantes, qui font appel à ses intérêts et qui l'encouragent à s'engager et à persévérer (Paris et Ayres, 1994 ; Scallon, 2004). L'évaluation en contexte authentique permet d'évaluer des habiletés complexes d'un élève actif dans la réalisation d'une tâche ; pendant l'exécution de la tâche, l'enseignant joue le rôle de régulateur (Laurier *et al.*, 2005). L'évaluation apparaît donc comme une démarche complexe qui amène l'enseignant à intervenir sur le processus de l'élève au cours de ses apprentissages afin que celui-ci l'ajuste. L'enseignant peut ensuite porter un jugement professionnel sur les compétences développées par l'élève et communiquer ce jugement à différents destinataires (Durand et Chouinard, 2006).

DÉMARCHE D'ÉVALUATION INTÉGRÉE À L'APPRENTISSAGE

La démarche d'évaluation intégrée au processus d'apprentissage n'est pas nécessairement linéaire et comprend plusieurs étapes : la planification de l'apprentissage et de l'évaluation, la collecte de l'information, l'interprétation de l'information, le jugement et la décision et, finalement, la communication des résultats.

La planification de l'apprentissage et de l'évaluation

Dans le contexte d'une évaluation intégrée à l'apprentissage, la planification de l'apprentissage et la planification de l'évaluation se font de façon concomitante. La planification globale, qui se fait en premier lieu, est élaborée par les enseignants d'une équipe-cycle. Elle consiste à choisir les activités d'apprentissage en fonction des domaines généraux de formation et des compétences disciplinaires et transversales, tirés des programmes de formation. Lors de la planification globale, l'enseignant s'assure que tous les élèves progressent au cours de leur cheminement de deux ans de façon à ce qu'ils puissent répondre aux attentes de fin de cycle. Il garde des traces de la progression de chaque élève pour faciliter le suivi pendant le cycle. Il tient compte des planifications globales des autres cycles, ce qui assure une certaine continuité dans le développement des compétences.

Après la planification globale, chaque enseignant élabore sa propre planification en fonction des situations d'apprentissage dont il a la charge. Il décide des savoirs essentiels ou des contenus de formation visés ainsi que des modalités d'évaluation qu'il emploiera. Sa planification tient compte de ce qu'il réserve aux élèves dans leur choix de projets. Pour s'assurer de rejoindre le plus grand nombre d'élèves possible, il diversifie les contenus, les processus et les structures en tenant compte de leurs intérêts et de leurs besoins spécifiques. Il communique les critères d'évaluation aux élèves. Ces critères peuvent même être élaborés avec eux, ce qui permet de les guider dans leurs apprentissages selon la production attendue.

La collecte de l'information

Afin de pouvoir évaluer les apprentissages, l'enseignant et les élèves collectent et sélectionnent l'information pertinente et suffisante lors de la réalisation de situations d'apprentissage. La collecte de l'information se fait donc durant les activités régulières de la classe, lorsque les élèves effectuent des tâches authentiques et complexes qui permettent le développement de compétences. Il est à noter que plusieurs tâches sont nécessaires pour évaluer une compétence donnée. La collecte de l'information sert principalement à fournir à l'élève des pistes d'amélioration (identifiées lors de la régulation des apprentissages). Elle permet aussi à l'enseignant de modifier son enseignement (les ajustements identifiés lors de la régulation de l'enseignement).

La collecte de l'information peut se faire de deux manières différentes : de façon spontanée ou de façon formelle à l'aide d'outils spécifiques. L'évaluation spontanée, qui n'est pas instrumentée, se fait pendant les activités normales de classe au moyen d'observations sur les travaux d'élèves (par exemple, les mini-tests et les exerciseurs) et du questionnement. L'évaluation spontanée permet d'intervenir rapidement auprès des élèves en leur fournissant de l'information importante et utile pour qu'ils puissent corriger ce qui n'est pas adéquat et ainsi poursuivre correctement leurs tâches (régulation interactive).

L'évaluation formelle, qui est instrumentée, se fait lors de moments prévus par l'enseignant. Il peut utiliser des outils tels que les grilles d'autoévaluation, de coévaluation et d'évaluation par les pairs ou encore mener des entrevues individuelles auprès de certains élèves.

L'information collectée de façon spontanée ou de façon formelle est consignée dans un portfolio (dossier d'apprentissage) ou un journal de bord et peut faire l'objet d'un rapport anecdotique. Cette information est ainsi facilement repérable à n'importe quel moment durant le cheminement de l'élève. L'élève y insère également des réflexions sur ses apprentissages : ce qu'il a appris, les stratégies utilisées pour solutionner un problème, ce qu'il aimerait réinvestir, etc. Un portfolio d'apprentissage n'a de valeur que s'il permet la réflexion de l'élève et l'amène à s'autoréguler.

L'interprétation de l'information

Afin de rendre l'information collectée pertinente, l'enseignant procède à son analyse en la comparant à la production attendue. Ainsi, il peut analyser les stratégies utilisées par les élèves ou leurs productions en se référant aux critères d'évaluation des programmes de formation, en cours de cycle, et aux échelles de niveaux de compétence, en fin de cycle.

L'interprétation se réalise lorsque l'enseignant ou l'équipe-cycle juge avoir collecté suffisamment d'éléments d'information. L'interprétation peut aussi se dérouler à la suite de la réalisation d'une situation d'apprentissage ou en fonction du rythme des élèves. Elle se fait en s'appuyant sur plusieurs travaux réalisés par les élèves à divers moments et dans différents contextes, ce qui permet de porter un jugement plus représentatif. Les élèves peuvent également participer à l'analyse de leurs travaux pour en faire l'interprétation selon les critères établis.

Différents types de grilles sont au service de l'enseignant lorsque vient le temps d'interpréter les observations et de faire l'analyse de l'information collectée de façon judicieuse et de porter un jugement documenté qui soit le plus objectif possible. Les grilles utilisant une échelle descriptive analytique ou une échelle descriptive globale sont les plus utiles. Elles sont toutefois plus complexes à élaborer et nécessitent une bonne compréhension des différentes dimensions des critères d'évaluation. Ces grilles conviennent mieux dans le cas de tâches complexes. Plus que de simples guides de correction, ces grilles permettent de dresser des portraits de ce que l'élève est capable de faire (*rubrics*) à partir des manifestations observables d'une compétence donnée et des critères d'évaluation retenus. Le nombre d'échelons de ces grilles varie en fonction de la diversité des élèves de la classe et de la complexité de la compétence. Le seuil de réussite indique ce qui est exigé minimalement, tandis que le critère de réussite précise la production attendue pour la majorité des élèves. Ces grilles devront être ajustées à la suite des diverses expérimentations et des multiples activités de la classe.

Le jugement et la décision

Après avoir interprété l'information, l'enseignant porte un jugement sur la progression des élèves en tenant compte des critères d'évaluation des programmes de formation. En cours de cycle, puisque l'élève est en progression, le jugement ne sera pas arrêté. Le jugement final est seulement déterminé en fin de cycle par l'enseignant ou parfois par l'équipe-cycle qui portera un jugement sur le niveau de compétence atteint. Cette collaboration permet à l'enseignant de comparer l'information collectée et de discuter de l'interprétation de cette information pour en arriver à porter un jugement éclairé.

Il est beaucoup plus facile de porter un jugement lorsque les critères d'évaluation sont établis dès le départ et que le critère de réussite est formulé adéquatement (et surtout lorsque la tâche à effectuer y est spécifiée). De plus, de bons outils d'interprétation, bien qu'ils puissent limiter la subjectivité, aident à porter un jugement professionnel.

Lorsque le jugement est arrêté, l'enseignant prend des décisions quant aux interventions pédagogiques, répondant ainsi aux besoins spécifiques de certains élèves dans un contexte de différenciation. En cours de cycle, les décisions sont prises en fonction de l'aide que l'enseignant peut apporter aux élèves (décisions pédagogiques). En fin de cycle, elles seront en fonction des interventions à mettre en place pour la poursuite des apprentissages dans un autre cycle (décisions pédagogiques) ou du classement des élèves (décisions administratives). En cas de litige, c'est à la direction d'école de trancher.

La communication des résultats

La communication a lieu en cours de cycle pour améliorer l'apprentissage et, en fin de cycle, pour situer le niveau d'atteinte des compétences des élèves. Elle se fait de manière informelle, par le biais d'annotations dans les travaux des élèves qui seront consignés dans leur portfolio, d'un message dans l'agenda, d'un appel téléphonique ou d'un message électronique. Il est important d'informer régulièrement les parents de la progression de leur enfant afin de favoriser la transparence et la collaboration.

La communication peut aussi se faire de manière plus formelle lors de la remise du bulletin ou du bilan de fin de cycle. Elle se fait dans le respect des normes et modalités du *Régime pédagogique,* c'est-à-dire qu'il faut transmettre aux parents une information documentée et compréhensible (accessible) de la progression de leur enfant. Des parents bien informés comprennent davantage les enjeux d'un bulletin conçu dans le cadre de l'approche par compétences.

Il est intéressant d'organiser, lors de la remise du bulletin, une rencontre tripartite (élève, parent, enseignant) : l'élève, accompagné de l'enseignant, présente son portfolio et son bulletin à ses parents. Il participe ainsi activement à la communication de ses apprentissages en précisant les stratégies qu'il a utilisées et les difficultés qu'il a rencontrées, et parfois surmontées, lors de la réalisation de différentes situations d'apprentissage et de projets. Les annotations dans le portfolio faites par l'enseignant constituent une rétroaction efficace : elles suggèrent à l'élève et à ses parents des pistes d'amélioration et des façons efficaces pour l'élève de mobiliser ses différentes ressources.

Démarche d'évaluation d'une situation d'apprentissage au primaire

DESCRIPTION DE LA SITUATION D'APPRENTISSAGE ET D'ÉVALUATION

> L'enseignant précise la production attendue.

Concevoir un tangram pour satisfaire ses besoins ludiques à l'aide des ressources de son milieu, comme le faisaient les enfants à l'époque de la Nouvelle-France.

> L'enseignant identifie le domaine général de formation ainsi que les compétences disciplinaires et transversales visées qui feront l'objet de l'évaluation.

DOMAINE GÉNÉRAL DE FORMATION : ORIENTATION ET ENTREPRENEURIAT
• Axe de développement : appropriation des stratégies liées à un projet

COMPÉTENCE TRANSVERSALE VISÉE : D'ORDRE MÉTHODOLOGIQUE
• Se donner des méthodes de travail efficaces (**CT5**)

COMPÉTENCES DISCIPLINAIRES VISÉES
Mathématique
C1 – Résoudre une situation-problème mathématique
C2 – Raisonner à l'aide de concepts et de processus mathématiques
C3 – Communiquer à l'aide du langage mathématique
Français, langue d'enseignement
C1 – Lire des textes variés

PLANIFICATION DE L'APPRENTISSAGE

> L'enseignant énumère les ressources que l'élève aura à mobiliser pour chacune des compétences ciblées lors de la réalisation de la situation d'apprentissage et d'évaluation. Certaines compétences sont spécifiées dans les programmes de formation. D'autres éléments, comme les savoir-être, peuvent être ciblés par l'enseignant.

Exemple de la compétence transversale « se donner des méthodes de travail efficaces » (CT5)

SAVOIR
• Les différentes étapes de réalisation (aide-mémoire)
SAVOIR-FAIRE
• Planifier les étapes d'un travail ; identifier le but à atteindre ; utiliser les ressources disponibles ; établir un échéancier ; vérifier le travail pendant l'exécution ; évaluer les stratégies efficaces
SAVOIR-ÊTRE
• Être persévérant

Exemple d'une compétence disciplinaire en mathématique

SAVOIRS (MÉQ, 2001b)
Géométrie : figures géométriques et sens spatial
• Description des polygones convexes et non convexes
• Description des quadrilatères (segments parallèles et perpendiculaires, angles droits, aigus et obtus)
• Classification des quadrilatères
Mesure : • Longueur : unités conventionnelles (m, dm, cm, mm)
          • Angles : comparaison d'angles (droits, aigus, obtus)
SAVOIR-FAIRE
• Repérer les éléments importants de la situation-problème ; appliquer des processus mathématiques appropriés ; élaborer une solution ; valider la solution ; justifier la démarche utilisée
SAVOIR-ÊTRE
• Être créatif

(suite p. 258)

PLANIFICATION DE L'ÉVALUATION

> L'enseignant choisit les critères d'évaluation des programmes de formation qu'il veut cibler et les formule en manifestations observables (des indications de la compétence), puis indique les traces laissées par l'élève qui permettront cette observation. Il précise par la suite, pour chacune des compétences ciblées, le critère de réussite et note son outil d'interprétation et l'outil de participation de l'élève.

Exemple de la compétence transversale « se donner des méthodes de travail efficaces » (CT5)

Critères du programme de formation	Indicateurs (manifestations observables)
• Compréhension de la tâche à réaliser	• Identifie le but à atteindre
• Analyse du déroulement de la démarche	• Planifie les étapes en se procurant le matériel nécessaire et en établissant un échéancier
• Exécution de la tâche • Persévérance et ténacité dans l'action	• Réalise le travail en le vérifiant au fur et à mesure et en s'ajustant au besoin
• Formulation des conclusions	• Évalue sa démarche en identifiant les stratégies efficaces

Le critère de réussite : L'élève mène à terme sa démarche de projet en établissant une bonne planification des étapes et en respectant les échéances.
L'outil de participation de l'élève : autoévaluation sous forme de questionnaire métacognitif
L'outil pour l'interprétation : grille d'appréciation avec une échelle descriptive globale

Exemple d'un domaine d'apprentissage disciplinaire regroupant plusieurs compétences en mathématique (C1, C2 et C3 du programme de formation)

Critères du programme de formation	Indicateurs (manifestations observables)
C2 – Choix de concepts et de processus mathématiques appropriés à la situation d'application **C2** – Application adéquate des processus retenus	• Mesure des longueurs et des surfaces
C2 – Choix de concepts et de processus mathématiques appropriés à la situation d'application **C2** – Application adéquate des processus retenus	• Classifie et construit des figures géométriques et des solides
C1 – Production d'une solution correcte : démarche et résultat **C2** – Analyse adéquate d'une situation d'application	• Utilise des stratégies appropriées pour trouver une solution
C1 – Explicitation (orale ou écrite) des éléments pertinents de la solution **C2** – Justification correcte d'actions ou d'énoncés à l'aide de concepts et de processus mathématiques **C3** – Interprétation correcte d'un message (oral ou écrit) utilisant le langage mathématique **C3** – Production correcte d'un message (oral ou écrit) à l'aide d'un langage mathématique	• Explique sa démarche en utilisant un vocabulaire précis
C1 – Explicitation (orale ou écrite) des éléments pertinents de la solution **C1** – Explicitation adéquate (orale ou écrite) de la validation de la solution	• Évalue sa démarche mathématique

(suite p. 259)

Le critère de réussite : L'élève fabrique un tangram en traçant correctement toutes les figures géométriques demandées, puis en mesurant et en découpant les figures de façon précise.

L'outil de participation de l'élève : coévaluation sous forme d'une liste de vérification.

L'outil pour l'interprétation : grille d'appréciation avec une échelle descriptive analytique.

On devrait également définir la planification de l'apprentissage et la planification de l'évaluation telles que décrites ci-dessus pour la compétence « lire des textes variés » comprise dans cette situation d'apprentissage et d'évaluation.

LA COLLECTE DE L'INFORMATION

> L'enseignant élabore ou s'approprie la situation d'apprentissage en tenant compte des différents éléments énoncés dans la planification. Il décrit les activités des trois temps de la démarche pédagogique : la préparation aux apprentissages, la réalisation des apprentissages et l'intégration des apprentissages.

La compétence « se donner des méthodes de travail efficaces » (CT5)

Préparation aux apprentissages : En vue de réaliser un tangram, les élèves, en dyades, planifient leur travail en indiquant le matériel et les ressources nécessaires ainsi que les responsabilités de chacun d'entre eux. Sur une affiche, ils indiquent le nom d'un concept utilisé dans leur travail, en fournissent la définition et l'illustrent en s'inspirant d'objets du quotidien.

Réalisation des apprentissages : L'enseignant invite les élèves à planifier la fabrication de leur tangram et leur mentionne les contraintes et les critères d'évaluation. Il leur rappelle les difficultés rencontrées lors de la réalisation de l'affiche et la nécessité de mener à terme la fabrication du tangram ainsi que de mesurer, de tracer et de découper les figures géométriques avec précision. Chaque élève se fixe un objectif et détermine le moyen qu'il va utiliser pour l'atteindre. Les élèves discutent entre eux de la façon dont ils vont s'y prendre pour fabriquer leur tangram (comment ils vont utiliser le matériel, entre autres la feuille de caoutchouc mousse). Ils précisent la démarche à suivre pour la fabrication de leur tangram.

Intégration des apprentissages : L'enseignant fait une rétroaction sur la fabrication des tangrams par les élèves ; chacun écrit ses réflexions sur l'objectif qu'il s'était fixé.

Mathématique : C1, C2 et C3 regroupées

Préparation aux apprentissages : Les élèves forment des équipes de deux personnes. Chaque équipe pige un mot, concept connu ou inconnu, qui décrit une figure géométrique utilisée dans les tangrams. Ceci permet aux élèves d'enrichir leur langage mathématique. À la suite de la validation de l'information trouvée par l'enseignant, chaque équipe présente ses observations du concept géométrique aux autres équipes. Les élèves prennent en note ces éléments d'information ; ils réalisent un lexique mathématique qui sert d'aide-mémoire des différents concepts géométriques présentés par les équipes.

Réalisation des apprentissages : Sur une feuille quadrillée, les élèves mesurent et tracent un carré, qui représente leur planche de jeu. Ils valident leur forme en utilisant un patron et apportent des corrections si nécessaire. Ils tracent leurs figures géométriques en respectant les consignes données. L'enseignant valide le tracé des figures des élèves une fois qu'ils ont terminé. Les élèves mesurent alors les côtés des figures. Ils tracent les figures géométriques sur une feuille de caoutchouc mousse. Avant de découper les figures, chaque élève fait valider son travail par un coéquipier. Il découpe ensuite les figures et les associe à un chiffre.

Intégration des apprentissages : Les membres d'une équipe déterminent les caractéristiques des figures illustrées dans leur tangram et classent les figures dans un tableau selon les consignes données. Chacune des équipes consulte ensuite une autre équipe pour effectuer une comparaison des tableaux. Les membres des deux équipes réunies font un nouveau tableau comprenant l'information obtenue dans les deux tableaux de départ. Si l'information diffère, les membres des deux équipes discutent pour arriver à un consensus. L'enseignant fait un retour sur les principales difficultés rencontrées et demande aux élèves de consigner leurs observations. Les élèves réalisent les dessins à l'aide des pièces de leur tangram ainsi que le corrigé en indiquant les chiffres sur les pièces. Les élèves valident entre eux leurs dessins : chacun essaie de reproduire le dessin proposé par un autre. Chacun des élèves écrit aussi des commentaires à propos du jeu réalisé par un autre : il indique le degré de difficulté du jeu et l'intérêt qu'il suscite. Si le degré de difficulté du jeu n'est pas trop élevé, le jeu peut être remis à une classe d'élèves plus jeunes.

(suite p. 260)

Chaque élève peut participer à l'évaluation de chacune des compétences ciblées de différentes façons : l'autoévaluation, la coévaluation élève-enseignant ou l'évaluation par les pairs (voir document 15.1 *). L'enseignant peut fournir les grilles aux élèves ou leur demander d'élaborer leurs propres grilles.

On peut intégrer l'évaluation de la compétence en lecture, ciblée par cette situation d'apprentissage, en procédant de la même façon. Cette fois-ci, on peut utiliser l'évaluation par les pairs. L'important, c'est de varier les outils utilisés et de choisir celui qui est le plus approprié à la tâche.

L'INTERPRÉTATION DE L'INFORMATION

> L'enseignant élabore une grille d'appréciation pour chaque compétence ou chaque regroupement, comme c'est le cas en mathématique (voir document 14.1). Cette grille peut être distribuée avant la tâche pour informer les élèves de ce qui est attendu ou elle peut être remise à la fin de la tâche pour faciliter l'autorégulation. L'échelle descriptive analytique et l'échelle descriptive globale sont les plus efficaces pour apprécier la manifestation de la compétence dans des tâches complexes.

**Exemple d'une grille d'appréciation de la compétence transversale « se donner des méthodes de travail efficaces »
(échelle descriptive globale)**

3	L'élève a écrit son objectif et a indiqué clairement le moyen pour l'atteindre. Il a apporté le matériel nécessaire pour réaliser toutes les étapes de la démarche, a établi un échéancier et a terminé le travail dans le temps prévu. Sa démarche a été validée à plusieurs reprises au cours de son travail et il l'a modifiée au besoin. Les réponses qu'il a fournies au questionnaire métacognitif pour son autoévaluation sont judicieuses.
2	L'élève a écrit son objectif. Toutefois, le moyen indiqué pour l'atteindre n'est pas clair. Il a apporté une bonne partie du matériel nécessaire à la réalisation de toutes les étapes, mais a fait quelques oublis. Il a établi un échéancier, mais il a eu besoin d'un délai pour compléter son travail. À la suite de la validation de sa démarche, l'élève a apporté quelques modifications à son travail. Les réponses qu'il a fournies au questionnaire métacognitif pour son autoévaluation sont parfois peu élaborées.
1	L'élève a écrit son objectif, mais n'a pas précisé le moyen pour l'atteindre. Il a souvent omis d'apporter le matériel nécessaire pour réaliser toutes les étapes de la démarche. Il a eu besoin de l'aide de l'enseignant pour établir un échéancier et a de la difficulté à le respecter. L'enseignant a régulièrement demandé à l'élève de faire valider sa démarche et d'apporter des modifications à son travail. Les réponses qu'il a fournies au questionnaire métacognitif pour son autoévaluation sont brèves et partielles.

**Exemple d'une grille d'appréciation des compétences disciplinaires en mathématique (C1, C2 et C3 regroupées)
(échelle descriptive analytique)**

| Indicateurs (manifestations observables) | Critère de réussite | | Seuil de réussite | |
	4	3	2	1
1. Mesure des longueurs et des surfaces	L'élève mesure avec précision la base et la longueur des côtés de toutes les figures géométriques (8).	L'élève mesure avec précision la base et la longueur de la plupart des côtés des figures géométriques (5-7).	L'élève mesure avec précision la base et la longueur de quelques côtés des figures géométriques (2-4).	L'élève a besoin d'aide pour mesurer la base et la longueur des côtés des figures géométriques.
2. Classifie et construit des figures géométriques et des solides	L'élève reproduit facilement sa pièce de base et toutes les figures géométriques (8).	L'élève reproduit facilement sa pièce de base et les quadrilatères.	L'élève reproduit facilement sa pièce de base et, avec un peu d'aide, les figures géométriques.	L'élève n'arrive à reproduire sa pièce de base et les figures géométriques qu'avec une aide constante. *(suite p. 261)*

* Le document 14.1 doit être téléchargé sur le site des Éditions CEC.

Indicateurs (manifestations observables) *	4	3	2	1
3. Utilise des stratégies appropriées pour trouver une solution	L'élève cerne bien le problème, utilise de façon adéquate ses outils et trouve un agencement pour toutes les figures géométriques.	L'élève cerne bien le problème, utilise de façon adéquate ses outils et trouve un agencement pour toutes les figures géométriques après plusieurs essais.	L'élève cerne bien le problème, mais utilise ses outils avec difficulté et trouve un agencement avec de l'aide pour toutes les figures géométriques.	L'élève utilise le plan d'un autre élève pour réaliser son tangram.
4. Explique sa démarche en utilisant un vocabulaire précis	L'élève décrit clairement les figures géométriques en utilisant le vocabulaire mathématique.	L'élève décrit les figures géométriques en utilisant la plupart du temps le vocabulaire mathématique.	L'élève décrit les figures géométriques en utilisant parfois le vocabulaire mathématique.	L'élève décrit de façon confuse les figures géométriques en utilisant le vocabulaire courant.
5. Évalue sa démarche mathématique	L'élève a justifié correctement et de façon judicieuse tous les critères de sa liste de vérification.	L'élève a justifié correctement la plupart des critères de sa liste de vérification.	L'élève a justifié correctement quelques critères de sa liste de vérification.	L'élève apporte peu de justifications et se base peu sur les critères énoncés de sa liste de vérification.

* Les échelons des grilles d'appréciation utilisés dans cette démarche d'évaluation sont différents de ceux proposés dans *Échelle des niveaux de compétences. Enseignement primaire* (MÉLS, 2002).

En somme, il est beaucoup plus facile pour l'enseignant de porter un jugement et de prendre des décisions lorsque les données collectées sont suffisantes et pertinentes et lorsque l'interprétation des données se fait en utilisant des outils efficaces. La planification de toutes les étapes de la démarche d'évaluation est la clé du succès. Lorsque les critères d'évaluation sont connus, il est beaucoup plus facile pour l'élève de satisfaire les attentes et pour l'enseignant d'apporter la régulation nécessaire pour que l'élève puisse ajuster ses démarches.

L'exemple présenté aux pages 257 à 261 se situe dans un contexte d'évaluation formative, plus précisément d'évaluation intégrée à l'apprentissage. À la fin d'une étape, d'une année scolaire ou d'un cycle, il est possible de présenter à l'élève une situation d'évaluation qui ne fait pas l'objet de nouveaux apprentissages ; cette situation d'évaluation aurait plutôt comme but l'intégration et le transfert des apprentissages. Cette situation d'évaluation serait une tâche complexe dont le niveau de difficulté correspondrait aux productions déjà réalisées ; elle aurait comme visée de rendre l'élève autonome dans sa démarche. Lorsqu'elle est conçue par le Ministère ou une commission scolaire dans le but d'être appliquée à une très grande population d'élèves, elle sert à réguler le système scolaire et à faire le point sur le développement des compétences des élèves à la fin d'un cycle. Lorsqu'elle est conçue par l'enseignant ou l'équipe-cycle, la situation d'évaluation vise à déterminer le niveau de compétence de l'élève en regard des exigences attendues et des critères d'évaluation. Une seule situation d'évaluation ne peut servir à porter un jugement. L'enseignant utilisera donc l'information collectée lors de plusieurs situations d'apprentissage et d'évaluation pour porter un jugement global, lequel sera communiqué dans le bulletin.

L'enseignant porte un jugement temporaire en collectant l'information lors d'une situation d'apprentissage ou d'une situation d'évaluation. Cette information sera consignée dans le portfolio de l'élève. En s'appuyant sur des grilles descriptives analytiques et globales, des listes de vérification, des travaux d'élèves et sur ses propres observations, l'enseignant pourra porter un jugement final et déterminer, lorsque vient le temps de faire le bulletin, si l'élève mobilise ou non de façon autonome les ressources nécessaires et transfère ses apprentissages dans des contextes différents.

EN CONCLUSION

L'évaluation des apprentissages nécessite, de la part de la majorité des enseignants, des changements majeurs dans leurs pratiques évaluatives. Les différents acteurs du milieu de l'éducation (l'élève, l'enseignant, la direction d'école, la commission scolaire, le MÉLS, etc.) doivent se concerter pour assurer une certaine cohésion entre les différents niveaux de la prise de décision.

Il est recommandé de demeurer vigilant et critique face au discours médiatisé sur l'évaluation des apprentissages. Même si les pratiques de l'évaluation des apprentissages sont fondées sur de solides bases théoriques des approches cognitivistes et socioconstructivistes, leur efficacité réelle et leurs conditions d'administration sont encore mal connues et devront être explorées davantage (Durand et Chouinard, 2006). Quelle que soit l'orientation donnée à l'évaluation des apprentissages, il demeure que la rigueur et la transparence de la démarche d'évaluation sont garantes de sa qualité.

INTÉGRATION DES APPRENTISSAGES

 Pour garder en tête les nouvelles notions acquises, faites un bilan des savoirs (voir page 263) et une synthèse que vous placerez ensuite dans votre dossier professionnel.

Bilan des savoirs	Oui, beaucoup mieux.	Non, je m'interroge encore.
Je peux expliquer l'évolution dans les pratiques d'évaluation au Québec.	☐	☐
Je connais les différentes étapes de la démarche d'évaluation et je peux expliquer en quoi consiste chacune d'entre elles.	☐	☐
Je peux voir les différences et les ressemblances entre les pratiques d'enseignement et les pratiques d'évaluation actuelles.	☐	☐
Je peux expliquer les avantages et les limites de l'évaluation dans une approche par compétences.	☐	☐
Je peux intégrer cette démarche dans les tâches que je propose aux élèves.	☐	☐

Pour en savoir plus

Durand, Micheline-Joanne et Roch Chouinard. 2006. *L'évaluation des apprentissages, de la planification de la démarche à la communication des résultats*. Montréal : HMH, 374 p.

Laurier, Michel D., Robert Tousignant et Dominic Morissette. 2005. *Les principes de la mesure et de l'évaluation des apprentissages*. 3e éd. Montréal : Gaëtan Morin, 176 p.

Conclusion

Dans cet ouvrage portant sur les modèles d'enseignement et les théories d'apprentissage, le concept de didactique a été défini dans un premier temps afin de décrire les principales composantes de la planification pédagogique. Quatre composantes ont été retenues : le sujet d'apprentissage (S) ou l'apprenant ; l'objet d'apprentissage (O), c'est-à-dire les savoirs ou les contenus des programmes de formation ; l'agent (A), constitué de l'enseignant et des moyens d'enseignement et le milieu (M) scolaire ou social.

L'objet d'apprentissage a été étudié de façon plus approfondie dans le chapitre 2 en analysant les programmes de formation dont les principes varient selon le courant dans lequel ils s'inscrivent. Ainsi, l'approche par compétences et les compétences transversales, caractéristiques des programmes actuels, sont issues du courant socioconstructiviste. Les domaines généraux de formation ont été intégrés dans les programmes en vigueur aujourd'hui afin de s'assurer que les situations d'apprentissage proposées aux élèves soient en lien avec leurs intérêts, leur vécu et les grandes problématiques de la société contemporaine.

La deuxième partie de l'ouvrage s'est attardée à décrire une composante spécifique de l'agent : les modèles d'enseignement et d'apprentissage. En premier lieu, l'ouvrage fait un survol des modèles issus du socioconstructivisme et montre bien l'importance qu'il faut leur accorder dans l'esprit des programmes de formation actuels. Des modèles d'autres courants ont été décrits par la suite, soit des modèles du cognitivisme, de l'humanisme et du béhaviorisme. Les modèles d'inspiration humaniste et d'inspiration béhavioriste, quoique moins en vogue présentement, trouvent leur place au sein des grandes orientations des programmes et peuvent contribuer au développement global des élèves, surtout s'ils sont utilisés en complémentarité avec d'autres modèles.

La diversité et la pluralité des modèles sont toujours l'avenue la plus prometteuse en éducation, d'autant plus qu'il y a peu de modèles appliqués intégralement dans les milieux de pratique. Selon Legendre (2005), il est préférable de maîtriser plusieurs modèles d'enseignement. L'enseignant peut ainsi mieux tenir compte de l'apprenant, de l'environnement scolaire, des objets enseignés et de ses propres caractéristiques en tant qu'enseignante et enseignant. Sa capacité de comprendre, de justifier, de modifier et d'arrimer tous ces éléments est étroitement liée au développement de son expertise et, par le fait même, au caractère professionnel de son travail.

La troisième partie de l'ouvrage a d'ailleurs été élaborée en fonction de l'arrimage de différentes approches qui ne font pas partie des modèles d'enseignement et d'apprentissage en soi, mais qui contribuent à les enrichir. L'intégration des TIC en classe, l'évaluation des apprentissages ainsi que le modèle intégrateur sont au nombre de ces approches.

En passant de la pratique à la théorie, l'ouvrage souhaitait contribuer au développement professionnel des enseignantes et des enseignants en formation ou en exercice. En effet, en privilégiant les liens entre la théorie et la pratique, il est plus facile et plus efficace de comprendre les principes qui sous-tendent les différentes approches. C'est en faisant que l'on apprend (*Learning by doing*); cette phrase célèbre de Dewey (1966) s'applique à tous les ordres d'enseignement.

Tout au long de l'ouvrage, des rubriques présentant différents types d'information ont été proposées au lecteur. De plus, des exemples de situations d'apprentissage qui peuvent être actualisées en classe, autant au préscolaire qu'au secondaire, ont été présentés. Enfin, certaines pratiques d'apprentissage ont été conçues en s'inspirant des modèles comme tels de façon à permettre au lecteur de les appliquer dans un cadre de formation initiale ou continue et, ensuite, d'être capable de transférer ses apprentissages dans sa propre pratique pédagogique.

Il est à souhaiter qu'une meilleure compréhension théorique des pratiques enseignantes puisse permettre d'améliorer la cohérence et l'efficacité en enseignement, et ce, au bénéfice des élèves, acteurs de la société de demain.

Références

Abrami, Philip C., Bette Chambers, Catherine Poulsen, Christina De Simone, Sylvia D'Apollonia et James Howden. 1996. *L'apprentissage coopératif : théories, méthodes, activités*. Montréal : Éditions de la Chenelière, 233 p.

Adler, Alfred. 1982. *The Pattern of Life*. 2nd ed. Chicago : Alfred Adler Institute of Chicago, 273 p.

Altet, Marguerite. 1997. *Les pédagogies de l'apprentissage*. Coll. « Éducation et formation. Pédagogues et pédagogies ». Paris : Presses universitaires de France, 128 p.

American Association of Colleges for Teacher Education. 2000. *Log On or Lose Out : Technology in 21st Century Teacher Education*. Washington, D.C. : AACTE Publications, 289 p.

Anadón, Martha. 1999. « L'enseignement en voie de professionnalisation ». In *L'enseignant un professionnel*, sous la dir. de Christiane Gohier, Nadine Bednarz, Louise Gaudreau, Richard Pallascio et Parent Ghyslain, p. 1-20. Sainte-Foy : Presses de l'Université du Québec.

Angers, Pierre et Colette Bouchard. 1978. *École et innovation*. Laval : Éditions NHP, 268 p.

Angers, Pierre et Colette Bouchard. 1984. *L'activité éducative. Une théorie. Une pratique. La mise en œuvre du projet d'intégration*. Montréal : Les Éditions Bellarmin, 130 p.

Archambault, Jean et Rock Chouinard. 2003. *Vers une gestion éducative de la classe*. 2e éd. Boucherville : Gaëtan Morin Éditeur, 336 p.

Arpin, Lucie et Louise Capra. 2001. *L'apprentissage par projets*. Montréal : Chenelière / McGraw-Hill, 258 p.

Astolfi, Jean-Pierre et Michel Develay. 1989. *La didactique des sciences*. Coll. « Que sais-je ? ». Paris : Presses universitaires de France, 127 p.

Atkinson, Richard C. et Richard M. Shiffrin. 1968. « Human Memory : a Proposed System and its Control Processes ». In *Advances in the Psychology of Learning and Motivation : Research and Theory*, vol. 2, sous la dir. de Kenneth W. Spence et Janet Taylor Spence, p. 89-195. New York : Academic Press.

Audy, Pierre. 1992. *A.P.I. : une approche visant l'actualisation du potentiel intellectuel*. Rouyn-Noranda : Université du Québec en Abitibi-Témiscamingue, 61 p.

Ausubel David Paul. 1963. *The Psychology of Meaningful Verbal Learning*. New York : Grune & Stratton, 272 p.

Balleux, André. 2000. « Évolution de la notion d'apprentissage expérientiel en éducation des adultes : vingt-cinq ans de recherche ». *Revue des sciences de l'éducation*, vol. XXVI, no 2, p. 263-285.

Bandler, Richard, 2000. *Un cerveau pour changer, la Programmation Neuro-Linguistique*. Paris : InterEditions, 230 p.

Bandura, Albert. 1976. *L'apprentissage social*. Bruxelles : Mardaga, 206 p.

Bandura, Albert. 1986. *Social Foundations of Thought and Action : a Social Cognitive Theory*. Englewood Cliffs, NJ : Prentice-Hall, 617 p.

Barbeau, Denise, Angelo Montini et Claude Roy. 1997. *Sur les chemins de la connaissance : la motivation scolaire*. Montréal : Association québécoise de pédagogie collégiale, 264 p.

Barrows, Howard S. 1986. « A Taxonomy of Problem-Based Learning Methods ». *Medical Education*, vol. 20, p. 481-486.

Barrows, Howard S. 1996. « Problem-Based Learning in Medicine and Beyond : A Brief Overview ». In *Bringing Problem-Based Learning to Higher Education : Theory and Practice. New Directions for Teaching and Learning*, sous la dir. de Luann Wilkerson et Wim H. Gijselaers, p. 3-12. San Francisco, CA : Jossey-Bass.

Barth, Britt-Mari. 1993. *Le savoir en construction*. Paris : Retz, 208 p.

Baum, William M. 1994. *Understanding Behaviorism : Science, Behavior and Culture*. New-York : Harper-Collins, 255 p.

Beatty, Ken. 2003. *Teaching and Researching Computer-Assisted Language Learning*. London : Longman, 259 p.

Becker, Wesley C. 1992. « Direct Instruction : a Twenty-Year Review ». In *Design for Educational Excellence : the Legacy of B.F. Skinner*, sous la dir. de Richard P. West et Leo A. Hamerlynck, p. 71-112. Longmont, CO : Sopris West.

Becker, Wesley C. et Douglas Carnine. 1980. « Direct Instruction : an Effective Approach to Educational Intervention with Disadvantaged and Low Performers ». In *Advances in Clinical Child Psychology*, sous la dir. de Benjamin B. Lahey et Alan E. Kazdin, p. 429-473. New York : Plenum.

Bégin, Christian. 2005. *Composantes d'un réseau de concepts*. Matériel pédagogique développé dans le cadre du cours DID7600 : Stratégies d'enseignement au collège et à l'université. Montréal : Université du Québec à Montréal.

Bernthisel, Scott. 2000. *Buying Your First Car : A Webquest for 9th & 10th Grade Computer Applications*. En ligne. <http://www.otsego.k12.oh.us/bernthisel/carshoppingwebquest.htm>. Consulté le 1er août 2011.

Bertrand, Yves. 1998. *Théories contemporaines de l'éducation*. 4e éd. Montréal : Éditions Nouvelles, 306 p.

Besse, Jean-Marie. 1993. « L'activité conceptualisatrice de l'enfant face à l'écrit ». In *Lecture-écriture : Acquisition. Les actes de La Villette*, sous la dir. de Jean-Pierre Jaffré, Liliane Sprenger-Charolles et Michel Fayol, p. 230-252. Paris : Nathan.

Binder, Carl. 1996. « Behavioral Fluency : Evolution of a New Paradigm ». *The Behaviour Analyst*, vol. 19, no 1, p. 163-197.

Bisson, Christian et John Luckner. 1996. « Fun in Learning : the Pedagogical Role of Fun in Adventure ». *The Journal of Experiential Education*, vol.19, no 2, p.108-112.

Bissonnette, Steve et Mario Richard. 2001. *Comment construire des compétences en classe*. Montréal : Chenelière / McGraw-Hill, 138 p.

Bjork, Daniel W. 1993. *B.F. Skinner : a Life*. New York : Basic Books, 298 p.

Blaye, Agnès. 1989. « Interactions sociales et constructions cognitives : présentation critique de la thèse du conflit socio-cognitif ». In *Construction des savoirs : obstacles et conflits*, sous la dir. de Nadine Bednarz et Catherine Garnier, p.183-194. Montréal : Agence d'Arc.

Bloom, Benjamin. 1984. « The 2 Sigma Problem : the Search for Methods of Group Instruction as Effective as One-to-One Tutoring ». *Educational Research*, vol. 13, no 6, p. 4-16.

Boissinot, Alain. 1991. « Didactique et enseignement du français ». In *Approche de la didactique*, sous la dir. de Jean-Louis Martinand, Marie Legrand, Michel Mante, André Giordan, Louise Dabène, Elizabeth Chatel, Alain Boissinot, François Audigier, Nicole Grataloup et Jacqueline Marsenach. Paris : Adapt-Snes. En ligne. <http://www.sauv.net/boissinot.php>. Consulté le 2 août 2011.

Boud, David et Grahame Feletti. 1991. *The Challenge of Problem-Based Learning*. London : Kogan Page, 333 p.

Boud, David, Rosemary Keogh et David Walker. 1985. *Reflection : Turning Experience into Learning. Introduction*. New York : Kogan Page, 172 p.

Boutin, Gérald et Louise Julien. 2000. *L'obsession des compétences. Son impact sur l'école et la formation des enseignants*. Montréal : Éditions nouvelles, 107 p.

Bronckart, Jean-Paul et Jean-Louis Chiss.1983. « Didactique ». In *Universalis.fr Le portail de la connaissance*. En ligne. <http://www.universalis.fr/corpus-encyclopedie/130/c020095/encyclopedie/didactique.htm>. Consulté le 1er août 2011.

Bronckart, Jean-Paul et Bernard Schneuwly. 1985. *Vygotsky aujourd'hui*. Neuchâtel, Suisse : Delachaux et Niestlé, 237 p.

Brooks, Jacqueline Grennon et Martin G. Brooks. 1999. *In Search of Understanding : The Case for Constructivist Classroom*. Alexandria, VA : Association for Supervision and Curriculum Development (ASCD), 136 p.

Bruner, Jerome S. 1965. *The Process of Education*. Cambridge : Harvard University Press, 97 p.

Bruner, Jerome S. 1971. *The Relevance of Education*. New York : W. W. Norton, 175 p.

Bruner, Jerome S. 1973. « Quelques éléments de la découverte ». In *La pédagogie par la découverte*, sous la dir. de Lee S. Shulman et Evan R. Keislar, p. 92-100. Paris : Les Éditions Viette.

Bruner, Jerome S. 1983. *Le développement de l'enfant : savoir faire, savoir dire*. Paris : Presses Universitaires de France, 292 p.

Bruner, Jerome S. 1998. « L'éducation, porte ouverte sur le sens ». In *Éduquer et former*, sous la dir. de Jean-Claude Ruano-Borbalan, p. 217-221. Paris : Éditions Sciences humaines.

Burchfield, David W. 1999. « Teaching All Children Four Developmentally Appropriate Curricular and Instructional Strategies in Primary Grade Classrooms ». *Young Children*, vol. 52, no 1, p. 4-10.

Cantin, Diane et Marleine Lavoie. 2001. *Le travail en projet : une stratégie pertinente pour l'éducation préscolaire : guide illustré*. Saint-Bruno-de-Montarville : Commission scolaire des Patriotes, 26 p.

Cantin, Réal, Denise Lacasse et Lucien Roy. 1996. *Intégration d'approches par problèmes en sciences. Phase I : Activité de synthèse*. Rimouski : Cégep de Rimouski, 202 p.

Caouette, Charles. 1974. « École-recherche Jonathan, projet ». *Feuillets de l'école Jonathan*. Saint-Laurent.

Caouette, Charles. 1997. *Éduquer. Pour la vie !* Montréal : Les Éditions Écosociété, 171 p.

Caron, Jacqueline.1997. *Quand revient septembre*. Vol. 2. Montréal : Éditions de la Chenelière Inc., 437 p.

Caron, Jacqueline. 2003. *Apprivoiser les différences. Guide sur la différenciation des apprentissages et la gestion des cycles*. Montréal : Éditions de la Chenelière, 590 p.

Carr, Eileen G. et Donna M. Ogle. 1987. « KWL Plus : A Strategy for Comprehension and Summarization ». *The Journal of Reading*, vol. 30, p. 626-631.

Carugati, Felice et Gabriel Mugny. 1985. « La théorie du conflit socio-cognitif ». In *Psychologie sociale du développement cognitif*, sous la dir. de Gabriel Mugny, p. 57-70. New York : Peter Lang.

Centre d'expertise pédagogique. 2002. « Habiletés sociales ». In *Pédagogie de projet et ses composantes*. En ligne. <http://cep.cyberscol.qc.ca/guides/pp_habiletes_sociales.html>. Consulté le 1er août 2011.

Centre d'expertise pédagogique. 2002. « Notre démarche ». In *Pédagogie de projet et ses composantes*. En ligne. <http://cep.cyberscol.qc.ca/guides/pp_notre_demarche.html>. Consulté le 1er août 2011.

Chambers, Bette, Margaret H. Patten, Jenny Schaeff et Donna Wilson Mau. 1997. *Découvrir la coopération*. Montréal : Éditions de la Chenelière, 174 p.

Chevallard, Yves et Marie-Alberte Juhsua. 1991. *La transposition didactique : du savoir savant au savoir enseigné*. 2ᵉ éd. Paris : La Pensée sauvage, 240 p.

Chevrier, Jacques et Benoît Charbonneau. 2000. « Le savoir-apprendre expérientiel dans le contexte du modèle de Kolb ». *Revue des sciences de l'éducation*, vol. XXVI, no 2, p. 287-323.

Cloutier, Richard et André Renaud. 1990. *Psychologie de l'enfant*. Boucherville : Gaëtan Morin Éditeur, 773 p.

Cohen, Elizabeth G. 1994. « Restructuring the Classroom : Conditions for Productive Small Groups ». *Review of Educational Research*, vol. 64, nᵒ 1, p. 1-35.

Conrad, Daniel et Diane Hedin. 1995. « National Assessment of Experientiel Education : Summary and Implications ». In *Experiential Learning in Schools and Higher Education*, sous la dir. de Richard J. Kraft et James Kielsmeier, p. 382-403. Dubuque, Iowa : Kendall / Hunt.

Corte, Erik de. 1990. *Les fondements de l'action didactique*. 2ᵉ éd. Paris : Éditions universitaires / Bruxelles : De Boeck-Wesmael, 402 p.

Cyr, Jean-Marc. 1981. « L'apprentissage expérientiel : concept et processus ». In *L'apprentissage expérientiel*, sous la dir. de Huguette Bernard, Jean-Marc Cyr et France Fontaine, p. 13-40. Montréal : Université de Montréal. Service pédagogique.

David Isabelle, France Lafleur et Johanne Patry. 2004. *Des mots et des phrases qui transforment. La programmation neurolinguistique appliquée à l'éducation*. Montréal : Chenelière / McGraw-Hill, 216 p.

Delaire, Guy. 1988. *Enseigner ou La dynamique d'une relation*. Paris : Éditions d'Organisation, 167 p.

Des Marchais, Jacques Étienne, Bertrand Dumais, Gilles Pigeon. 1988a. « Changement majeur du cursus médical à l'Université de Sherbrooke. Première partie : raisons et étapes du changement ». *Revue d'Éducation Médicale*, vol. 11, nᵒ 4, p. 5-12.

Des Marchais, Jacques Étienne, Bertrand Dumais, Gilles Pigeon. 1988b. « Changement majeur du cursus médical à l'Université de Sherbrooke. Deuxième partie : objet et conséquences du changement ». *Revue d'Éducation Médicale*, vol. 11, nᵒ 5, p. 9-16.

Desrochers, Marcie N. et G. David Gentry. 2004. « Effective Use of Computers in Education ». In *Evidence-Based Educational Methods*, sous la dir. de Daniel J. Moran et Richard W. Malott, p. 127-140. Amsterdam : Elsevier Academic Press.

Develay, Michel. 1998a . « Didactique et pédagogie ». In *Office central de la coopération à l'école de la Drôme. Printemps de l'Éducation*. En ligne. <http://www.ac-grenoble.fr/occe26/printemps/develay/didactique.htm>. Consulté le 1ᵉʳ août 2011.

Develay, Michel. 1998b. « Du sens dans les apprentissages scolaires : un modèle général ». In *Office central de la coopération à l'école de la Drôme. Printemps de l'Éducation*. En ligne. < http://www.ac-grenoble.fr/occe26/printemps/develay/modele.htm>. Consulté le 1ᵉʳ août 2011.

Dewey, John. 1916. *Democracy and Education. An Introduction to the Philosophy of Education*. New York : MacMillan.

Dewey, John. 1933. *How We Think : A Restatement of the Relation of Reflective Thinking to the Educative Process*. Chicago : Henry Regnery, 301 p.

Dewey, John. 1938. *Experience and Education*. New York : MacMillan.

Dodge, Bernie. 1997. *Some Thoughts About WebQuests*. En ligne. <http://webquest.sdsu.edu/about_webquests.html>. Consulté le 1ᵉʳ août 2011.

Doise, Willem et Gabriel Mugny. 1981. *Le développement social de l'intelligence*. Paris : InterÉditions, 199 p.

Druian, Greg, Tom Owens et Sharon Owen. 1995. « Experiential Education : a Search for Common Roots ». In *Experiential Learning in Schools and Higher Education*, sous la dir. de Richard J. Kraft et James Kielsmeier, p.17-25. Dubuque, Iowa : Kendall / Hunt.

Dumais, Bertrand et Jacques E. Des Marchais. 1996. « L'apprentissage par problèmes : le véhicule de la réforme pédagogique ». In *Apprendre à devenir médecin*, sous la dir. de J. E. Des Marchais, p. 81-105. Sherbrooke : Université de Sherbrooke.

Durand, Micheline-Joanne et Roch Chouinard. 2006. *L'évaluation des apprentissages : De la planification de la démarche à la communication des résultats*. Montréal : Hurtubise HMH, 374 p.

École et Nature, réseau d'Éducation à l'Environnement. 2002. *Alterner pour apprendre. Entre pédagogie de projet et pédagogie de l'écoformation*. En ligne. <http://reseauecoleetnature.org/fiche-ressource/alterner-pour-apprendre-29-07-2010.html>. Consulté le 2 août 2011.

Emig, Janet. 1977. « Writing As a Mode of Learning ». *College Composition and Communication*, vol. 28, nᵒ 2, p. 122-128.

Engelmann, Siegfried et Douglas Carnine. 1975. *DISTAR-Arithmetic-Level 1*. Columbus, OH : Sciences Research Associates, (n.p.).

Équipe TACT (TéléApprentissage Communautaire et Transformatif). (s.d.). *L'École éloignée en réseau*. En ligne. <http://www.eer.qc.ca>. Consulté le 1ᵉʳ août 2011.

Erlbaum, Batya E., Sharon Vaughn et Marie Terejo Hughes. 1999. « Grouping Practices and Reading Outcomes for Students with Disabilities ». *Exceptional Children*, vol. 65, nᵒ 3, p. 399-415.

Évangéliste-Perron, Claudette, Martine Sabourin et Cynthia Sinagra. 1996. *Apprendre la démocratie : guide de sensibilisation et de formation selon l'apprentissage coopératif*. Montréal : Chenelière / McGraw-Hill, 324 p.

Ferster, Charles B. et Burrhus Frederic Skinner. 1957. *Schedules of Reinforcement*. New York : Appleton-Century-Crofts, 741 p.

Forness, Steven R., Kenneth A. Kavale, Illaina M. Blum et John Willis Loyd. 1997. « Mega-Analysis of Meta-Analysis ». *Teaching Exceptional Children*, vol. 29, nᵒ 6, p. 4-9.

Fortin, Gilles, Jacques Chevrier, Raymond Leblanc et Mariette Théberge. 2000. « Le style d'apprentissage : un enjeu pédagogique en lien avec la personnalité ». *Éducation et francophonie*. En ligne. Vol. XXVIII, nᵒ 1. <http://www.acelf.ca/c/revue/revuehtml/28-1/05-fortin.html>. Consulté le 1ᵉʳ août 2011.

Fox, Eric J. 2004. « The Personalized System of Instruction : a Flexible and Effective Approach to Mastery Learning ». In *Evidence-Based Educational Methods*, sous la dir. de Daniel J. Moran et Richard, W. Malott, p. 210-218. Amsterdam : Elsevier Academic Press.

Francœur Bellavance, Suzanne. 1997. *Le travail en projet*. Longueuil : Intégra, 137 p.

Freire, Paulo. 1983. *Pédagogie des opprimés : suivi de conscientisation et révolution*. Paris : Petite collection Maspero, 202 p.

Freire, Paulo. 1998. *Teachers As Cultural Workers. Letters to Those Who Dare Teach*. Boulder, CO : Westview, 100 p.

Gagné, Robert M. 1973. « Les variétés d'apprentissage et le concept de découverte ». In *La pédagogie par la découverte*, sous la dir. de Lee S. Shulman et Evan R. Keislar, p. 116-131. Paris : Les Éditions Viette.

Gagné, Robert M. 1974. *Essentials of Learning for Instruction*. Hinsdale : The Dryden Press, 164 p.

Gamble, Joan. 2002. « Pour une pédagogie de la coopération ». *Éducation et francophonie*. En ligne. Vol. 30, n° 2. <http://www.acelf.ca/c/revue/revuehtml/30-2/07-gamble.html>. Consulté le 1er août 2011.

Gaonac'h, Daniel et Caroline Golder. 1995. *Manuel de psychologie pour l'enseignement*. Paris : Hachette, 575 p.

Gardner, Howard. 1983. *Frames of Mind : the Theory of Multiple Intelligences*. New York : Basic Books, 440 p.

Gardner, Ralph, Diane M. Sainato, John O. Cooper, Tymothy E. Heron, William L. Heward, John Eshelman et Teresa A Grossi. 1994. *Behavior Analysis in Education*. Pacific Grove : Brooks-Cole, 385 p.

Garon Roseline et Manon Théorêt. 2005. « Re-connaître les plans à cas unique en sciences de l'éducation ». *Mesure et évaluation en éducation*, vol. 28, n° 1, p. 1-18.

Gaudet, Denise, Diane Jacques, Bibiane Lachance, Catherine Lebossé, Carole Morelli, Michel Pagé, Geneviève Robert, Monika Thomas-Petit et Teresa Walenta. 1998. *La coopération en classe : guide pratique appliqué dans l'enseignement quotidien*. Montréal : Chenelière / McGraw-Hill, 220 p.

Gauthier, Clermont, Steve Bissonnette et Mario Richard. 2003. *Paradigme de l'apprentissage au Québec*. En ligne. <http://www.ordp.vsnet.ch/fr/resonance/2003/novembre/gauthier.htm>. Consulté le 1er août 2011.

Gerard, François-Marie. 2000. « Savoir, oui mais encore ! ». *Forum – pédagogies*, (mai 2000), p. 29-35.

Gilly, Michel. 1995. « Approches socio-constructives du développement cognitif de l'enfant d'âge scolaire ». In *Manuel de psychologie pour l'enseignement*, sous la dir. de Daniel Goanac'h et Caroline Golder, p. 130-167. Paris : Hachette.

Glaser, Robert. 1973. « Les variables de l'apprentissage par la découverte ». In *La pédagogie par la découverte*, sous la dir. de Lee Shulman et Evan R. Keislar, p. 25-37. Paris : Les Éditions Viette.

Goupil, Georgette et Guy Lusignan. 1993. *Apprentissage et enseignement en milieu scolaire*. Boucherville : Gaëtan Morin Éditeur, 445 p.

Grabe, Mark et Cindy Grabe. 1998. *Integrating Technology for Meaningful Learning*. Boston : Houghton Mifflin Company, 451 p.

Greer, R. Douglas et Dolleen-Day Keohane. 2004. « A Real Science and Technology of Education ». In *Evidence-Based Educational Methods*, sous la dir. de Daniel J. Moran et Richard, W. Malott, p. 23-43. Amsterdam : Elsevier Academic Press.

Grégoire, Réginald et Thérèse Laferrière. 1998. *Apprendre ensemble par projet avec l'ordinateur en réseau. Guide à l'intention des enseignants et des enseignantes*. En ligne. <http://www.tact.fse.ulaval.ca/fr/html/sites/guidep.html#anchor639237>. Consulté le 1er août 2011.

Guilbert, Louise et Lise Ouellet. 1997. *Étude de cas : Apprentissage par problèmes*. Sainte-Foy : Presses de l'Université du Québec, 136 p.

Harniss, Mark K., Keith L. Hollenbeck et Shirley V. Dickson. 2004. « Content Areas ». In *Introduction to Direct Instruction*, sous la dir. de Nancy E. Marchand-Martella, Timothy A. Slocum et Ronald C. Martella. p. 249-279. Boston : Pearson.

Hawkins, David. 1966. « Learning the Unteachable ». In *Learning by Discovery : A Critical Appraisal*, sous la dir. de Lee S. Shulman et Evan R. Keislar, p. 3-12. Chicago : Rand Mc Nally.

Hayes, Steven C., Linda J. Hayes, Masaya Sato et Koishi Ono. 1994. *Behavior Analysis of Language and Cognition*. Reno, NV : Context Press, 320 p.

Hertz-Lazarowitz, Rachel, Valerie Benveniste Kirkus et Normand Miller. 1992. « Implications of Current Research on Cooperative Interaction for Classroom Application ». In *Interaction in Cooperative Groups : the Theorical Anatomy of Group Learning*, sous la dir. de Normand Miller et Rachel Hertz-Lazarowitz, p. 253-273. Cambridge : Cambridge University Press.

Honey, Peter et Alan Mumford. 1992. *The Manual of Learning Styles*. Maidenhead, Angleterre : Ardingly House, 88 p.

Houssaye, Jean. 2000. *Théorie et pratiques de l'éducation scolaire : Le triangle pédagogique*. Vol. 1. 3e éd. Berne : Peter Lang, 300 p.

Howden, Jim et France Laurendeau. 2005. *La coopération : un jeu d'enfant*. Montréal : Chenelière Éducation, 139 p.

Howden, Jim et Huguette Martin. 1997. *La coopération au fil des jours*. Montréal : Chenelière / McGraw-Hill, 264 p.

Howden, Jim et Marguerite Kopiec. 2000. *Ajouter aux compétences : enseigner, coopérer et apprendre au postsecondaire*. Montréal : Chenelière / Mc-Graw-Hill, 159 p.

Institut international de gestion mentale. (s.d.). « Définition ». In *Institut international de gestion mentale*. En ligne. <http://www.iigm.org>. Consulté le 1er août 2011.

Ivic, Ivan. 1994. « Lev S. Vygotsky ». Perspectives : revue trimestrielle d'éducation comparée. En ligne. Vol. XXIV, n° 3 / 4, p. 793-820. <www.ibe.unesco.org/publications/ThinkersPdf/vygotskf.pdf>. Consulté le 1er août 2011.

Jacobsen, David A., Paul D. Eggen et Donald P. Kauchak. 1989. *Methods for Teaching. A Skills Approach*. Colombus : Merrill, 360 p.

Jasmin, Danielle. 1994. *Le conseil de coopération, un outil pédagogique pour l'organisation de la vie de classe et la gestion des conflits*. Montréal : Chenelière / McGraw-Hill, 121 p.

Jeffery, Robert W. 1976. « The Influence of Symbolic and Motor Rehearsal on Observational Learning ». *Journal of Research in Personality*, vol. 10, n° 1, p. 116-127.

Jobin, Gilles. 2007. *Les jobineries*. En ligne. <http://www.gilles-jobin.org/jobineries/>. Consulté le 1er août 2011.

Johnson, David W., Roger T. Johnson et Edythe Johnson Holubec. 1993. *Circles of Learning : Cooperation in the Classroom*. 4th edition. Minnesota : Interaction Book, (n.p.).

Johnston, James M. et Henry S. Pennypacker. 1993. *Strategies and Tactics of Behavioral Research*. Hillsdale, NJ : Erlbaum, 393 p.

Jones, Beau Fly, Annemarie Sullivan Palincsar, Donna Sederburg Ogle, and Eileen Glynn Carr. 1987. *Strategic Teaching and Learning : Cognitive Instruction in the Content Areas*. Alexandria, VA : Association for Supervision and Curriculum Development, 167 p.

Jonnaert. Philippe. 2002. *Compétences et socioconstructivisme : un cadre théorique*. Bruxelles : De Boeck et Larcier, 97 p.

Jonnaert, Philippe et Cécile Vander Borght. 1999. *Créer des conditions d'apprentissage : un cadre de référence socioconstructiviste pour une formation didactique des enseignants*. Bruxelles : De Boeck-Wesmael, 431 p.

Jonnaert, Philippe et Domenico Masciotra. 2007. « Socioconstructivisme et logique de compétences pour les programmes d'études. Un double défi ». In *Observer les réformes en éducation*, sous la dir. de Louise Lafortune, Moussadak Ettayebi et Philippe Jonnaert, p. 54-75. Québec : Presses de l'Université du Québec.

Joyce, Bruce R., Marsha Weil et Emily Calhoun. 2004. *Models of Teaching*. Boston : Editions Allyn and Bacon, 532 p.

Kagan, Jerome. 1973. « L'apprentissage, l'attention et la découverte ». In *La pédagogie par la découverte*, sous la dir. de Lee Shulman et Evan Keislar, p. 132-144. Paris : Les Éditions Viette.

Kilpatrick, Thomas H. 1918. « The Project Method ». *Teachers College Record*, vol. 19, p. 319–334.

Köhler, Wolfgang. 1929. *Gestalt Psychology*. New York : Liveright Publishing Corporation.

Kolb, David A. 1984. *Experiential Learning : Experience as a Source of Learning and Development*. Englewood Cliffs : Prentice Hall, 288 p.

Kolb, David A. 1985. *Learning Style Inventory*. Boston : McBer.

Kolb, David A. et Roger Fry. 1975. « Towards an Applied Theory of Experientiel Learning ». In *Theories of Group Processes*, sous la dir. de Cary L. Cooper, p. 33-56. New York : John Wiley.

Laboratoire d'enseignement multimédia (LEM). 1999. *Grilles « styles d'enseignement, styles d'apprentissage »*. En ligne. <http://www2.ulg.ac.be/lem/StyleApprent/StyleApprent_CG/page_06.htm>. Consulté le 2 août 2011.

Lafortune, Louise et Colette Deaudelin. 2001. *Accompagnement socioconstructiviste. Pour s'approprier une réforme en éducation*. Sainte-Foy : Presses de l'Université du Québec, 208 p.

La Garanderie, Antoine de. 1982. *Pédagogie des moyens d'apprendre : les enseignants face aux profils pédagogiques*. Paris : Centurion, 131 p.

La Garanderie, Antoine de. 1984. *Le dialogue pédagogique avec l'élève*. Paris : Centurion, 124 p.

La Garanderie, Antoine de. 1987. *Comprendre et imaginer : les gestes mentaux et leur mise en œuvre*. Paris : Centurion, 196 p.

Landry, Rodrigue. 2002. « Pour une pleine réalisation du potentiel humain : la pédagogie actualisante ». *Éducation et francophonie*. En ligne. Vol. XXX, no 2, (automne). 23 p. <http://www.acelf.ca/c/revue/pdf/XXX_2_008.pdf>. Consulté le 1er août 2011.

Lang, Vincent. 1999. *La professionnalisation des enseignants : sens et enjeux d'une politique institutionnelle*. Paris : Presses universitaires de France, 260 p.

Laurier, Michel D., Robert Tousignant et Dominic Morissette. 2005. *Les principes de la mesure et de l'évaluation des apprentissages*. 3e éd. Montréal : Gaëtan Morin Éditeur, 176 p.

Laurin, Suzanne et Louise Gaudreau. 2001. « De la didactique aux didactiques : dialogue sur des enjeux éducatifs ». In *Les didactiques des disciplines : un débat contemporain*, sous la dir. de Philippe Jonnaert et Suzanne Laurin, p. 9-27. Sillery : Presses de l'Université du Québec.

Lavergne, Nicole. 1996. « L'apprentissage coopératif ». *Québec français*, no 103 (automne), p. 26-29.

Lebrun, Marcel. 2000. « Pédagogie et technologie : en marche vers l'autrement ». *Pédagogie Médicale*. En ligne. Vol. 1, p. 45-53. <http://www.pedagogie-medicale.org/1-1-lebrun.pdf>. Consulté le 1er août 2011.

Lebrun, Nicole, Danielle Perreault et Lucie Verreault. 2006. *L'information au cœur de l'apprentissage. Activités d'intégration des compétences informationnelles dans le cadre du Programme d'éducation préscolaire et primaire*. Montréal : Université du Québec à Montréal. Service des bibliothèques, [n.p.].

Lefebvre-Pinard, Monique. 1989. « Le conflit socio-cognitif en psychologie du développement : est-ce toujours un concept heuristiquement valable ? ». In *Construction des savoirs : obstacles et conflits*, sous la dir. de Nadine Bednarz et Catherine Garnier, p. 151-155. Montréal : Agence d'Arc.

Legendre, Rénald. 1995. *Entre l'angoisse et le rêve*. Montréal : Guérin, 355 p.

Legendre, Rénald. 1983. *L'éducation totale. Une éducation à éduquer*. Coll. « Le Défi éducatif ». Montréal : Ville-Marie, 413 p.

Legendre, Rénald. 2005. *Le dictionnaire actuel de l'éducation*. 3e éd. Montréal : Guérin, 1554 p.

Legrand, Louis. 1983. *Pour un collège démocratique : Rapport au Ministre de l'Éducation Nationale*. Paris : La Documentation française, 375 p.

Lenoir, Yves. 1991. « Relations entre interdisciplinarité et intégration des apprentissages dans l'enseignement des programmes d'études du primaire au Québec ». Thèse de doctorat, Paris, Université de Paris, 1460 p.

Lewin, Kurt. 1948. *Resolving Social Conflicts : Selected Papers on Group Dynamics*. New York : Harper and Row Publishers, 230 p.

Lignugaris-Kraft, Benjamin. 2004. « Applying Direct Instruction to New Content ». In *Introduction to Direct Instruction*, sous la dir. de Nancy E. Marchand-Martella, Timothy A. Slocum et Ronald C. Martella, p. 280-303. Boston : Pearson.

Luria, Alexander R. et Faina I. Yudovich. 1971. *Speech and The Development of Mental Processes in The Child*. London : Staples Press London, 126 p.

Lusignan, Guy. 1996. « La coopération dans l'apprentissage de la langue au secondaire ». *Québec français*, no 103 (automne), p. 22-25.

Major, Claire H. 1998. « Connecting What We Know and What We Do Through Problem-Based Learning ». *American Association of Health Education Bulletin*, vol. 51, no 7, p. 7-9.

Malcuit, Gérard, Andrée Pomerleau et Paul Maurice. 1995. *Psychologie de l'apprentissage : termes et concepts.* Québec : EDISEM-Maloine, 243 p.

Mandeville, Lucie. 1998. « L'expérience comme source de développement des compétences en psychologie ». Thèse de doctorat, Montréal, Université de Montréal, 301 p.

Martineau, Stéphane et Clermont Gauthier. 2002. « Évolution des programmes scolaires au Québec ». In *La réforme des programmes scolaires au Québec,* sous la dir. de Clermont Gauthier et Diane Saint-Jacques, p. 1-21. Sainte-Foy : Presses de l'Université Laval.

Maslow, Abraham Harold. 1954. *Motivation and Personality.* New York : Harper and Brothers, 411 p.

Maslow, Abraham Harold. 1968. « Some Education Implications of the Humanitic Psychologies ». *Harvard Educational Review,* vol. 38, n° 4, p. 685-696.

Mathes, Patricia G., Jill K. Howard, Shelley H. Allen et Douglas Fuchs. 1998. « Peer-Assisted Learning Strategies for First-Grade Readers : Responding to the Needs of Diverse Learners ». *Reading Research Quarterly,* vol. 33, n° 1 (January, February, March), p. 62-94.

Meirieu, Philippe. 1996. « La pédagogie différenciée : enfermement ou ouverture ? ». In *L'école : diversités et cohérence,* sous la dir. de Alain Bentolila, p. 109-149. Paris : Nathan.

Ménard, Louise. 1997. « Type de supervision du journal de stage et rétroaction écrite favorisant l'apprentissage ». Thèse de doctorat, Montréal, Université de Montréal, 420 p.

Ménard, Louise. 2005. « La supervision du journal de bord pour soutenir la réflexion en stage ». In *Se former pour mieux superviser,* sous la dir. de Nadia Rousseau, p. 87-101. Montréal : Les Éditions Guérin.

Miller, April D., Patricia M. Barbetta et Timothy E. Heron. 1994. « START Tutoring : Designing, Implementing, Adapting and Evaluating Tutoring Programs for School and Home Settings ». In *Behavior Analysis in Education : Focus on Mesurably Superior Instruction,* sous la dir. de Ralph Gardner, Diane M. Sainato, John O. Cooper, Timothy E. Heron, William L. Heward, John Eshelman et Teresa A. Grossi, p. 265-279. Pacific Grove : Brooks-Cole.

Moore, John. 2003. « Behavior Analysis, Mentalism and the Path to Social Justice ». *The Behavior Analyst,* vol. 26, n° 2, p. 181-194.

Moran, Daniel J. et Richard W. Malott. 2004. *Evidence-Based Educational Methods.* Amsterdam : Elsevier Academic Press, 382 p.

Morino Institute. (2011). Teaching About (and With) Technology. In *Youth Learn. Technology, media & project-based learning to inspire young minds.* [En ligne]. <http://www.youthlearn.org/learning/teaching/technology-integration/teaching-about-technology/teaching-about-and-technology>. Consulté le 2 août 2011.

Morissette, Rosée. 2002. *Accompagner la construction des savoirs.* Montréal : Chenelière / McGraw-Hill, 217 p.

Mosston, Muska et Sara Ashworth. 1990. *The Spectrum of Teaching Styles : From Command to Discovery.* White Plains, NY : Longman, 327 p.

Muijs, Daniel et David Reynolds. 2002. « Teachers Beliefs and Behaviors : What Matters ». *Journal of Classroom Interaction,* vol. 37, n° 2, p. 3-15.

Muijs, Daniel et David Reynolds. 2005. *Effective Teaching : Evidence and Practice.* London : Sage, 314 p.

Neill, Alexander Sutherland. 1975. *Libres enfants de Summerhill.* Paris : Éditions François Marspero, 326 p.

Newmann, Fred M. et Judith A. Thompson. 1987. *Effects of Cooperative Learning on Acheivement in Secondary Schools : A Summary of Research.* Madison, WI : University of Wisconsin. National Center on Effective Secondary Schools, 40 p.

Ogle, Donna M. 1988. « Implementing Strategic Teaching ». *Educational Leadership,* vol. 46-47-48, n° 4, p. 57-60.

Pallascio, Richard. 2000. « Vers une contextualisation des apprentissages par compétences ». Activité régionale de formation. Montréal : Groupe coopératif régional des commissions scolaires de l'île de Montréal, 21 p.

Pallascio, Richard et Nicole Beaudry. 2000. *L'école alternative et la réforme en éducation, continuité ou changement ?.* Coll. « Éducation, Intervention ». Montréal : Presses de l'Université du Québec, 190 p.

Paquette, Claude 1977. *Plan d'études et pédagogie ouverte.* Cahier n° 2. Coll. « Les Cahiers du GREI ». Montréal : Éditions NHP, 59 p.

Paquette, Claude. 1992. *Une pédagogie ouverte et interactive.* Montréal : Éditions Québec / Amérique, 282 p.

Paré, André. 1977. *Créativité et pédagogie ouverte.* Laval : Les Éditions NHP, 263 p.

Paré, André. 1987. *Le journal, instrument d'intégrité personnelle et professionnelle.* Ste-Foy : Centre d'intégration de la personne de Québec Inc., 81 p.

Paris, Scott G. et Linda R. Ayres. 1994. *Becoming Reflective Students and Teachers with Portfolios and Authentic Assessment.* Washington : American Psychological Association, 177 p.

Peklaj, Cirila et Blaz Vodopivec. 1999. « Effects of Cooperative Versus Individualistic Learning on Cognitive, Affective, Metacognitive and Social Processes in Students ». *European Journal of Psychology of Education,* vol. XIV, n° 3, p. 359-373.

Perreault, Nicole. 2007. « Le plagiat et autres types de triche scolaire à l'aide des technologies : une réalité, des solutions ». En ligne. 16 p. <http://site.profweb.qc.ca/fileadmin/user_upload/Dossiers/Dossier5_Plagiat/dossier_plagiat_2.pdf>. Consulté le 1er août 2011.

Perrenoud, Philippe. 1994. « Apprentissage de la citoyenneté... des bonnes intentions au curriculum caché. Former des professeurs, oui mais à quoi ? » In *Colloque Éducation, citoyenneté et territoire* (Toulouse, 28-30 avril 1994). Toulouse : École Nationale de Formation Agronomique-ENFA.

Perrenoud, Philippe. 1995. « Des savoirs aux compétences : de quoi parle-t-on en parlant de compétences ? » *Pédagogie collégiale.* En ligne. Vol. 9, n° 1. <http://www.unige.ch/fapse/SSE/teachers/perrenoud/php_main/php_1995/1995_08.html ». Consulté le 1er août 2011.

Perrenoud, Philippe. 1999. *Apprendre à l'école à travers des projets : pourquoi ? comment ?.* En ligne. <http://www.unige.ch/fapse/SSE/teachers/perrenoud/php_main/php_1999/1999_17.html>. Consulté le 1er août 2011.

Perrenoud Philippe. 2001. « Mettre la pratique réflexive au centre du projet de formation ». In *Cahiers Pédagogiques,* n° 390, p. 42-45.

Perrenoud, Philippe. 2003a. *Mettre les démarches de projet au service du développement de compétences*. En ligne. <http://www.unige.ch/fapse/life/seminaire-01-05/S17_texte_19_03_03.html>. Consulté le 2 août 2011.

Perrenoud, Philippe. 2003b. « Pour ou contre la gravitation universelle ? Le constructivisme n'est ni un dogme, ni une mode ». *Résonances*. En ligne. N° 3, p. 7-9. <http://www.unige.ch/fapse/SSE/teachers/perrenoud/php_main/php_2003/2003_22.html>. Consulté le 2 août 2011.

Perret-Clermont, Anne-Nelly et Michel Nicolet. 2001. *Interagir et connaître. Enjeux et régulations sociales dans le développement cognitif*. Coll. « Figures de l'interaction ». Paris : L'Harmattan, 351 p.

Peters, Martine et Sylvie Viola. 2003. *Stratégies et compétences : intervenir pour mieux agir*. Montréal : Hurtubise HMH, 213 p.

Piaget, Jean. 1923. *Le langage et la pensée chez l'enfant*. Neuchâtel / Paris : Delachaux et Niestlé, 318 p.

Piaget, Jean. 1924. *Le jugement et le raisonnement chez l'enfant*. Neuchâtel / Paris : Delachaux et Niestlé, 343 p.

Piaget, Jean. 1967. *La psychologie de l'intelligence*. Paris : Armand Colin, 192 p.

Presseau, Annie. 2000. « Analyse de l'efficacité d'interventions sur le transfert des apprentissages en mathématiques ». *Revue des sciences de l'éducation*, vol. XXVI, n° 3, p. 515-544.

Presseau, Annie. 2004. *Intégrer l'enseignement stratégique dans sa classe*. Montréal : Chenelière / McGraw-Hill, 250 p.

Proulx, Jean. 2004. *Apprentissage par projet*. Sainte-Foy : Presses de l'Université du Québec, 216 p.

Pruneau, Diane et Claire Lapointe. 2002. « Un, deux, trois, nous irons aux bois ». *Éducation et francophonie*. En ligne. Vol. XXX, n° 2, p. 257-272. <http://www.acelf.ca/c/revue/pdf/XXX_2_241.pdf>. Consulté le 1er août 2011.

Puchner, Laurel D. 2003. « Children Teaching for Learning ; What Happens When Children Teach Others in the Classroom ? ». In *Annual Meeting of the American Educational Research Association* (Chicago, IL, April 21-25 2003). Chicago : American Educational Research Association.

Qin, Zhining, David W. Johnson et Roger T. Johnson. 1995. « Cooperative Versus Competitive Efforts and Problem Solving ». *Review of Educational Research*, vol. 65, no 2, p. 129-143.

Québec, Ministère de l'Éducation, du Loisir et du Sport du Québec. 2007. *L'approbation du matériel didactique*. En ligne. 9 p. <http://www3.mels.gouv.qc.ca/bamd/Infos/Infos.asp>. Consulté le 30 juillet 2011.

Québec, Ministère de l'Éducation, du Loisir et du Sport du Québec. 2006. *Programme de formation de l'école québécoise. Enseignement secondaire, premier cycle*. En ligne. <http://www.mels.gouv.qc.ca/DGFJ/dp/programme_de_formation/secondaire/prformsec1ercycle.htm>. Consulté le 2 août 2011.

Québec, Ministère de l'Éducation du Québec. 2001a. *La formation à l'enseignement. Les orientations. Les compétences professionnelles*, rédigé par Marielle Anne Martinet, Danielle Raymond et Clermont Gauthier. 2001. Québec : Gouvernement du Québec, 253 p.

Québec, Ministère de l'Éducation du Québec. 2001b. *Programme de formation de l'école québécoise. Version approuvée. Éducation préscolaire. Enseignement primaire*. Québec : Gouvernement du Québec, 350 p.

Raby, Carole. 2004. « Analyse du cheminement qui a mené des enseignants du primaire à développer une utilisation exemplaire des TIC en classe ». Thèse de doctorat, Montréal, Université du Québec à Montréal, 444 p.

Reeff, Jean-Paul, Anouk Zabal et Eckhard Klieme. 2005. « Cadre conceptuel pour la résolution de problème ». In *Mesurer la littératie et les compétences des adultes : des nouveaux cadres d'évaluation*, sous la dir. de T. Scott Murray, Yvan Clermont, et Marilyn Binkley. En ligne. Enquête internationale sur l'alphabétisation des adultes (EIACA). Ottawa : Statistique Canada. <http://www3.mels.gouv.qc.ca/bamd/Infos/Infos.asp>. Consulté le 2 août 2011.

Rémigny, Marie-Josée. 1998. « Quand les désaccords favorisent l'apprentissage ». In *Éduquer et former. Les connaissances et les débats en éducation et en formation*, sous la dir. de Jean-Claude Ruano-Borbalan, p. 185-187. Auxerre : Sciences humaines.

Rivière, Angel. 1990. *La psychologie de Vygotsky*. Liège : Mardaga, 152 p.

Rogers, Carl R. 1961. *On Becoming a Person : a Therapist's View of Psychotherapy*. Boston : Houghton Mifflin, 420 p.

Rogers, Carl R. 1969. *Freedom to Learn : A View of What Education Might Become*. Columbus, Ohio : Merrill, 358 p.

Rogers, Carl R. 1984. *Liberté pour apprendre*. Coll. « Sciences de l'éducation ». Paris : Éditions Dunod, 364 p.

Rondeau, Maryse. 2002. « Étude empirique de la coopération chez l'enfant de niveau préscolaire dans une démarche développementale ». Mémoire de maîtrise, Montréal, Université du Québec à Montréal, 148 p.

Rousseau, Jean-Jacques. 1762 / 1961. *Émile ou De l'éducation*. Paris : Garnier, 664 p.

Rubin, Edgar. 1915. *Visual Perception of Figures : Studies in Psychological Analysis*. Copenhague : Gyldendal.

Samson, Ghislain. 2002. « Le transfert a-t-il un avenir dans l'apprentissage et l'enseignement ? » In *Cahiers pédagogiques*. En ligne. < http://www.cahiers-pedagogiques.com/article.php3?id_article=965>. Consulté le 28 juin 2007.

Sauvé, Lucie. 1992. « Éléments d'une théorie du design pédagogique en éducation relative à l'environnement : Élaboration d'un supramodèle pédagogique ». T. 1. Thèse de doctorat, Montréal, Université du Québec à Montréal, 2 v.

Scallon, Gérard. 2004. *L'évaluation des apprentissages dans une approche par compétences*. Montréal : Éditions du renouveau pédagogique, 342 p.

Schultz, Duane P. et Sydney Ellen Schultz. 1987. *A History of Modern Psychology*. San Diego : Harcourt Brace Jovanovich, 403 p.

Skinner, Burrhus Frederic. 1948. *Walden Two*. New York : Macmillan, 320 p.

Skinner, Burrhus Frederic. 1969. *La révolution scientifique de l'enseignement*. Bruxelles : C. Dessart, 314 p.

Skinner, Burrhus Frederic. 1983. *A Matter of Consequences : Part Three of an Autobiography*. New York : Knopf, 441 p.

Skinner, Burrhus Frederic. 1987. *Upon Further Reflection*. Englewood Cliffs : Prentice-Hall, 224 p.

Simard, Claude. 1997. *Éléments de didactique du français : langue première*. Montréal : Éditions du Renouveau pédagogique, 190 p.

Sirois, Gervais. 1997. « Créer des conditions qui permettent aux élèves d'apprendre et au personnel enseignant de les faire apprendre ». *Vie pédagogique*, n° 102, p. 16-22.

Slavin, Robert E. 1983. *Cooperative Learning*. New York : Longman, 147 p.

Slavin, Robert E. 1991. « Synthesis of Research on Cooperative Learning ». *Educational Leadership*, vol. 48, n° 5, p. 71-82.

Slavin, Robert E. 1996. « Research on Cooperative Learning and Achievement : What We Know, What We Need to Know ». *Contemporary Educational Psychology*, vol. 21, p. 43-69.

Slocum, Timothy, A. 2004. « Direct Instruction : the Big Ideas ». In *Evidence-Based Educational Methods*, sous la dir. de Daniel J. Moran et Richard, W. Malott, p. 81-91. Amsterdam : Elsevier Academic Press.

Smith, Carl B. 2003. « Alternative Forms of Assessment ». *The Clearinghouse on Reading English and Communication*. En ligne. 4 p. <http://www.eric.ed.gov/ERICWebPortal/search/detailmini.jsp?_nfpb=true&_&ERICExtSearch_SearchValue_0=ED482404&ERICExtSearch_SearchType_0=no&accno=ED482404>. Consulté le 2 août 2011.

Soucisse, Alexandre, Yves Mauffette et Peter Kandlbinder. 2003. « Les problèmes : pivots de l'apprentissage par problème (APP) et de la motivation ? ». *Res Academica*, vol. 21, n° 1, p. 129-150.

Steiner, Rudolf. 1976. *Les bases spirituelles de l'éducation*. Paris : Triades, 151 p.

Tardif, Jacques. 1992. *Pour un enseignement stratégique : l'apport de la psychologie cognitive*. Montréal : Éditions Logiques, 474 p.

Tardif, Jacques. 1999. *Le transfert des apprentissages*. Montréal : Éditions Logiques, 222 p.

Tardif, Jacques. 2000. « Document d'accompagnement ». Conférence organisée par la Direction régionale du ministère de l'Éducation en Abitibi-Témiscamingue. 3 novembre 2000.

Tardif, Jacques et Philippe Meirieu. 1996. « Stratégie pour favoriser le transfert des connaissances ». *Vie pédagogique*, n° 98, p. 4-7.

Therer Jean et Claude Willemart. 1984. « Styles et stratégies d'enseignement et de formation – Approche paradigmatique par vidéo ». *Probio Revue*, vol. 7, no 1.

Tobias, Sigmund. 1991. « An Eclectic Examination of Some Issues in the Constructivist-ISD Controversy ». *Educational Technology*, vol. XXXI, n° 9, p. 41-42.

Tucci, Vicci, Dan E. Hursh et Richard E. Laitinen. 2004. « The Competent Learner Model : a Merging Analysis of Applied Behavior Analysis, Direct Instruction and Precision Teaching ». In *Evidence-Based Educational Methods*, sous la dir. de Daniel J. Moran et Richard W. Malott, p. 109-123. Amsterdam : Elsevier Academic Press.

Vergnaud, Gérard. 2000. *Lev Vygotski. Pédagogue et penseur de notre temps*. Paris : Hachette, 95 p.

Vienneau, Raymond. 2005. *Apprentissage et enseignement. Théories et pratiques*. Montréal : Gaëtan Morin Éditeur, 340 p.

Villeneuve, Louise. 1991. *Des outils pour apprendre*. Montréal : Éditions Saint-Martin, 192 p.

Viola, Sylvie. 1999. « Les effets de l'entraînement au métaquestionnement sur la compréhension en lecture chez les élèves de sixième année du primaire ». Thèse de doctorat, Montréal, Université du Québec à Montréal, 475 p.

Viola, Sylvie et Sandra Desgagné. 2004. *Découvrir et exploiter les livres jeunesse en classe : répertoires thématiques et situations d'apprentissage*. Montréal : Hurtubise HMH, 366 p.

Vygotski, Lev Semenovich. 1934 / 1997. *Pensée et langage*. Paris : La Dispute, 536 p.

Vygotsky, Lev Semenovich. 1978. *Mind in Society : the Development of Higher Psychological Processes*. Cambridge, Mass. : Harvard University Press, 159 p.

Vygotski, Lev Semenovich. 1985. *Pensée et langage*. Paris : Éditions sociales, 419 p.

Watkins, Cathy L. et Timothy A. Slocum. 2004. « The Components of Direct Instruction ». In *Introduction to Direct Instruction*, sous la dir. de Nancy E. Marchand-Martella, Timothy A. Slocum et Ronald C. Martella. p. 28-65. Boston : Pearson.

Wiggins, Grant P. 1993a. *Assessing Student Performance : Exploring the Purpose and Limits of Testing*. 1re éd. San Francisco : Jossey-Bass Publishers, 316 p.

Wiggins, Grant P. 1993b. « Assessment : Authenticity, Context, and Validity ». *Phi Delta Kappan*, vol. 75, n° 3, p. 200-214.